U0649980

从零开始做
成本管理与控制

孙明涛 / 编著

CONG LING KAISHI ZUO
CHENGBEN GUANLI YU KONGZHI

案例版

中国铁道出版社有限公司
CHINA RAILWAY PUBLISHING HOUSE CO., LTD.

图书在版编目（CIP）数据

从零开始做成本管理与控制/孙明涛编著. —北京：
中国铁道出版社有限公司，2021.1

ISBN 978-7-113-27162-6

Ⅰ.①从… Ⅱ.①孙… Ⅲ.①成本管理 Ⅳ.①F275.3

中国版本图书馆 CIP 数据核字（2020）第 147406 号

书　　名：从零开始做成本管理与控制

作　　者：孙明涛

责任编辑：王　佩　　编辑部电话：（010）51873022　　邮箱：505733396@ qq. com
封面设计：刘　莎
责任校对：王　杰
责任印制：赵星辰

出版发行：中国铁道出版社有限公司（100054，北京市西城区右安门西街 8 号）
印　　刷：北京铭成印刷有限公司
版　　次：2021 年 1 月第 1 版　　2021 年 1 月第 1 次印刷
开　　本：700 mm×1 000 mm　1/16　印张：18.5　字数：294 千
书　　号：ISBN 978-7-113-27162-6
定　　价：59.80 元

前言

　　如何管理与控制成本，是每个企业管理者面临的非常具有挑战性的问题。一般企业都专门设有成本会计岗位，专门核算成本费用，编制成本报表并进行分析。

　　企业应当有效地管理和控制日常运营成本，细化对生产成本与费用的核算与分析，在企业内部形成一种节约的企业文化氛围。财务部门在此环节起到核心枢纽的作用，为业务的优化提供真实准确的数据，财务人员最好能提出优化建议，为企业健康运营贡献智慧。

　　那么如何掌握这些内容呢，尤其是对打算从事成本管理岗位工作的初学者来说，由于成本管理与控制理论性强、体系复杂、公式繁多，会让人有种无从入手的困惑。本书尽量采用理论＋案例的形式解析成本管理与控制的基本原理和会计方法，公式虽多但并不复杂，都是基本公式，掌握这些公式，成本核算的问题就解决了。

　　全书共十章，精彩看点如下。

1. 谋篇布局，结构清晰

　　成本控制、成本分析、成本计算、成本预算、成本决策、成本方法、业绩评价构成本书骨架，内容比较全面，由浅入深系统地介绍成本管理与控制的基本知识。通过学习，可以掌握成本分类、成本核算方法、成本分析方法、成本控制以及如何做出决策等管理方法。

2. 结合案例，利于理解

理论与案例以及图表结合，加深理解与记忆。案例有助于读者对理论的理解与学习，使管理变得鲜活起来，不再是难以捉摸。通过数据提供决策依据，掌握公式变得很重要，财务管理中最让人头疼的也是一条条的公式。只要理解案例，其实自己也能导出公式，所以公式并不是学习的障碍。

3. 管理方法，综合运用

第十章是对全书理论在实践中如何运用的案例，从材料费用、人工成本、制造费用、管理费用、销售费用、财务费用等环节给出具体的管理方法，这在很多书中是难得一见的。

本书适合生产制造、劳务服务及其他企业经营管理人员、生产管理人员、财务人员、行政人员、人力资源管理人员以及其他相关部门的人员阅读使用。

笔者在编写过程中，参考了相关的书籍和资料，借鉴了相关专家的观点，在此谨致以诚挚的谢意！由于财会规章制度的不断更新完善，加之笔者的水平和写作时间有限，书中难免存在不尽人意之处，在此恳请广大读者批评指正，以便我们再版时修正。

愿本书能成为你管理和控制成本的利器，引导企业走向利润倍增之路！

孙明涛

目录

第三章　量入为出——成本计算

第四章　未雨绸缪——成本预测

第五章　运筹帷幄——成本决策

第六章　信息黑洞克星——标准成本法

第七章　精打细算能手——作业成本法

第八章 企业紧箍咒——业绩评价

第一章　虽是地主，亦要余粮
——成本控制有多重要

丰田汽车公司成立于1933年，约占全球汽车市场份额的10%，仅次于通用、大众的世界著名汽车公司。该公司为什么能至今充满活力、旺盛不衰？这在很大程度上得益于其成本控制的实施。根据丰田汽车公司的定义，成本控制是从新产品的基本构想立案至生产开始阶段，为降低成本及确保利润而实行的各种管理活动。

|第一节　成本的内涵|

一、成本的定义

成本是指人们进行生产经营活动所耗费固定的资源（人力、物力和财力）的货币表现。成本是商品经济的价值范畴，是商品价值的主要组成部分。

二、成本的分类

成本按经济用途、性态、其他分成以下几类。

（一）成本按经济用途分类

在制造企业中，成本按经济用途可分为生产成本和非生产成本两类。

1. 生产成本

生产成本也称制造成本，指企业在生产过程中为制造一定种类、一定数量的产品所发生的各种生产费用之和。根据生产成本的具体用途，生产成本可进一步划分为若干项目（成本项目），用以反映产品制造成本的构成内容。成本项目的划分，应根据企业生产经营特点和管理上的要求确定，一般可设置为直接材料、直接人工、制造费用三个项目。

（1）直接材料是指企业在生产经营过程中直接耗用的，并构成产品实体的原料及主要材料、辅助材料等。

（2）直接人工是指企业直接从事产品生产人员的工资。

（3）制造费用是指企业在生产中发生的不能归入上述两个成本项目的其他成本费用支出。它是企业各个生产单位，如分厂、车间，组织生产和管理生产所发生的单位管理人员工资、职工福利费、生产单位房屋、建筑物、机器设备等的折旧、设备租赁费（不包括融资租赁费）、修理费，机物料消耗、低值易耗品摊销、取暖费、水电费、办公费、差旅费、运输费、保险费、设计制图费、试验检验费、劳动保护费、季节性、修理期间的停工损失以及其他制造费用。

2. 非生产成本

非生产成本也称非制造成本，指企业在销售和管理过程中发生的各项费用，是与企业的销售、经营和管理任务相关的成本。非生产成本主要包括销售费用、管理费用和财务费用三方面内容。

（1）销售费用是指企业在销售商品过程中发生的费用。它包括企业在销售商品过程中发生的运输费、装卸费、包装费、保险费、展览费和广告费，以及为销售本企业商品而专设的销售机构（如销售网点、售后服务网点等）的职工工资及福利费、类似工资性质的费用、业务费等经营费用。商品流通企业在购买商品过程中所发生的进货费用也包括在内。

（2）管理费用是指企业为组织和管理企业生产经营所发生的费用。它包括企业的董事会和行政管理部门在企业的经营管理中发生的，或者应当由企业统一负担的公司经费（包括行政管理部门职工工资、修理费、物料消耗、低值易耗品摊销、办公费和差旅费等）、工会经费、待业保险费、劳动保险费、董事会费、聘请中介机构费、咨询费（含顾问费）、诉讼费、业务招待费、房产税、车船税、印花税、技术转让费、矿产资源补偿费、无形资产摊销、职工教育经费、研究与开发费、排污费、存货盘亏或盘盈（不包括应计入营业外支出的存货损失）计提的坏账准备和存货跌价准备等。

（3）财务费用是指企业为筹集生产经营所需资金等而发生的费用。它包括应当作为期间费用的利息支出（减利息收入）、汇兑损失（减汇兑收益）以及相关的手续费等。

（二）成本按其性态分类

成本性态也称成本习性，指成本总额与业务量（产量或销售量）之间的依存关系。成本总额是指企业为取得销售收入而付出的生产成本和非生产成本，它不仅包括产品的全部生产成本，还包括由企业的销售费用和管理费用等所构成的期间成本。业务量是指企业为进行生产经营活动而投入的工作量，它是企业生产活动的业务基础。对于一般的企业，通常用产量或销量来衡量其业务量水平。当企业的业务量水平提高或降低时，一项特定的成本可能随之提高、降低或者不变。这就是不同的成本所表现出的不同的成本性态。

成本按其性态可以分为固定成本、变动成本和混合成本。

（三）成本的其他分类

（1）按费用的发生是否需支付现金等流动资产，将成本分为付现成本和沉没成本。

付现成本是指需要动用本期现金、有价证券和存货等流动资产的成本。如需购进机器设备等固定资产时，付现成本也就包括固定成本。沉没成本是指不需要动用本期现金等流动资产的成本。它所涉及的是以前的付现成本，是已经发生的、无法回收的成本，如固定资产的折旧费用、无形资产的摊销费用等。沉没成本通常是一种与决策无关的成本。

（2）根据不同时期资产的入账价值不同，将成本分为原始成本与重置成本。

原始成本是指已购置或生产的财产物资所发生的实际成本。如购买的材料，就按购入时的买价、运费及其他采购费用作为其原始成本。重置成本指按目前的市场来计量损耗的成本。

（3）按其可控性将成本分为可控成本与不可控成本。

所谓可控成本，指在一定期间内能够由一个责任单位（分厂、车间、部门、班组）控制其发生，受该责任单位工作质量所影响的成本。所谓不可控成本，指在一定期间不能由一个责任单位控制其发生，不受该责任单位工作质量所影响的成本。如因材料质量问题造成的废品损失，对于材料供应部门属于可控成本，而对于生产车间则是不可控成本。

（4）按其在决策中的不同运用，将成本分为差量成本、边际成本、机会成本。

差量成本是指企业在进行经营决策时，根据不同备选方案计算出的预计成本之间的差异。其中，增量成本作为差量成本的一种，在进行方案的决策时，以业务量（产量或销量）增加一定数量后引起的成本增加额为依据，只要增量收入大于增量成本，通常决策方案就是可行的。因此，在产品售价与销售收入相同的情况下，差量成本是进行决策的重要依据。边际成本指产品的产量每增加或减少一个单位所引起的成本变动。机会成本是指企业为从事某项生产经营活动而放弃另一项经营活动的机会，或利用一定资源获得某种收入时所放弃的另一种收入。

|第二节　成本控制的概述|

一、成本控制的含义

成本控制是保证成本在预算估计范围内的工作。根据估算对实际成本进行检测，标记实际或潜在偏差，进行预测准备并给出保持成本与目标相符的措施。主要包括以下几个方面。

（1）监督成本执行情况及时发现实际成本与计划的偏离。

（2）将一些合理改变包括在基准成本中。

（3）防止不正确、不合理、未经许可的改变包括在基准成本中。

（4）向项目涉及方通知合理改变。在成本控制时，还必须和其范围控制、进度控制、质量控制等相结合。

成本控制（Cost Control）的过程是运用系统工程的原理对企业在生产经营过程中发生的各种耗费进行计算、调节和监督的过程，也是一个发现薄弱环节，挖掘内部潜力，寻找一切可能降低成本途径的过程，同时还是铂略咨询（Linked-F）重点关注的企业财税难点。科学地组织实施成本控制，可以促进企业改善经营管理，转变经营机制，全面提高企业素质，使企业在市场竞争的环境下生存、发展和壮大。

成本控制是指以成本作为控制的手段，通过制定成本总水平指标值、可比产品成本降低率以及成本中心控制成本的责任等，达到对经济活动实施有效控制目的的一系列管理活动与过程。

成本控制降低的是成本支出的绝对额，故又称为绝对成本控制；成本降低还包括统筹安排成本、数量和收入的相互关系，以求收入的增长超过成本的增长，实现成本的相对节约，因此又称为相对成本控制。

成本控制是成本管理的一部分，致力于满足成本要求。满足成本要求主要是指满足顾客、最高管理者、相关方以及法律法规等对组织的成本要求。成本控制的对象是成本发生的过程，包括：设计过程、采购过程、生产和服务提供过程、销售过程、物流过程、售后服务过程、管理过程、后勤保障过程等所发生的成本控制。成本控制的结果应能使被控制的成本达到规定的要求。为使成本控制达到规定的、预期的成本要求，就必须采取适宜和有效的措施，包括：作业、成本工程和成本管理技术与方法。如价值工程（VE）、工业工程（IE）、作业成本法（ABC）、作业成本管理（ABM）、标准成本法（SC）、目标成本法、降低成本法（CD）、本 – 量 – 利分析（CVP）、战略成本管理（SCM）、质量成本管理、环境成本管理、存货管理、成本预警、动量工程、成本控制方案等。

开展成本控制活动的目的是防止资源的浪费，使成本降到尽可能低的水平，并保持已降低的成本水平。

成本控制反对"秋后算账"的做法，提倡预先控制和过程控制。因此，成本控制必须遵循预先控制和过程的原则，并在成本发生之前或在发生的过程中去考虑和研究为什么要发生这项成本？应不应该发生？应该发生多少？应该由谁来发生？应该在什么地方发生？是否必要？决定后应对过程活动进行监督、测量、分析和改进。

成本控制应是全面控制的概念，包括全员参与和全过程控制。成本控制和成本保证的某些活动是相互关联的。

二、成本控制主体结构

成本控制主体从企业组织结构的层面认识，大体分为三种。

决策主体：是决定企业成本发生方式和整体目标的高层管理者，他们负责对企业涉及成本控制的方案进行选择决断。

组织主体：是负责根据成本决策结果组织、协调整个企业成本控制，落实具体实施步骤、职责分工和控制要求，处理成本控制信息、考核成本控制结果等的控制主体。

执行主体：是对各部门、环节、阶段、岗位发生的成本实施控制的主体。凡是涉及成本、费用发生的环节和方面，都有执行层面的控制主体。

成本控制的执行主体与企业的职能部门设置、职责分工、层级划分、岗位设置、规模大小、管理体制等相关。总体来讲，成本控制执行主体主要包括控制生产要素规模的相关部门及人员。由于生产要素是企业产品成本、期间费用及其他各项耗费发生的基础，因此这类主体对成本控制的效果产生决定性影响。

三、成本控制研究对象

通俗地讲，成本对象就是用来搜集费用的容器，并不是所有费用都是成本，只有对象化的费用才构成成本。典型的成本对象包括：成本中心、内部订单、销售订单、生产订单、工作分解结构（WBS）、基于科目的获利分析（COPA）。

初学者可能会混淆成本对象和成本要素的概念，笔者在这里对成本对象和成本要素的概念做出区分。

成本中心是责任会计中的责任中心之一，指对产品或劳务的成本负责的责任中心。成本中心对其所从事的活动享有成本决策权。因不负责产品或劳务的销售，它的业绩与销售收入或利润无关。成本中心的目标或以最低的耗费完成既定的产量，或在预算既定的前提下增加产出。

成本中心的特征。

（1）独立的成本发生单元。

（2）组织内发生费用的最小单元，可以用来搜集生产成本、制造费用、期间费用等。

（3）有时效性，超过有效期将失效。

成本要素是按成本中费用的经济用途或费用的经济性质所作的一种分类。用以分析在各个时期各种生产费用支出的多少。

成本要素的特征。

（1）对成本费用的明细分类，记录成本和费用的发生方式和发生原因。

（2）必须和一个成本对象如成本中心，内部订单绑定。

（3）有时效性，超过有效期将失效。

|第三节 基础工作|

成本控制的起点，或者说成本控制过程的平台就是成本控制的基础工作。成本控制不从基础工作做起，成本控制的效果和成功的可能性将受到极大影响。

一、定额制定

定额是企业在一定生产技术水平和组织条件下，人力、物力、财力等各种资源的消耗达到的数量界限，主要有材料定额和工时定额。成本控制主要是制定消耗定额，只有制定出消耗定额，才能在成本控制中起作用。工时定额的制定主要依据各地区收入水平、企业工资战略、人力资源状况等因素。在现代企业管理中，人力成本越来越大，工时定额显得特别重要。在工作实践中，根据企业生产经营特点和成本控制需要，还会出现动力定额、费用定额等。定额管理是成本控制基础工作的核心，建立定额领料制度，控制材料成本、燃料动力成本，建立人工包干制度，控制工时成本，以及控制制造费用，都要依赖定额制度，没有很好的定额，就无法控制生产成本；同时，定额也是成本预测、决策、核算、分析、分配的主要依据，是成本控制工作的重中之重。

二、标准化工作

标准化工作是现代企业管理的基本要求，它是企业正常运行的基本保证，它促使企业的生产经营活动和各项管理工作达到合理化、规范化、高效化，是成本控制成功的基本前提。在成本控制过程中，下面四项标准化工作极为重要。

第一，计量标准化。计量是用科学方法和手段，对生产经营活动中的量和质的数值进行测定，为生产经营，尤其是成本控制提供准确数据。如果没有统一计量标准，基础数据不准确，那就无法获取准确成本信息，更无从谈控制。

第二，价格标准化。成本控制过程中要制定两个标准价格，一是内部价格，即内部结算价格，它是企业内部各核算单位之间，各核算单位与企业之间模拟市场进行"商品"交换的价值尺度。二是外部价格,即在企业购销活动中与外部企业产生供应与销售的结算价格。标准价格是成本控制运行的基本保证。

第三,质量标准化。质量是产品的灵魂,没有质量,再低的成本也是徒劳。成本控制是质量控制下的成本控制,没有质量标准,成本控制就会失去方向,也谈不上成本控制。

第四,数据标准化。制定成本数据的采集过程,明晰成本数据报送人和入账人的责任,做到成本数据按时报送,及时入账,数据便于传输,实现信息共享;规范成本核算方式,明确成本的计算方法;对成本的书面文件采用国家公文格式,统一表头,形成统一的成本计算图表格式,做到成本核算结果准确无误。

三、制度建设

在市场经济中,企业运行的基本保证,一是制度,二是文化,制度建设是根本,文化建设是补充。没有制度建设,就不能固化成本控制运行,就不能保证成本控制质量。成本控制中最重要的制度是定额管理制度、预算管理制度、费用申报制度等。在实际中,制度建设有两个问题。一是制度不完善,在制度内容上,制度建设更多地从规范角度出发,看起来像命令。正确的做法应该是制度建设要从运行出发,这样才能使责任人找准位置,便于操作。二是制度执行不力,老是强调管理基础差,人员限制等客观原因,一出现利益调整内容,就收缩起来,导致制度形同虚设。

| 第四节 控制目标 |

在企业发展战略中,成本控制处于极其重要的地位。如果同类产品的性能、质量相差无几,决定产品在市场竞争的主要因素是价格,而决定产品价格高低的主要因素则是成本,因为只有降低了成本,才有可能降低产品的价格。成本管理控制目标必须首先是全过程的控制,不应仅是控制产品的生产成本,而应控制的是产品生命周期成本的全部内容,实践证明,只有当产品的生命周期成本得到有效控制,成本才会显著降低。而从全社会角度来看,只有如此,才能真正达到节约社会资源的目的。此外,企业在进行成本控制的同时还必须要兼顾产品的不断创新，特别是要保证和提高产品的质量，绝不能片面地为了降低成本而忽视产品的品种和质量，更不能为了片面追求眼前利益，采取偷工减料、冒牌顶替或粗制滥造等歪门邪道来降低成本。否则，其结果不但坑害了消费者，最终也会使企业丧失信誉，甚至破产倒闭。

一、成本动因不只限于产品数量

要对成本进行控制，就必须先了解成本为何发生，它与哪些因素有关，有何关系。对于直接成本（直接材料和直接人工），其成本动因是产品的产量，按产量对这部分进行分配是毫无疑问的。如何有效地控制成本，使企业的资源利用达到最大的效益，就应该从作业入手，力图增加有效作业，提高有效作业的效率，同时尽量减少以至于消除无效作业，这是现代成本控制各方法的基础理念，其他各种概念都是围绕其开展的，因而也是本文的立足点，如图 1 – 1 所示。

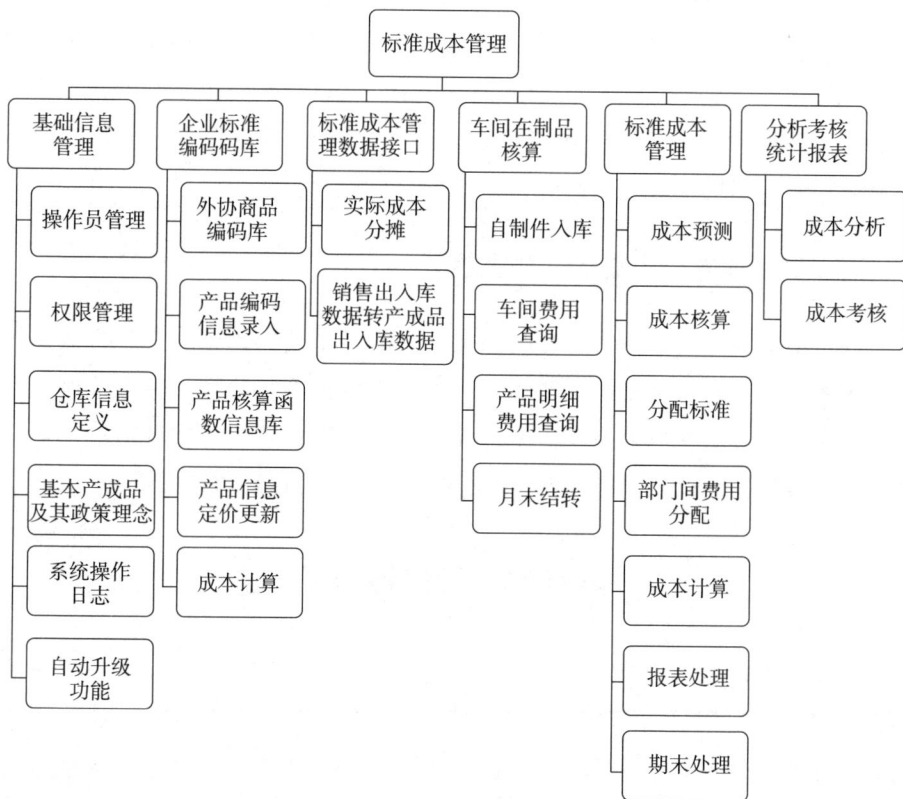

```
                              标准成本管理
   ┌──────────┬──────────┬──────────┬──────────┬──────────┬──────────┐
 基础信息   企业标准   标准成本管理  车间在制品   标准成本   分析考核
  管理      编码码库   数据接口     核算        管理       统计报表
   │          │          │          │          │          │
操作员管理  外协商品   实际成本    自制件入库  成本预测   成本分析
           编码库     分摊
   │          │          │          │          │          │
权限管理    产品编码   销售出入库  车间费用    成本核算   成本考核
           信息录入   数据转产成品 查询
                      出入库数据
   │          │          │          │          │
仓库信息    产品核算函 产品明细    分配标准
定义        数信息库   费用查询
   │          │          │          │
基本产成品  产品信息   月末结转    部门间费用
及其政策理念 定价更新              分配
   │          │                    │
系统操作    成本计算              成本计算
日志
   │                              │
自动升级                        报表处理
功能
                                  │
                                期末处理
```

图 1 – 1　标准成本管理的内容

二、成本的含义变得更为宽泛

传统的产品成本的含义一般只是产品的制造成本，即包括产品的直接材料成本、直接人工成本和应该分摊的制造费用，而将其他的费用放入管理费用和销售费用中，一律作为期间费用，视为与产品生产完全无关。因此，广义的成本概念，既包括产品的制造成本（中游），还包括产品的开发设计成本（上游），同时也包括使用成本、维护保养成本和废弃成本（下游）的一系列与产品有关的所有企业资源的耗费。相应地，对于成本控制，就要控制这三个环节所发生的所有成本。

三、成本避免

传统的成本降低基本是通过成本的节省来实现的，即力求在工作现场不浪费资源，通过改进工作方式以节约将发生的成本支出，主要方法有节约能耗、防止事故、以招标方式采购原材料或设备，是企业的一种战术的改进，属于降低成本的一种初级形态。高级形态的成本降低需要企业在产品的开发、设计阶段，通过重组生产流程，来避免不必要的生产环节，达到成本控制的目的，这是一种高级的战略上的变革。

四、时间作为一个重要的竞争因素

在价值链的各个阶段中，时间都是一个非常重要的因素。很多行业的各项技术的发展变革速度已经加快，产品的生命周期变得很短。企业能将产品及时地送到顾客手中是第一步，更重要的是对顾客的意见采取及时的应对措施，使顾客价值最大化。这样既可以获得市场，又可以随时掌握市场的动态。

|第五节 控制内容|

成本控制的内容非常广泛，但是，这并不意味着事无巨细地平均使用力量，成本控制应该有计划有重点地区别对待。各行各业不同企业有不同的控制重点。控制内容一般可以从成本形成过程和成本费用分类两个角度加以考虑。

一、过程划分

1. 产品投产前的控制

这部分控制内容主要包括：产品设计成本，加工工艺成本，物资采购成本，生产组织方式，材料定额与劳动定额水平等。这些内容对成本的影响最大，可以说产品总成本的 60% 取决于这个阶段的成本控制工作的质量。这项控制工作属于事前控制方式，在控制活动实施时真实的成本还没有发生，但它决定了成本将会怎样发生，它基本上决定了产品的成本水平。

2. 制造过程中的控制

制造过程是成本实际形成的主要阶段。绝大部分的成本支出在这里发生，包括原材料、人工、能源动力、各种辅料的消耗、工序间物料运输费用、车间以及其他管理部门的费用支出。投产前控制的种种方案设想、控制措施能否在制造过程中贯彻实施，大部分的控制目标能否实现和这阶段的控制活动紧密相关，它主要属于事中控制方式。由于成本控制的核算信息很难做到及时，会给事中控制带来很多困难。

3. 流通过程中的控制

包括产品包装、厂外运输、广告促销、销售机构开支和售后服务等费用。在目前强调加强企业市场管理职能的时候，很容易不顾成本地采取种种促销手段，反而抵消了利润增量，所以也要作定量分析。

二、构成划分

1. 原材料成本控制

在制造业中原材料费用占总成本的比重很大，一般在 60% 以上，高的可达90%，是成本控制的主要对象。影响原材料成本的因素有采购、库存费用、生产消耗、回收利用等，所以控制活动可从采购、库存管理和消耗三个环节着手。

2. 工资费用控制

工资在成本中占有一定的比重，增加工资又被认为是不可逆转的。控制工资与效益同步增长，减少单位产品中工资的比重，对于降低成本有重要意义。控制工资成本的关键在于提高劳动生产率，它与劳动定额、工时消耗、工时利用率、工作效率、工人出勤率等因素有关。

3. 制造费用控制

制造费用开支项目很多，主要包括折旧费、修理费、辅助生产费用、车间管理人员工资等，虽然它在成本中所占比重不大，但因不引人注意，浪费现象十分普遍，是不可忽视的一项内容。

4. 企业管理费控制

企业管理费指为管理和组织生产所发生的各项费用，开支项目非常多，也是成本控制中不可忽视的内容。

上述这些都是绝对量的控制，即在产量固定的假设条件下使各种成本开支得到控制。在现实系统中还要达到控制单位产品成本的目标。

|第六节　基本原则|

成本控制基本原则有全面介入、例外管理和经济效益。

一、全面介入

全面介入原则是成本控制的全部、全员、全过程的控制。全部是对产品生产的全部费用要加以控制，不仅对变动费用要控制，对固定费用也要进行控制。全员控制是要发动领导干部、管理人员、工程技术人员和广大职工建立成本意识，参与成本的控制，认识到成本控制的重要意义，才能付诸行动。全过程控制，对产品的设计、制造、销售过程等进行控制，并将控制的成果在有关报表上加以反映，借以发现缺点和问题。

二、例外管理

成本控制要将注意力集中在超乎常规的情况。因为实际发生的费用往往与预算有差异，如发生的差异不大，也就没有必要一一查明其原因，而当把注意力集中在非正常的例外事项上时，就需要及时进行信息反馈。

三、经济效益

提高经济效益，不单是依靠降低成本的绝对数，更重要的是实现相对的节约，取得最佳的经济效益，以较少的消耗，取得更多的成果。

第七节　基本程序

生产过程中的成本控制，就是在产品的制造过程中，对成本形成的各种因素，按照事先拟定的标准严格加以监督，发现偏差就及时采取措施加以纠正，从而使生产过程中的各项资源的消耗和费用开支限定在规定的标准范围之内。成本控制的基本工作程序如下。

一、制订成本

成本标准是成本控制的准绳，成本标准首先包括成本计划中规定的各项指标。但成本计划中的一些指标都比较综合，还不能满足具体控制的要求，这就必须规定一系列具体的标准。确定这些标准的方法，大致有三种。

（1）计划指标分解法。即将大指标分解为小指标。分解时，可以按部门、单位分解，也可以按不同产品和各种产品的工艺阶段或零部件进行分解，若更细致一点，还可以按工序进行分解。

（2）预算法。就是用制订预算的办法来制订控制标准。有的企业基本上是根据季度的生产销售计划来制订较短期（如月份）的费用开支预算，并把它作为成本控制的标准。采用这种方法特别要注意从实际出发来制订预算。

（3）定额法。就是建立起定额和费用开支限额，并将这些定额和限额作为控制标准来进行控制。在企业里，凡是能建立定额的地方，都应把定额建立起来，如材料消耗定额、工时定额等。实行定额控制的办法有利于成本控制的具体化和经常化。在采用上述方法确定成本控制标准时，一定要进行充分的调查研究和科学计算。同时还要正确处理成本指标与其他技术经济指标的关系（如和质量、生产效率等关系），从完成企业的总体目标出发，经过综合平衡，防止片面性。必要时，还应搞多种方案的择优选用。

二、监督成本

监督成本是根据控制标准，对成本形成的各个项目，经常地进行检查、评比和监督。不仅要检查指标本身的执行情况，而且要评比和监督影响指标的各项条件，如设备、工艺、工具、工人技术水平、工作环境等。所以，成本日常控制要与生产作业控制等结合起来进行。成本日常控制的主要方面有以下几点。

（1）材料费用的日常控制。车间施工员和技术检查员要监督生产是否按图纸、工艺、工装要求进行操作，实行首件检查，防止成批报废。车间设备员要按工艺流程规定的要求监督设备维修和使用情况，不合要求不能开工生产。供应部门材料员要按规定的品种、规格、材质实行限额发料，监督领料、补料、退料等制度的执行。生产调度人员要控制生产批量，合理下料，合理投料，监督期量标准的执行。车间材料费的日常控制，一般由车间材料核算员负责，它要经常收集材料，分析对比，追踪原因，并会同有关部门和人员提出改进措施。

（2）工资费用的日常控制。主要是车间劳资员对生产现场的工时定额、出勤率、工时利用率、劳动组织的调整、奖金、津贴等的监督和控制。此外，生产调度人员要监督车间内部作业计划的合理安排，要合理投产、合理派工、控制窝工、停工、加班、加点等。车间劳资员（或定额员）对上述有关指标负责控制和核算，分析偏差，寻找原因。

（3）间接费用的日常控制。车间经费、企业管理费的项目很多，发生的情况各异。有定额的按定额控制，没有定额的按各项费用预算进行控制，如采用费用开支手册、企业内费用券（又叫本票、企业内流通券）等形式来实行控制。各个部门、车间、班组分别由有关人员负责控制和监督，并提出改进意见。

上述各生产费用的日常控制，不仅要有专人负责和监督，而且要使费用发生的执行者实行自我控制，还应当在责任制中加以规定。这样才能调动全体职工的积极性，使成本的日常控制有群众基础。

三、纠正偏差

针对成本差异发生的原因，查明责任者，就其情况，依据轻重缓急，提出改进措施，加以贯彻执行。对于重大差异项目的纠正，一般采用下列程序。

（1）提出课题。从各种成本超支的原因中提出降低成本的课题。这些课题首先应当是那些成本降低潜力大、各方关心、可能实行的项目。提出课题的要求，包括课题的目的、内容、理由、根据和预期达到的经济效益。

（2）讨论和决策。课题选定以后，应发动有关部门和人员进行广泛的研究和讨论。对重大课题，可能要提出多种解决方案，然后进行各种方案的对比分析，从中选出最优方案。

（3）确定方案实施的方法步骤及负责执行的部门和人员。

（4）贯彻执行确定的方案。在执行过程中也要及时加以监督检查。方案实现以后，还要检查方案实现后的经济效益，衡量是否达到了预期的目标。

四、批量采购

（1）寻求替代。当小批量采购的批量障碍难以突破，采购代价较高，而采购元器件又是同类产品的通用元器件时，企业可以考虑向同类生产厂家寻求采购替代，从同类生产厂家购买少量的替代品。事实上，每个生产企业正常采购的每种原材料或元器件，在数量上要想达到刚好用完的准确程度是件很难的事，所以在生产企业的原材料仓库，各种品类的原材料或元器件经常会有少量的剩余。因此，对于那些在同类生产厂家可能存在替代品的零部件或原材料的小批量采购，寻求采购替代有时可以大幅度的降低采购成本，因为生产企业所需要的东西或许正是其他同类生产企业放在仓库正急于进行处理的多余材料。

（2）让技术人员参与采购。对于新产品的研发和试制，如果让生产技术人员参与采购有时也可以减少采购的批量。一件新产品的试制，需要的原材料或元器件的数量只有技术人员最清楚。如果让技术人员直接与供应商沟通，可以让供应商确切地知道生产企业采购的用途和数量，供应商可以将所需要的少量元器件安排在其他批量生产之中，从而可以用比正常最小批量还小的批量采购到所需的元器件，达到节约采购成本的目的。

（3）与供应商结成战略联盟。通过与供应商结成战略联盟，也可以降低小批量采购成本。生产企业如果与供应商结成战略联盟，两者之间的关系就不再是简单的采购关系，而是一种长期合作的互惠互利的战略伙伴关系，双方不需要在一次交易中就急于收回成本，而是通过长期的交易来实现权利和义务的平衡。在这种合作关系下的小批量采购，供应商不会因为批量太小而不生产或要求很高的价格，反而会想办法节约成本，为长期的合作尽到自己的义务。

五、联合采购

联合采购是指同类型的中小生产企业，为了在采购价格上获得有利地位，扩大采购批量，联合起来共同采购的一种采购方法。中小企业由于生产规模小，在采购中的被动地位是很明显的，但通过跨企业的联合采购就可以扩大采购批量，降低采购成本。在可能的情况下，中小企业可以考虑组织或加入采购联盟，在原材料采购上联合起来，就可以增加防范风险的能力。多家企业联合采购，集小订单成大订单，增强集体的谈判实力，获取采购规模优势，争得和大企业一样的"江湖地位"。联合采购直接面对制造商，这样就可以摆脱代理商的转手成本，通过直接与制造商交易，减少中间层次，大大降低流通成本，保障产品质量。

六、第三方采购

第三方采购是企业将产品或服务采购外包给第三方公司。国外的经验表明，与企业自己进行采购相比，第三方采购往往可以提供更多的价值和购买经验，可以帮助企业更专注核心竞争力。第三方采购多以采购联盟的形式存在，通过第三方进行小批量采购，可以变小批量为大批量，加上采购联盟的行业地位与采购经验，可大大降低采购成本。

|第八节　控制步骤|

虽然控制对象各有不同，控制工作的要求也各不一样，但控制工作的过程基本是一致的，大致可分为四个步骤。

（1）确定控制标准，即确定评定工作绩效的尺度。管理者应以计划为基础，制定出控制工作所需要的标准。

（2）衡量工作成效，即通过管理信息系统采集实际工作的数据（与已制定的控制标准中所对应的要素），了解和掌握工作的实际情况。在这一过程中，要特别注意获取信息的质量问题，做到信息的准确性、及时性、可靠性、适用性。

（3）分析衡量的结果，即将实际工作结果与标准进行对照，找出偏差并分析其发生的原因，为进一步采取管理行动作好准备。这是控制中最需理智分析的环节，是否要进一步采取管理行动就取决于此。若分析结果表明没有偏差或只存在"健康"的正偏差，那么控制人员就不必再进行下一步，控制也就到此为止了。

（4）采取管理行动，纠正偏差。纠正偏差的方法不外乎两种：一种是改进工作绩效；另一种是修订标准。

| 第九节　控制方法 |

一、从成本中占比例高的方面着手

控制成本自然是要控制产品的全部成本，从成本产生全过程、全方位来控制成本，包括设计、采购、制造、营销与管理各个环节都要置于企业成本控制范围之内。如果企业控制成本不分轻重，全方位，不加区分地都花大力气进行成本控制，往往达到的效果不一定就好。简要地将成本分为材料费、人工费和管理费等几个方面，视企业产品的不同，各项费用在产品成本中所占比例的高低也可能存在差异，但一般而言，材料费用在产品成本中所占比例较高，一般占到 60%～80% 份额，人工费用所占份额相对材料少些，一般占 5%～10%，其他成本占比例 10%～15%，企业成本控制首要的是控制成本，即从占成本比例高的材料、人工等方面着手，只要牢牢地控制住成本占有比例较高的几个部分，企业的成本计划一般就不会被突破，成本控制的目标就比较容易达到。

二、从创新方面着手

每一家企业都会采用各种方法来控制成本，消耗定额、限额领料、指标分解、成本倒挤等，方法是层出无穷，但出彩的并不多。为什么呢？企业成本控制，除保持成本不上升外，可能更大的希望是成本每年都有一定幅度的降低，但成本降低总有一个限度，到了某一个限度后，如果不是创新技术、工艺、增加或改进设备等，成本便很难再降低，管理上稍一松懈还有可能反弹。成本降低到一定阶段后，企业只有从创新着手来降低成本，从技术创新上来降低原料用量或寻找新的、价格便宜的材料替代原有老的、价格较高的材料，从工艺创新上来提高材料利用率、降低材料的损耗量、提高成品率或一级品率,从工作流程和管理方式创新上来提高劳动生产率、设备利用率以降低单位产品的人工成本与固定成本含量,从营销方式创新上来增加销量、降低单位产品营销成本,企业只有通过不断创新,用有效的激励方式来激励创新,从创新方面着手,才是企业不断降低成本的根本出路。

三、从关键点着手

由于形成产品成本的各个环节、各个点在成本中的作用可能不同,造成有些环节点对成本的形成起关键作用,有些环节点对成本的形成作用较小。企业成本控制应从关键点着手,抓住成本关键点,往往能起到事半功倍的效果。例如,一些企业从事的技术含量不高、原料品种多的家用电器制造业,开发新的技术或新材料对大多数企业来说都存在难度,此时采购原料的价格可能成为该企业成本的控制关键点;资金密集型的快速消费品,降低存货,加速资金周转可能成为该企业的成本控制关键点;原料消耗较固定但成品率波动性较大的行业,提高成品率、降低废次品率成为成本控制的关键点;升级换代快的产品,产品设计可能成为成本控制关键点;材料成本低,营销费用高的烟、酒、化妆品等,营销费用可能成为成本控制的关键点。总之,由于企业产品性质的不同,企业技术实力的差异,使得企业成本控制的关键点各不相同,企业应找出适合自身特点的成本控制关键点,从关键点着手进行成本控制,才能把力用到实处,起到事半功倍的作用。

四、从可控制费用着手

我们将产品成本分为可控成本和不可控成本,当然这里所谓的不可控只是相对的,没有绝对的不可控成本。不可控制成本一般指企业的决策而形成的成本,包括管理人员工资、折旧费和部分企业管理费用,因为这些费用在企业建立或决策实施后已形成,在一般条件下,它较少发生变化,花大力气去控制这些较固定的成本就没有多大意义了,只有那些在生产经营过程中可以人为进行调控的如材料用量、机物料消耗量、材料进价、办公费、差旅费、运输费、资金占用费等可控费用,我们花力气去控制才有意义。从可控制费用着手进行成本控制,才是企业的成本控制之道。

五、从激励约束机制方面着手

成本控制不是靠企业几个领导、几个重点人物就能做好的,需要所有与成本相关人员的参与。如何发挥每个成本相关者在成本控制中的作用是企业成本控制必须解决的问题之一，我们当然希望每个成本相关者都能自觉地控制好自己所管辖范围内产品品质、材料消耗，但这只不过是一种理想，一种愿望，要相信制度的力量，企业成本控制不能建立在人人自觉的美好愿望之上，应当建立成本控制制度，建立与之相关的激励与约束机制，依靠制度，用激励与约束的方式来调动员工控制成本的主观能动性，将节约成本与控制者的切身利益联系起来，利用奖惩的办法将企业被动成本控制转换为全员的主动成本控制。

[案例 1−1]

丰田汽车的成本规划

丰田汽车公司成立于 1933 年，约占全球汽车市场份额的 10%，是仅次于通用、大众的世界著名汽车公司。为什么丰田汽车公司能历经几十年而充满活力、旺盛不衰？这在很大程度上得益于其成本规划的实施。根据丰田汽车公司的定义，成本规划（Cost Planning）是从新产品的基本构想立案至生产开始阶段，为降低成本及确保利润而实行的各种管理活动。其基本的实施程序如下。

1. 新产品的规划（Product Planning）

汽车的全新改款通常每四年实施一次，在新型车上市前三年，一般就正式开始目标成本规划。每一车种（Corolla、Corona、Camry 等）设一名负责新车开发的产品经理，以产品经理为中心，对产品计划构想加以推敲，编制新型车开发提案。开发提案的内容包括：车子式样及规格（长、宽、重量、引擎的种类、总排气量、最高马力、变速比、减速比、车体构成等）、开发计划、目标售价及预计销量等，其中，目标售价及预计销量是与业务部门充分讨论（考虑市场变动趋向、竞争车种情况、新车型所增加新机能的价值等）后而加以确定的。开发提案经高级主管所组成的产品规划委员会核准承认后，即进入制定目标成本的阶段。

2. 成本规划目标的决定

（1）丰田汽车公司通过参考长期的利润率目标来决定目标利润率，再将目标销售价格减去目标利润即得目标成本（Target Cost）。其计算公式如下：

$$目标成本 = 目标销售价格 - 目标利润$$

（2）运用累计法计算出估计成本。由于车子的零组件合计约 2 万件，但在开发新车时并非这 2 万件全部变更，通常因变更而需重新估计的约 5 000 件，这些为有效的估计成本，因此丰田汽车公司相关产品成本可以用现有车型的成本加减其变更部分的成本差额计算得出。目标成本与估计成本的差额为成本规划目标，它是需要通过设计活动降低的成本目标值。

3. 成本规划目标的分配

将成本规划目标进一步细分给负责设计的各个设计部，如按车子的构造、机能分为：引擎部、驱动设计部、底盘设计部、车体设计部、电子技术部、内装设计部。但并不是对各设计部硬性规定降低多少，而是由产品经理根据以往的实绩、经验及合理估计等，与各设计部进行数次协商讨论后才予以决定的。设计部为便于掌握目标达成活动及达成情况，还将成本目标更进一步地按零件予以细分。

第二章 条分缕析
——成本分析

成本—数量—利润分析（简称 C·V·P 分析），作为现代管理会计中重要的科学管理方法，运用数学原理和方法，以变动成本法为基础，以边际利润（或称边际贡献）的观点为核心。研究成本、数量、利润之间的关系（又称本量利），不仅可以分析不同产品销量对企业盈利的影响，而且可以通过观察成本与产量之间的依存关系，了解成本的规律性。从而有助于编制企业措施方案，制定经营决策，以达到最大的经济效益。

第一节 成本性态分析

成本性态，又称成本习性，指成本的变动与业务量（产量或销售量）之间的依存关系。成本性态分析就是对成本与业务量之间的依存关系进行分析，从而在数量上具体掌握成本与业务量之间的规律性关系，以便为企业正确地进行最优管理决策和改善经营管理提供有价值的资料。

成本按其性态可以分为固定成本、变动成本和混合成本。

一、固定成本

1. 定义

固定成本是指在一定期间和一定业务量范围内，其成本总额不受业务量变动的影响而保持固定不变的成本。如行政管理人员的工资、办公费等均属于固定成本。

2. 特点

固定成本的特点如下。

（1）在相关范围内，成本总额保持不变。

设总成本为 y，业务量为 x，固定成本为 a，则固定成本总额的习性模型可以用下式表示，如图 2-1 所示。

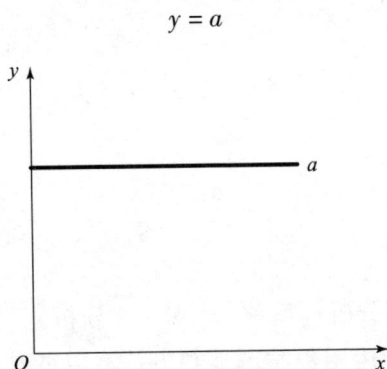

$$y = a$$

图 2-1　固定成本总额的习性模型

（2）单位固定成本随业务量呈反比例变动。

单位固定成本的习性模型则可以用下式表示，如图 2-2 所示。

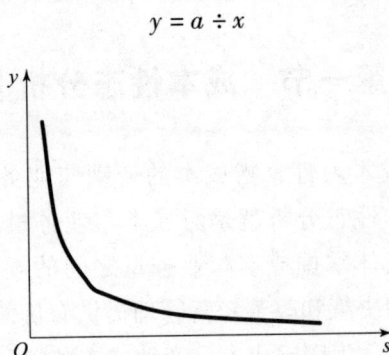

$$y = a \div x$$

图 2-2　单位固定成本的习性模型

（3）固定成本的分类。依据固定成本的"固性强弱"，将固定成本分为酌量性固定成本和约束性固定成本。

酌量性固定成本也称选择性固定成本或任意性固定成本，指管理当局的决策可以改变其支出数额的固定成本。如广告费、职工教育培训费、技术开发费等均属于酌量性固定成本。这些成本绝对额的大小取决于企业管理当局根据企业的经营状况而做出的判断。约束性固定成本也称承诺性固定成本。与酌量性固定成本相反，约束性固定成本指管理当局的决策无法改变其支出数额的固定成本。如固定资产按直线法计提的折旧、房屋及设备租金、不动产税、财产保险费、行政管理人员工资、照明费等均属于约束性固定成本。约束性固定成本是企业维持正常生产经营能力所必须负担的最低固定成本，其支出的大小只取决于企业生产经营的规模与质量，因而具有很大的约束性。由于约束性固定成本与企业的经营能力相关，因而又被称作经营能力成本；同时由于企业的经营能力一旦形成，短期内难以改变，即使经营暂时中断，该项固定成本仍将维持不变，因而也被称为能量成本。

【例2-1】 某企业年度发生的固定成本总额为 5 780 000 元，其中广告与促销费为 40 000 元，折旧为 600 000 元，员工培训费为 150 000 元，管理者薪金为 880 000 元，租赁支出为 960 000 元，财产税为 650 000 元，研究与开发费为 2 500 000 元，酌量性和约束性固定成本的计算如表 2-1 所示。

表 2-1 约束性和酌量性固定成本计算表

固定成本	计划金额（元）	固定成本	计划金额（元）
广告与促销费	40 000	约束性：	
折旧	600 000	折旧	600 000
员工培训费	150 000	租赁支出	960 000
管理者薪金	880 000	财产税	650 000
租赁支出	960 000	管理者薪金	880 000
财产税	650 000	合计	3 090 000
研究与开发费	2 500 000	酌量性：	
		广告与促销费	40 000
		员工培训费	150 000
		研究与开发费	2 500 000
		合计	2 690 000
总计	5 780 000	总计	5 780 000

（4）固定成本的相关范围。固定成本的定义有一个前提条件，即在一定期间和一定业务量范围内，也就是说固定成本的"固定性"不是绝对的，而是有限定条件的，或者说是有范围的。

就期间范围而言，固定成本表现为在某一特定期间内具有固定性。因为从较长时期看，所有成本都具有变动性，即使"约束性"很强的固定成本也是如此。随着时间的推移，一个正常成长的企业，其经营能力无论从规模上还是从质量上均会发生变化，具体表现为设备不断更新、行政管理人员不断增加，这些均会导致折旧费用、财产保险费以及行政管理人员薪金的增加。

就空间范围而言，固定成本表现为在某一特定业务量水平内具有固定性。因为业务量一旦超出这一水平，企业同样势必扩大厂房、更新设备和增加行政管理人员，相应的费用也势必增加。

二、变动成本

1. 定义

变动成本是指在一定期间和一定业务量范围内其总额随着业务量的变动而呈正比例变动的成本。如直接材料费、产品包装费、按件计酬的工人薪金、推销佣金等均属于变动成本。与固定成本相比，变动成本的总量随业务量的变化呈正比例变动关系，而单位业务量中的变动成本则是一个定量。

2. 特点

（1）在相关范围内，成本总额随业务量呈正比例变动。

（2）单位变动成本保持不变。

若设单位变动成本为 b，业务量为 x，则总变动成本模型如图 2-3 所示。

$$y = bx$$

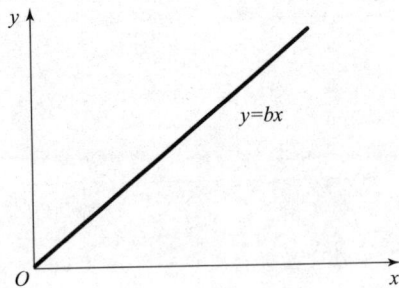

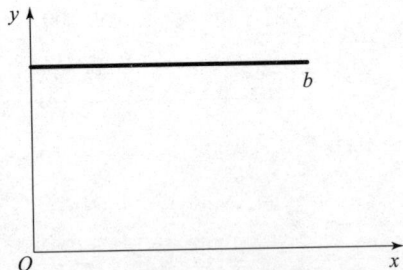

图 2-3　总变动成本习性模型（上）与单位变动成本习性模型（下）

【例2-2】　假定单位产品的直接材料成本为60元/件，当产量分别2 000件、4 000件、6 000件、8 000件时，材料的总成本和单位产品的材料成本计算如表2-2所示。

表2-2　材料成本计算表

产量/件	直接材料单位成本（元）	直接材料总成本（元）
2 000	60	120 000
4 000	60	240 000
6 000	60	360 000
8 000	60	480 000

3. 分类

变动成本可以分为酌量性变动成本和约束性变动成本。酌量性变动成本指企业管理当局的决策可以改变其支出数额的变动成本。如按产量计酬的工人薪金、按销售收入的一定比例计算的销售佣金等均属于酌量性变动成本。这些支出标准取决于企业管理当局的决策。如企业在考虑了当时的劳动力市场情况后确定计件工资，在考虑所销产品的市场情况后确定销售佣金等。约束性变动成本指企业管理当局的决策无法改变其支出数额的变动成本。这类成本通常表现为企业所生产产品的直接物耗成本，以直接材料成本最为典型。当企业所生产的产品定型（包括外形、大小、重量等方面）以后，上述成本的大小就具有了很强的约束性。

无论是酌量性变动成本还是约束性变动成本，对特定产品而言，其单位变动成本是确定的，其总量均随着产品产量（或销量）的变动而呈正比例变动。

4. 变动成本的相关范围

与固定成本一样，变动成本的变动性，即"随着业务量的变动而呈正比例变动"也有其"相关范围"。即变动成本总额与业务量之间的这种正比例变动关系只是在一定的业务量范围内实现的，超出这一业务量范围，两者之间就可能不存在这种正比例变动关系。

例如，当企业的产品产量较少时，单位产品的材料成本和人工成本可能比较高。但当产量逐渐上升到一定范围内（即相关范围）时，由于材料的利用可能更加充分、工人的作业安排可能更加合理等原因，会使单位产品的材料成本和人工成本逐渐降下来；而当产量突破上述范围继续上升时，可能使某些变动成本项目超量上升（如加倍支付工人的加班工资等），从而导致单位产品中的变动成本由降转升。

三、混合成本

混合成本指那些"混合"了固定成本和变动成本两种不同性质的成本，如企业的总成本就是一项混合成本。在现实经济生活中，许多成本项目并不直接表现为固定成本性态或变动成本性态。这类成本的基本特征是，其发生额的高低虽然直接受业务量大小的影响，但不存在严格的比例关系。企业在决策过程中，需要对混合成本按性态进行近似的描述，即将混合成本按一定方法分解为固定成本和变动成本，只有这样才有利于企业进行成本决策。

1. 混合成本分类

（1）半变动成本。该类成本的特征是通常有一定基数部分不随业务量的变化而变化，这部分类似于固定成本，但在基数部分以上，则随着业务量的变化而成正比例变化，基数部分以上的部分类似于变动成本。如企业支付的电话费，通常有一个基数部分，超出部分则随业务量的增大而增大。半变动成本是混合成本中最具代表性的一种存在类型。因此，人们往往把混合成本直接称为半变动成本。

（2）半固定成本。该类成本的特征是在一定业务量范围内其发生额的数量是不变的，这类似于固定成本，但当业务量的增长达到一定限额时，其发生额会突然跃升到一个新的水平，然后在业务量增长的一定限额内，即一个新的相关范围内，其发生额的数量又保持不变，直到另一个新的跃升为止。企业工资费用中检验员的工资以及受开工班次影响的设备动力费等均属于这类成本。

（3）延伸变动成本。该类成本的特征是在业务量的某一临界点以下表现为固定成本，超过该临界点则表现为变动成本。如企业实行的计时工资，其支付给职工的正常工作时间内的工资总额是固定不变的，但当职工的工作时间超过了正常水平时，企业需按规定支付加班工资，且加班工资的大小与加班时间的长短存在着某种比例关系。因此，所谓延伸变动成本，是指随着业务的"延伸"，原本固定不变的成本成了变动成本的这类成本。

（4）曲线变动成本。这类成本通常也有个不变的基数，相当于固定成本，但在这个基数之上，成本虽然随着业务量的增加而增加，但两者之间并不像变动成本那样保持严格的同比例变动关系，而是呈现出非线性的曲线关系。

2. 总成本公式及其性态模型

企业的总成本依其性态可分为固定成本、变动成本和混合成本三大类，其中混合成本又包括固定部分和变动部分。企业的总成本公式如下所示：

$$总成本 = 固定成本总额 + 变动成本总额$$

$$= 固定成本总额 + （单位变动成本 \times 业务量）$$

$$(1-1)$$

现用 y 表示总成本，a 表示固定成本总额，b 表示单位变动成本，x 表示业务量，则式（1-1）可以写成：

$$y = a + bx$$

总成本的习性模型如图 2-4 所示。

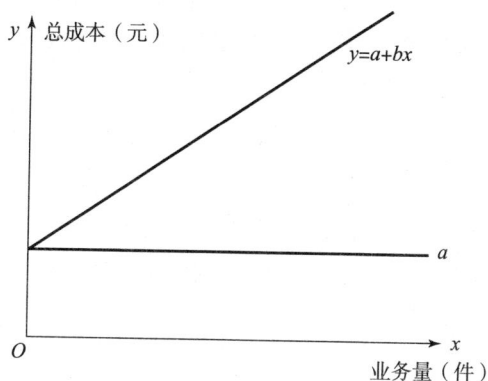

图 2-4　总成本的习性模型

3. 混合成本的分解

混合成本的分解是指采用一定的方法将混合成本最终分解为固定成本和变动成本两部分。常见的分解混合成本的方法有两大类：一类是侧重于定性分析的方法，如账户分析法、合同确认法、工程法等。这类分析方法是根据各个成本账户的性质、合同中关于支付成本的规定、生产过程中各种成本的技术测定等来具体分析，进而确认哪些成本属于固定成本，哪些成本属于变动成本的方法。另一类是数量分析法，指利用一定期间的业务量与成本的历史数据，采用适当的数学方法进行分析，确定所需分解的混合成本的函数方程，进而将其分解为固定成本和变动成本的方法。常用的数量分析法有高低点法、散布图法和回归直线法。

|第二节　成本核算方法|

一、完全成本法

"完全成本法"，也称"完全成本计算法"，指在计算产品成本和存货成本时，把一定期间内在生产过程中所消耗的直接材料、直接人工、变动制造费用和固定制造费用全部包括在产品成本内的方法。由于完全成本法是将所有的制造成本，不论是固定的还是变动的，都"吸收"到了产品成本中去，故称"吸收成本法"或"吸收成本计算法"。

在完全成本法中，固定制造费用也是存货成本的一个组成部分，只有当存货出售时，这部分的固定制造费用才构成销货成本反映在利润表中，并与当期的销售收入相配合。

完全成本法强调成本补偿的一致性。该方法认为，只要与产品生产有关的成本都应该作为产品成本。固定性制造费用是在生产过程中发生的，与生产直接相关，从成本补偿的角度讲，其与直接材料、直接人工和变动制造费用的支出一样并无区别，所以应该作为产品成本，从当期产品销售收入中得到补偿。

二、变动成本法

变动成本法是指在计算产品生产成本和存货成本时，只包括产品在生产过程中直接消耗的直接材料、直接人工和变动性制造费用，而不包括固定制造费用。所有固定制造费用均作为期间成本在发生的当期全额从当期收入中扣除。因为变动成本法不包括固定制造费用在内，故也称为"直接成本法"或"直接成本计算法"。

三、变动成本法与完全成本法的区别

（一）应用的前提条件不同

变动成本法首先要求进行成本性态分析，把全部成本划分为变动成本和固定成本两大部分，尤其要把属于混合成本性质的制造费用按生产量分解为变动性制造费用和固定性制造费用两部分，如果销售费用、管理费用或财务费用需要分解，则必须按销售量分解。

完全成本法首先要求把全部成本按其发生的领域或经济用途分为生产成本和非生产成本。凡在生产领域中为生产产品发生的成本就归于生产成本，发生在流通领域和服务领域由于组织日常销售或进行日常行政管理而发生的成本则归属于非生产成本。

（二）产品成本及期间成本的构成内容不同

在变动成本法下，产品成本全部由变动生产成本所构成，包括：直接材料、直接人工和变动性制造费用。期间费用由固定性制造费用、固定性经营费用、固定性管理费用、固定性财务费用、变动性销售费用、变动性管理费用和变动性财务费用所构成。变动成本法期间成本的内容还可以用另外两种简单方式表达，即：固定生产成本与全部非生产成本之和，或全部固定成本与全部变动性非生产成本之和。

在完全成本法下，产品成本包括全部生产成本（即直接材料、直接人工和制造费用），期间费用则仅包含全部非生产成本。

（三）销货成本及存货成本水平不同

广义的产品以销货和存货两种实物形态存在。当期末存货量和本期销货量都不为零时，本期发生的产品成本最终要表现为销货成本和存货成本。在变动成本法下，固定性制造费用作为期间成本直接计入当期利润表，因而没有转化为销货成本或存货成本的可能。在完全成本法下，因为固定性制造费用计入产品成本，所以当期末存货存在时，本期发生的固定性制造费用需要在本期销货和期末存货之间分配，从而导致被销货吸收的那部分固定性制造费用作为销货成本计入本期利润表，被期末存货吸收的另一部分固定性制造费用则随着期末存货成本递延到下期。这必然导致两种成本方法所确定的销货成本及存货成本水平不同。

（四）常用的销货成本计算公式不同

从理论上看，计算销货成本的公式为以下三种。

一般公式：本期销货成本＝期初存货成本＋本期发生的产品成本－期末存货成本

特殊公式（1）：本期销货成本＝单位变动生产成本×本期销售量

特殊公式（2）：本期销货成本＝单位生产成本×本期销售量

各个公式的适用范围如下。

无论是变动成本法还是完全成本法，都可以按一般公式计算销货成本。采用该式，就意味着必须只有先计算出期末存货成本后，才能计算本期销货成本。

由于变动成本法的销货成本全部是由变动生产成本构成的，在以下两种情况下，可以不计算期末存货成本，直接按特殊公式（1）式计算销货成本。第一种情况：期初存货量为零。在这种情况下，单位期末存货成本、本期单位产品成本和本期单位销货成本这三个指标相等，可以用单位变动生产成本指标来表示，可以利用特殊公式（1）。第二种情况：前后期成本水平不变，即各期固定成本总额和单位变动生产成本均不变。因为在这种情况下，单位期初存货成本、单位期末存货成本、本期单位产品成本和本期单位销货成本这四个指标可以用统一的单位变动生产成本指标来表示。

在完全成本法下，存在以下两种情况，可以直接按特殊公式（2）计算销货成本。第一种情况：期初存货量等于零。在这种情况下单位期末存货成本、本期单位产品成本和本期销货成本这三个指标等于单位生产成本指标，可以利用特殊公式（2）。第二种情况：前后期成本水平和产量均不变。只有在这种情况下，单位期初存货成本、单位期末存货成本、本期单位产品成本和本期单位销货成本这四个指标可以用统一的单位生产成本指标来表示。如果仅仅前后期成本水平不变，也不能直接利用特殊公式（2）。这是因为产品成本中包括了固定性制造费用。不同期间单位产品所负担的固定性制造费用可能因为各期产量不同而发生变化。总之，在完全成本法下，如果期初存货量不为零，往往不容易直接确定单位产品成本，所以在多数情况下需要应用一般公式计算其销货成本。

（五）损益确定程序不同

两种成本计算法的区别不仅限于成本方面，它们还会影响到营业利润的计量程序。如在变动成本法模式下，只能按贡献式损益确定程序计量营业损益；而在完全成本法模式下则必须按传统式损益确定程序计量营业损益。所谓贡献式损益确定程序指在损益计量过程中，首先用营业收入补偿本期实现销售产品的变动成本，从而确定边际贡献，然后再用边际贡献补偿固定成本以确定当期营业利润的过程。传统式损益确定程序则指在损益计量过程中，首先用营业收入补偿本期实现销售产品的营业成本，从而确定营业毛利，然后再用营业毛利补偿营业费用以确定当期营业利润的过程。

由于两种成本计算法的损益确定程序不同，又派生出如下三点区别。

1. 营业利润的计算方法不同

变动成本法下的计算公式：

$$营业收入 - 变动成本 = 边际贡献$$

$$边际贡献 - 固定成本 = 营业利润$$

完全成本法下的计算公式：

$$营业收入 - 营业成本 = 营业毛利$$

$$营业毛利 - 营业费用 = 营业利润$$

2. 编制的利润表格式不同

由于两种成本法的损益确定程序不同，使得它们所使用的利润表格式存在一定的区别。变动成本法使用贡献式利润表；完全成本法使用传统式利润表。除了格式不同外，不同的利润表还可以提供不同的中间指标，如贡献式利润表能够提供"边际贡献"指标；传统式利润表可以提供"营业毛利"指标。这些指标的意义和作用是完全不同的。

3. 所提供信息的用途不同（变动成本法与完全成本法之间最本质的区别）

变动成本法是为满足面向未来决策，强化企业内部管理的要求而产生的。由于它能够提供科学反映成本与业务量之间、利润与销售量之间有关量的变化规律的信息，有助于加强成本管理，强化预测、决策、计划、控制和业绩考核等职能，促进以销定产，减少或避免因盲目生产而带来的损失。因为在不考虑其他因素的情况下，企业的营业利润从理论上说是单价、成本和销售量这三个要素的函数，所以当单价和成本水平不变时，营业利润额应该直接与销售量的多少挂钩，营业利润额的变动趋势应该直接与销售量的变动趋势相联系，而这一规律只有在变动成本法下才能得到充分体现。

变动成本法销售量与营业利润之间存在以下规律性联系。

（1）当某期销售量比上期增加时，该期按变动成本法确定的营业利润将比上期增加。

（2）当某期销售量比上期减少时，该期按变动成本法确定的营业利润将比上期减少。

（3）在一个较长的时期内，当某期销售量最高时，该期按变动成本法确定的营业利润一定最高；当某期销售量最低时，该期按变动成本法确定的营业利润也一定最低。

（4）在一个较长的时期内，当任意两期销售量相同时，这两期按变动成本法确定的营业利润额相同。

【例2-3】 两种成本法产品成本和期间成本的计算。

已知：乙企业只生产经营一种产品，投产后第2年有关的产销业务量、销售单价与成本资料如表2-3所示。

表2-3

存货及单价		成本项目	变动性	固定性	合计
期初存货量（件）	0	直接材料（万元）	24 000		24 000
本期投产完工量（件）	4 000	直接人工（万元）	12 000		12 000
本期销售量（件）	3 000	制造费用（万元）	4 000	10 000	14 000
期末存货量（件）	1 000	销售费用（万元）	600	1 000	1 600
销售单价（万元/件）	20	管理费用（万元）	300	2 500	2 800
		财务费用（万元）	0	600	600

要求：分别用变动成本法和完全成本法计算该企业当期的产品成本和期间成本。

解：依上述资料分别按变动成本法和完全成本法计算当期的产品成本和期间成本如表2-4所示。

成本	项目	变动成本法		完全成本法	
		总额	单位额	总额	单位额
产品成本 （产量4 000件）	直接材料	24 000	6	24 000	6
	直接人工	12 000	3	12 000	3
	变动性制造费用	4 000	1	—	—
	制造费用	—	—	14 000	3.5
	合计	40 000	10	50 000	12.5
期间成本	固定性制造费用	10 000	—	—	—
	销售费用	1 600	—	1 600	—
	管理费用	2 800	—	2 800	—
	财务费用	600	—	600	—
	合计	15 000	—	5 000	—

表2-4　　　　　　　　　　单位：万元

本例计算结果表明，按变动成本法确定的产品总成本与单位成本要比完全成本法的相应数值低，而它的期间成本却高于变动成本法，这种差异来自于两种成本计算法对固定性制造费用的不同处理方法，它们共同的期间成本是销售费用、管理费用和财务费用。

|第三节　本量利分析|

一、本量利分析的概念

本量利分析是"成本—业务量—利润分析"的简称，它被用来研究产品价格、业务量（销售量、服务量或产量）、单位变动成本、固定成本总额、销售产品的品种结构等因素的相互关系，据以作出关于产品结构、产品定价、促销策略以及生产设备利用等决策的一种方法。本量利分析中最为人们熟悉的形式是盈亏临界分析或称保本分析。许多人把两者等同起来。确切地说，盈亏临界分析只是全部本量利分析的一部分。显然，盈亏临界分析并非只着眼于找出一个不盈不亏的临界点或称保本点，它所期望的是获得尽可能好的经营成果。这种分析方法可以用来预测企业的获利能力；预测要达到目标利润应当销售多少产品（或完成多少销售额）；预测变动成本、销售价格等因素的变动对利润的影响等，本量利分析的模型如图 2 – 5 所示。

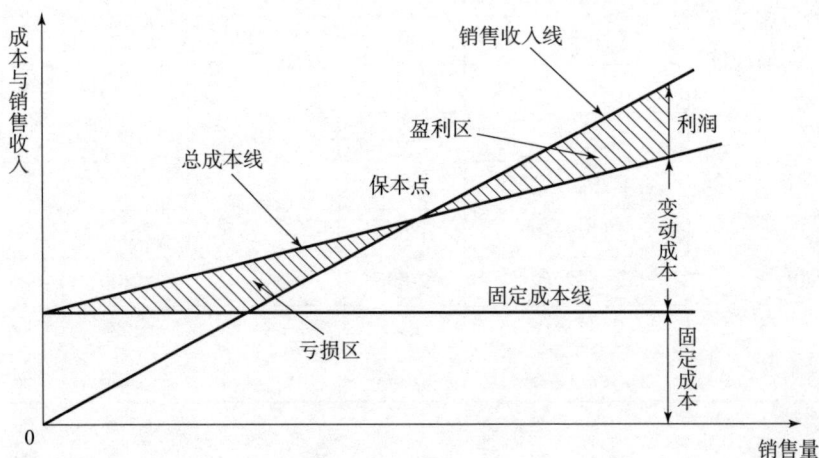

图 2 –5　本量利分析模型

二、本量利分析公式

本量利分析公式如下。

（一）基本公式

利润 = 销售收入 – 变动成本总额 – 固定成本总额

= 单价 × 销售量 – 单位变动成本 × 销售量 – 固定成本总额

（二）贡献毛益及相关指标

单位贡献毛益 = 单价 – 单位变动成本

贡献毛益总额 = 销售收入总额 – 变动成本总额

贡献毛益率 = 销售收入总额 ÷ 贡献毛益总额 × 100%

或　　　　　　　　 = 销售单价 ÷ 单位贡献毛益 × 100%

变动成本率 = 变动成本总额 ÷ 销售收入总额 × 100%

= 单位变动成本 ÷ 销售单价 × 100%

贡献毛益率 = 1 – 变动成本率

三、保本分析

保本分析公式如下。

（一）方程式法

保本销售量 ＝ 固定成本总额 ÷ 单价 － 单位变动成本

（二）贡献毛益法

保本销售量 ＝ 固定成本总额 ÷ 单位贡献毛益

保本销售额 ＝ 销售单价 × 固定成本总额 ÷ 单位贡献毛益

【例2－4】　某企业固定成本总额为200 000元，该企业同时产销A、B、C三种产品，它们之间销量关系稳定，预计今年的销量分别为200件、100件和200件；单价分别为10元、8元和6元；单位变动成本分别为4元、6元和3元。

要求：①计算该企业的综合保本销售额；②计算各产品保本量。

（1）A产品销售比重 ＝（200 × 10）÷（200 × 10 ＋ 100 × 8 ＋ 200 × 6）＝ 50%

B产品销售比重 ＝（100 × 8）÷（200 × 10 ＋ 100 × 8 ＋ 200 × 6）＝ 20%

C产品销售比重 ＝ 1 － 50% － 20% ＝ 30%

A产品边际贡献率 ＝（10 － 4）÷ 10 ＝ 60%

B产品边际贡献率 ＝（8 － 6）÷ 8 ＝ 25%

C产品边际贡献率 ＝（6 － 3）÷ 6 ＝ 50%

加权平均边际贡献率 ＝ 60% × 50% ＋ 25% × 20% ＋ 50% × 30% ＝ 50%

综合保本销售额 ＝ 200 000 ÷ 50% ＝ 400 000（元）

（2）A产品保本量 ＝ 400 000 × 50% ÷ 10 ＝ 20 000（件）

B产品保本量 ＝ 400 000 × 20% ÷ 8 ＝ 10 000（件）

C产品保本量 ＝ 400 000 × 30% ÷ 6 ＝ 20 000（件）

四、保利分析

保利分析是指在假定销售单价、单位变动成本、固定成本总额不变的条件下，为保证目标利润的实现而应达到的销售量或销售额的一种方法。虽然保本点的计算已经为决策提供了非常有用的信息，但是对于几乎所有企业来说都愿意盈利而不只是达到保本，因此就有必要在保本点的基础之上进一步扩展，来反映企业为实现既定利润水平而应该达到的销售水平，这就提出了一个与保本分析相关联的内容——保利分析，它是保本分析的延伸，它分析的主要目的是给管理当局提供为实现目标利润时的产销水平的相关信息。在企业实际工作中，税后利润才是企业可以实际支配的利润，因此，我们要在税前利润的基础上考虑所得税税率对实现目标利润的影响。下面分别对税前目标利润和税后目标利润进行分析。

（一）税前目标利润分析

管理人员非常关心要实现特定的目标利润，企业的销量要达到多少，从本量利的角度看，即是在本量利分析的基本关系式中已知利润、销售单价、单位变动成本和固定成本的基础之上来预测销量。我们可以根据本量利关系进行推导。

$$目标利润（P）=（单价-单位变动成本）\times 销量-固定成本$$
$$=(p-b)x-a$$

设 P 为达到的目标利润，x 为目标销售量，cm 为单位边际贡献，cmr 为边际贡献率。

在上式中只有销量是未知数，其他指标是已知数，于是可以推出：

$$实现目标利润的销售量（x）=\frac{目标利润+固定成本}{单价-单位变动成本}=\frac{目标利润+固定成本}{单位边际贡献}$$

$$=\frac{P+a}{p-b}=\frac{P+a}{cm}$$

$$实现目标利润的销售额（px）=实现目标利润的销售量\times 单价$$

$$=\frac{P+a}{p-b}\times p=\frac{P+a}{\dfrac{p-b}{p}}=\frac{P+a}{cmr}$$

【例2-5】 假设某企业只产销一种产品，销售单价为每件10元，单位变动成本为6元，固定成本全年为10 000元，2×20年实现销售4 000件，利润为6 000元。假设企业按照上年度的销售利润率来预计2×21年度的目标利润为8 000元，则：

$$实现目标利润的销售量 = \frac{8\,000 + 10\,000}{10 - 6} = 4\,500 \text{（件）}$$

$$实现目标利润的销售额 = \frac{8\,000 + 10\,000}{40\%} = 45\,000 \text{（元）}$$

（二）税后目标利润分析

上面公式中的目标利润是税前利润，但真正影响企业生产经营计划中现金流量的现实因素，不是税前利润，而是税后利润。即净利润。因此，从税后利润着眼，进行利润的规划和分析，会更符合企业生产和经营的实际。

由于税后利润和税前利润有如下关系：

$$税后利润（PT）= 税前利润 \times (1 - 所得税税率)$$
$$= P \times (1 - T)$$

所以有：

$$税前利润（P）= \frac{税后利润}{1 - 所得税税率} = \frac{PT}{1 - T}$$

因此，可得如下公式：

$$实现目标利润的销售量（x）= \frac{\dfrac{税后目标利润}{1 - 所得税税率} + 固定成本}{单位边际贡献} = \frac{\dfrac{PT}{1 - T} + a}{cm}$$

$$实现目标利润的销售额（px）= \frac{\dfrac{税后目标利润}{1 - 所得税税率} + 固定成本}{边际贡献率} = \frac{\dfrac{PT}{1 - T} + a}{cmr}$$

【例2-6】 根据上例，假设2×21年要实现税后利润6\,000元，所得税税率为25%，其他条件不变。

$$实现目标利润的销售量（x）= \frac{\dfrac{6\,000}{1 - 25\%} + 10\,000}{10 - 6} = 4\,500 \text{（件）}$$

$$实现目标利润的销售额（px）= \frac{\dfrac{6\,000}{1 - 25\%} + 10\,000}{40\%} = 45\,000 \text{（元）}$$

五、利润的敏感性分析

所谓利润的敏感性分析，是研究和制约利润的有关因素发生某种变化时，利润变化程度的一种分析方法。影响利润的因素有很多，如售价、单位变动成本、销量、固定成本等。

（一）保本时的各变量临界值

根据本量利分析的基本模型可知：单价、销量、单位变动成本和固定成本的变化都会导致利润发生相应变化，这种变化达到一定程度，会使企业利润逐渐消失，进入保本状态。此时，可以求出销量和单价的最小允许值、单位变动成本和固定成本的最大允许值。实际上，这些最大值、最小值即是保本状态的临界值。当上述有关变量继续发生变化，以至超出了相应临界值之后，利润变为负数，就会使企业处于亏损状态。

（二）各因素对利润的影响程度

各相关因素变化都会引起利润的变化，但其影响程度各不相同。如有些因素虽然只发生了较小的变动，却导致利润很大的变动，利润对这些因素的变化十分敏感，称这些因素为敏感因素。与此相反，有些因素虽然变动幅度很大，却有可能只对利润产生较小的影响，称之为不敏感因素。反映各因素对利润敏感程度的指标为利润的敏感系数，其计算公式为：

$$敏感系数 = \frac{利润变动百分比}{因素变动百分比}$$

第一，关于敏感系数的符号。某一因素的敏感系数为负号，表明该因素的变动与利润的变动为反向关系；反之亦然。

第二，关于敏感系数的大小，由于"销售量×单价"大于"销售量×（单价－单位变动成本）"，所以单价的敏感系数一定大于销售量、单位变动成本的敏感系数，在不亏损状态下，"销售量×单价"也大于固定成本，所以单价的敏感系数一般应该是最大的。

第三，在不亏损状态下，销售量的敏感系数一定大于固定成本的敏感系数，所以，敏感系数最小的因素，不是单位变动成本就是固定成本。

（三）当目标利润有所变化时，只有通过调整各因素现有水平才能达到目标利润变动的要求

对各因素允许升降幅度的分析，实质上是各因素对利润影响程度分析的反向推算，在计算上表现为敏感系数的倒数。

【例2-7】 根据某化纤项目全部投资财务现金流量表资料：基本方案财务内部收益率为17.72%、投资回收期从建设期起算7.8年，均满足财务基准的要求。考虑项目实施过程中一些不确定因素的变化，分别将固定资产投资、经营成本、销售收入作提高和降低10%的单因素变化，对投资回收期和内部收益率所得税前全部投资进行敏感性分析，如表2-5所示。

表2-5 财务敏感性分析表

	项目	基本方案	投资		经营成本		销售收入	
			+10%	-10%	+10%	-10%	+10%	-10%
1	内部收益率（%）	17.72	16.19	19.47	14.47	20.47	22.35	12.47
	较方案增减（%）		-1.53	1.75	-3.25	3.01	4.63	-5.25
2	投资回收期（年）	7.8	8.19	7.44	8.75	7.16	6.87	9.48

从表2-5可以看出，各因素的变化都不同程度地影响内部收益率和投资回收期，其中销售收入的提高或降低最为敏感，经营成本次之。当销售收入降低10%，财务内部收益降到12.47%，比基本方案降低5.25%，投资回收期为9.48年，比基本方案延长1.68年；当销售收入增加10%时，财务内部收益率增加到22.35%，增加4.63%，投资回收期为6.87年，比基本方案缩短0.93年。

根据某化纤项目全部投资国民经济效益费用流量表资料，基本方案全部投资经济内部收益率为15.63%，满足国民经济评估要求。根据项目具体情况，选择对国民经济投资、经营费用和销售收入分别作提高和降低10%的单因素变化，对全部投资经济内部收益率进行敏感性分析，如表2-6所示。

表2-6 经济敏感性分析表

项目	基本方案	投资		经营成本		销售收入	
		+10%	-10%	+10%	-10%	+10%	-10%
内部收益率（%）	15.63	14.21	17.27	10.94	19.81	21.29	8.96
较基本方案增减（%）		-1.42	1.64	-4.69	4.18	5.66	-6.67

从表2-6中可以看出，各因素的变化对内部收益率均有一定影响，其中，销售收入的影响最大，经营费用的影响次之，投资成本的影响最小。

第三章 量入为出
——成本计算

    广东省税务机关在对广东伯朗特智能装备股份有限公司 2018 年 6 月 1 日至 2018 年 6 月 30 日的纳税申报情况进行纳税评估后，发现以下涉税问题：公司通过自查发现软件、硬件费用无法划分清楚，不符合相关规定，现申请返纳税所属期为 2016 年 8 月至 2017 年 7 月的增值税即征即退税款 2 086 313.41 元。公司已按要求于 2018 年 7 月 10 日返纳上述增值税即征即退税款 2 086 313.41 元，本次返纳增值税即征即退税款将对公司净利润造成一定影响，足见成本核算在成本控制中的重要性。

第一节 成本计算概述

一、成本核算中成本的概念

    成本是指人们进行生产经营活动所耗费资源（人力、物力和财力）的货币表现。成本是商品经济的价值范畴，是商品价值的主要组成部分。

    基于会计学视角，成本是指一定主体为特定目的而发生的可以用货币计量的代价。这个定义有三层含义：第一，成本的形成是以某种特定目的为对象的，目的不同，成本的内容和范围也不同；第二，成本是为实现这种目的而发生的耗费，没有目的的消耗仅是损失，不是成本；第三，这种成本必须能够用货币计量，否则无法进行会计核算。由于成本发生和管理的目的不同，就形成了多维的成本概念，一般通过分类加以阐述。

二、成本的分类

（一）成本按经济用途分类

在制造企业中，成本按经济用途可分为生产成本和非生产成本两类，如图 3-1 所示。

（1）生产成本也称制造成本，指企业在生产过程中为制造一定种类、一定数量的产品所发生的各种生产费用之和。根据生产成本的具体用途，生产成本可进一步划分为若干项目（成本项目），用以反映产品制造成本的构成内容。成本项目的划分，应根据企业生产经营特点和管理上的要求确定，一般可设置为直接材料、直接人工和制造费用三个项目。

（2）非生产成本也称非制造成本，指企业在销售和管理过程中发生的各项费用，是与企业的销售、经营和管理任务相关的成本。非生产成本主要包括销售费用、管理费用和财务费用三方面内容。

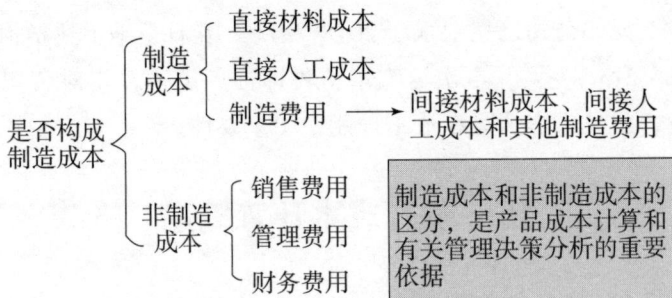

图 3-1　制造成本与非制造成本的区分

（二）成本按其性态分类

成本按照成本性态，主要分为变动成本、固定成本和混合成本，将成本划分为这三类，对于成本的预测、决策和分析，特别是控制和寻求降低成本途径具有重要作用。

1. 变动成本

变动成本是指在一定的期间和一定业务量范围内其总额随着业务量的变动而呈正比例变动的成本。如直接材料费、产品包装费、按件计酬的工人薪金、推销佣金等均属于变动成本。与固定成本相比，变动成本的总量随业务量的变化呈正比例变动关系，而单位业务量中的变动成本则是一个定量。如果能够预知一定时期活动程度变化的比例，就能够做出同时期内变动成本变化情况的预测。

不过，成本并没有内在的习性，同一成本相对一种活动来说是变动的，而相对另一种活动来说是不变动或固定的。例如，修理成本可相应地随机器工作时数变动，但不会随公司的广告费支出而变动。简单地说，仅有某些成本是随某些活动成比例的变动。此外，成本也可按不同的比例随几种活动的变动而相应变动。

如果预计成本与某种活动成直接的比例变化，就称为完全变动成本，如图 3 - 2 所示。

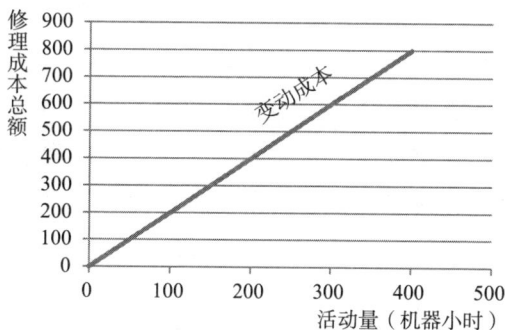

图 3 - 2 变动成本模型

2. 固定成本

固定成本是指在一定期间和一定业务量范围内，其成本总额不受业务量变动的影响而保持固定不变的成本，如行政管理人员的工资、办公费等均属于固定成本。

正如没有实的变动成本一样，也没有实在的固定成本。当计算折旧使用直线法时，折旧属于固定成本，但以产量为基础计算折旧时，同一笔账，又属于变动成本。同样，某些成本称为固定成本，实际上仅仅在限制的时间范围内是固定的，在较长时期内，所有的成本都假定为是以某种方式和某种活动成比例变化的。然而，习惯上仍简单地按以下假定把某些成本看作是固定的，这种支出的总额在一定时期不发生变化，也不相应随某些活动的变化而变化。固定成本的习性模型如图 3 - 3 所示，固定成本线是水平的，描绘了在一定时期内几个可选择的活动量上不发生变化的成本额。

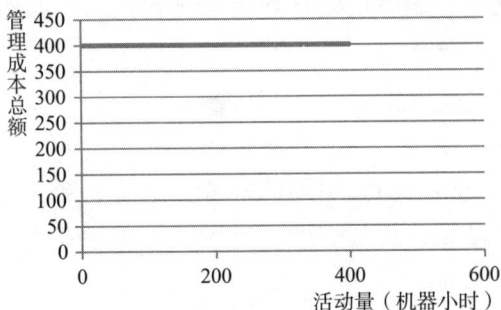

图 3-3　固定成本模型

3. 混合成本

混合成本是指那些"混合"了固定成本和变动成本两种不同性质的成本，如企业的总成本就是一项混合成本。在现实经济生活中，许多成本项目并不直接表现为固定成本性态或变动成本性态。这类成本的基本特征是，其发生额的高低虽然直接受业务量大小的影响，但不存在严格的比例关系。企业在决策过程中，需要对混合成本按性态进行近似的描述，即将混合成本按一定方法分解为固定成本和变动成本，只有这样才有利于企业进行成本决策。

混合成本与业务量之间的关系比较复杂，按照混合成本变动趋势的不同，可以分为以下四种。

（1）半固定成本。

半固定成本又称阶梯式混合成本，其总额会随产量呈阶梯式变动。这类成本的特点是，在一定业务量范围内其成本不随业务量的变动而变动，类似固定成本，当业务量突破这一范围，成本就会跳跃上升，并在新的业务量变动范围内固定不变，直到出现另一个新的跳跃为止，如企业化验员、保养工、质检员、运货员等人员的工资就属于这类成本。

（2）半变动成本。

半变动成本又称标准式混合成本，是指总成本虽然受产量变动的影响，但是其变动的幅度并不同产量的变动保持严格的比例。半变动成本是一种同时包含固定成本和变动成本因素的混合成本，这类成本的固定部分是不受业务量影响的基数成本，变动部分则是在基数成本的基础上随业务量的增长而呈正比例增长的成本。如企业的电话费、水费、电费、煤气费、机器设备维修保养费等就属于这类成本。

（3）延期变动成本。

延期变动成本又称低坡式混合成本，指在一定产量范围内总额保持稳定，超过特定产量则开始随产量比例增长的成本。例如，在正常产量情况下给员工支付固定月工资，当产量超过正常水平后则需支付加班费，这种人工成本就属于延期变动成本。

（4）曲线式混合成本。

曲线式混合成本通常有一个初始量，一般不变，相当于固定成本。在这个初始量的基础上，成本随业务量变动但并不存在线性关系，在坐标图上表现为一条抛物线。按照曲线斜率的不同变动趋势，这类混合成本可进一步分为递增型混合成本和递减型混合成本。无论哪一类混合成本都可以直接或间接地用一条直线方程 $y = a + bx$ 去模拟它，这就为成本性态分析中采用一定方法进行混合成本分解提供了数学依据。

总成本公式及其性态模型。企业的总成本依其性态可分为固定成本、变动成本和混合成本三大类，其中混合成本又包括固定部分和变动部分，企业的总成本公式如下所示：

$$总成本 = 固定成本总额 + 变动成本总额$$
$$= 固定成本总额 + （单位变动成本 \times 业务量）$$

现用 y 表示总成本，a 表示固定成本总额，b 表示单位变动成本，x 表示业务量，则可以将上述公式写成：

$$y = a + bx$$

总成本的模型如图 3 - 4 所示。

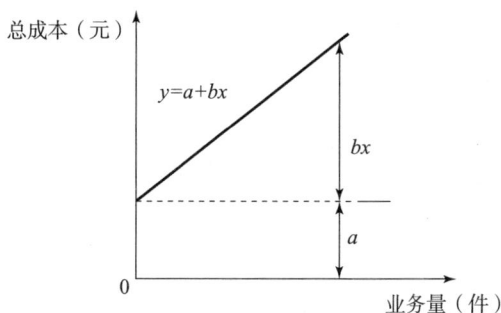

图 3 - 4　总成本模型

混合成本的分解。混合成本的分解是指采用一定的方法将混合成本最终分解为固定成本和变动成本两部分，常见的分解混合成本的方法如表 3 - 1 所示。

表 3 - 1　混合成本的常见分解方法

	高低点法	回归分析法	账户分析法	技术测定法	合同确认法
特点	以过去某一会计期间的总成本和业务量资料为依据，从中选取业务量最高点和业务量最低点，将总成本进行分解，得出成本性态的模型	根据过去一定期间的业务量和混合成本的历史资料，应用最小二乘法原理，算出最能代表业务量与混合成本关系的回归直线，借以确定混合成本中固定成本和变动成本的方法	根据有关成本账户及其明细账的内容，结合其与产量的依存关系，判断其比较接近哪一类成本，就视其为哪一类成本	根据生产过程中各种材料和人工成本消耗量的技术测定来划分固定成本和变动成本的方法	根据企业订立的经济合同或协议中关于支付费用的规定，来确认并估算哪些项目属于变动成本，哪些项目属于固定成本的方法
优势及说明	计算较简单，只采用了历史成本资料中的高点和低点两组数据，故代表性较差	是一种较为精确的方法	只适用于投入成本与产出数量之间有规律性联系的成本分解	计算较简单，只采用了历史成本资料中的高点和低点两组数据，故代表性较差	合同确认法要配合账户分析法使用

三、成本计算的目的和要求

（一）成本计算的目的

成本计算的目的，可以概括为以下方面。

1. 改善决策

成本计算可以向管理当局提供许多重要信息，帮助他们做出较好的决策，如定价、自制和外购的选择、项目评价等。

2. 有利于计划、控制和业绩评价

在预算编制过程中，可靠的成本信息是预算质量的保证。通过预算成本和实际成本的比较，分析差异，才能达到控制的目的。

3. 衡量资产和收益

编制财务报表要使用存货成本和已销产品成本信息，这些成本信息是股东、债权人和税务当局所需要的，必须按照会计准则或会计制度的要求来报告。

4. 确定产品销售价格

有些销售价格以成本为定价基础，为了确定价格需要计算产品成本。

5. 优化成本决策，确立目标成本

优化成本决策，需要在科学的成本预测基础上收集整理各种成本信息，在现实和可能的条件下，采取各种降低成本的措施，从若干可行方案中选择生产成本最低的方案，将成本最小化作为制定目标成本的基础。此过程需要优化生产组织、用料结构，加强费用控制，使各项成本管理都围绕降低产品成本的要求开展，以提高企业的内部竞争力。

6. 加强成本控制，防止挤占成本

加强成本费用控制，主要依靠企业成本费用计划进行自我控制，做到成本费用有计划列支，重点是厉行节约，注重实效，这就要求各级生产组织者严格遵守各项成本费用计划，同时还要注意生产性费用与资本性费用的区别，防止资本性支出、计划外支出等挤占成本费用。

7. 建立成本责任制度，加强成本责任考核

成本责任制是对企业各部门在成本方面的职责所作的规定，是提高降低成本的责任心，发挥其主动性、积极性和创造力的有效办法。建立成本责任制度，要把完成成本降低任务的责任落实到每个部门，要有具体的责任人，使各部门的责、权、利相结合，各责任单位要承担降低成本之责，执行成本计划之权，获得奖惩之利。实行成本责任制度时，成本会计要以责任者为核算对象，按责任的归属对所发生的可控成本进行记录、汇总、分配整理、计算、传递和报告，将各责任单位实际成本与其目标成本相比较，揭示差异，寻找差距产生的原因，据以确定进一步降低成本的潜力。

不同的目的，需要不同的成本信息。一个特定的成本计算系统，应尽可能同时满足多方面的需要，如果不能同时满足多种需要，就需要在账外提供补充的成本信息。

（二）成本计算的要求

正确计算成本，要分清以下费用界限。

1. 正确划分应计入产品成本和不应计入产品成本的费用界限

企业的活动是多方面的，企业耗费和支出的用途也是多方面的，其中只有一部分费用可以计入产品成本。

首先，非生产经营活动的耗费不能计入产品成本，只有生产经营活动的成本才能计入产品成本。筹资活动和投资活动不属于生产经营活动，它们的耗费不能计入产品成本，而属于筹资成本和投资成本。

其次，生产经营活动的成本分为正常的成本和非正常的成本，只有正常的生产经营活动成本才能计入产品成本，非正常的经营活动成本不能计入产品成本。非正常的经营活动成本包括灾害损失、盗窃损失等非常损失；滞纳金、违约金、罚款、损害赔偿等赔偿支出；交易性金融资产跌价损失、坏账损失、存货跌价损失、长期股权投资减值损失、持有至到期投资减值损失、固定资产减值损失等不能预期的原因引起的资产减值损失；债务重组损失等。

最后，正常的生产经营活动成本又分为产品成本和期间成本，正常的生产成本计入产品成本，其他正常的生产经营成本列为期间成本。

2. 正确划分各会计期成本的费用界限

应计入生产经营成本的费用，还应在各月之间进行划分，以便分月计算产品成本。应由本月产品负担的费用，全部计入本月产品成本；不应由本月负担的生产经营费用，则不计入本月的产品成本。

为了正确划分各会计期的费用界限，要求企业不能延后结账，将本月费用作为下月费用处理；也不能提前结账，将下月费用作为本月费用处理。

3. 正确划分不同成本对象的费用界限

对于应计入本月产品成本的费用还应在各种产品之间进行划分。凡是能分清应由某种产品负担的直接成本，应直接计入该产品成本；各种产品共同发生、不易分清应由哪种产品负担的间接费用，则应采用合理的方法分配计入有关产品的成本，并保持一贯性。

4. 正确划分完工产品和在产品成本的界限

月末计算产品成本时，如果某产品已经全部完工，则计入该产品的全部生产成本之和，就是该产品的"完工产品成本"。如果这种产品全部尚未完工，则计入该产品的生产成本之和，就是该产品的"月末在产品成本"。如果某种产品既有完工产品又有在产品，已计入该产品的生产成本还应在完工产品和在产品之间分配，以便分别确定完工产品成本和在产品成本。

四、成本计算的基本步骤

（1）对所发生的成本进行审核，确定哪些成本是属于生产经营成本，同时将其区分为正常的生产经营成本和非正常的生产经营成本，并在此基础上将正常的生产经营成本区分为产品成本和期间成本。成本计算的基本步骤如图 3-5 所示。

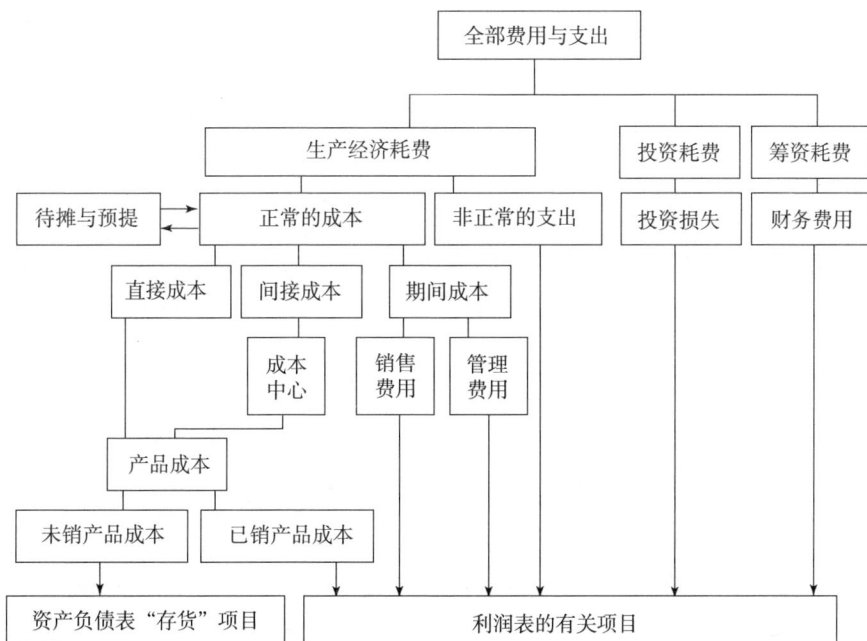

图 3-5　成本计算的基本步骤

（2）将应计入产品成本的各项成本，区分为应当计入本月的产品成本与应当由其他月份产品负担的成本。

（3）将本月应计入产品成本的生产成本，区分为直接成本和间接成本，将直接成本直接计入成本计算对象，将间接成本计入有关的成本中心。

（4）将各成本中心的本月成本，依据成本分配基础向下一个成本中心分配，直至最终的成本计算对象。

（5）将既有完工产品又有在产品的产品成本，在完工产品和期末在产品之间进行分配，并计算出完工产品总成本和单位成本。

（6）将完工产品成本结转至"产成品"科目。

（7）结转期间费用至本期损益。

五、成本计算使用的主要科目

为了按照用途归集各项成本，正确计算产品成本，应设"生产成本""制造费用"科目。

1. "生产成本"科目

"生产成本"科目核算企业进行生产活动所发生的各项产品成本，包括生产各种产成品、自制半成品、提供劳务、自制材料、自制工具以及自制设备等所发生的各项成本。

"生产成本"科目应设置"基本生产成本"和"辅助生产成本"两个二级科目，"基本生产成本"二级科目核算企业为完成主要生产目的而进行的产品生产所发生的成本，计算基本生产的产品成本。"辅助生产成本"二级科目核算企业为基本生产服务而进行的产品生产和劳务供应而发生的直接成本，计算辅助生产的产品和劳务的成本。在这两个二级科目下，还应当按照成本计算对象开设明细账，账内按成本项目设专栏进行明细核算。

企业发生的直接材料和直接人工费用，直接记入本科目及"基本生产成本"和"辅助生产成本"两个二级科目及其所属明细账的借方；发生的其他间接成本先在"制造费用"科目中归集，月终分配记入本科目及所属二级科目和明细账的借方；属于企业辅助生产车间为基本生产车间生产产品提供的动力等直接成本，先在本科目所属二级科目"辅助生产成本"中核算后，再分配转入本科目所属二级科目"基本生产成本"及其所属明细账的借方；企业已经生产完成并已验收入库的产成品以及自制半成品的实际成本，记入本科目及所属二级科目"基本生产成本"及其所属明细账的贷方；辅助生产车间为基本生产车间、企业管理部门和其他部门提供的劳务和产品，月终应按照一定的分配标准分配给各受益对象，按实际成本记入本科目及"辅助生产成本"二级科目及其所属明细账的贷方，本科目的借方期末余额反映尚未完成的各项在产品的成本。

2. "制造费用"科目

"制造费用"科目核算企业为生产产品和提供劳务而发生的各项间接费用，该科目应按不同的车间、部门设置明细账，账内按制造费用的内容设专栏，进行明细核算。发生的各项间接费用记入本科目及所属明细账的借方；月终将制造费用分配到有关的成本计算对象时，记入本科目及所属明细账的贷方，本科目月末一般应无余额。

六、成本计算制度的类型

成本计算制度是指为编制财务报表、进行日常的计划和控制等不同目的所共同完成的一定的成本计算程序。

成本计算制度中的成本种类与财务会计体系结合的方式不是唯一的。从总体上看，成本计算制度可以作如下分类。

（一）实际成本计算制度和标准成本计算制度

最初的成本计算制度是为了编制财务报告而建立的实际成本计算制度，后来为了同时提供计划和控制用成本信息建立了标准成本计算制度。

1. 实际成本计算制度

实际成本计算制度是计算产品的实际成本，并将其纳入财务会计主要账簿体系的成本计算制度。在实际成本计算制度中，产品的实际成本成为资产负债表"存货"项目的计价依据，并成为利润表"已销产品成本"的计量依据，从而与财务会计有机地结合起来。在成本管理需要时，可以在账外设定成本标准，并分析实际成本与成本标准的差异，以及做出成本分析报告。

2. 标准成本计算制度

标准成本计算制度是计算产品的标准成本，并将其纳入财务会计主要账簿体系的成本计算制度。在标准成本计算制度中，产品的标准成本和成本差异列入财务报表，与财务会计有机地结合起来。标准成本制度可以在需要时计算出实际成本（用于编制财务报告），分析实际成本与标准成本的差异并定期提供成本分析报告（用于成本计划和控制）。

（二）全部成本计算制度和变动成本计算制度

最初的成本计算制度是计算产品全部生产成本的制度，后来为了同时提供决策和控制用成本信息建立了变动成本计算制度。

1. 全部成本计算制度

全部成本计算制度，是把生产制造过程的全部成本都计入产品成本的成本计算制度。目前的会计准则和会计制度，都要求存货成本按全部制造成本报告。

2. 变动成本计算制度

变动成本计算制度，是只将生产制造过程的变动成本计入产品成本，而将固定制造成本列为期间费用的成本计算制度。变动成本计算制度可以在需要时提供产品的全部制造成本，以便编制对外发布的财务报告。

随着柔性生产线、适时生产制度和全面质量管理等新的制造技术和新的管理实务的出现，人们认识到产品的价值形成涉及研发、设计、生产、推销、配送和售后服务等环节。在成本计算时把哪些成本计入产品成本，哪些成本排除在产品成本之外，实际上存在多种选择。真正意义上的全部成本不仅限于生产过程的成本，还应包括研发、设计、推销、配送和售后服务过程的成本。随着技术的进步，生产成本在全部成本中的比重越来越小，而其他成本的比重在加大。在新的制造环境下，全部成本计算制度具有了新的含义，它是把所有与产品增值有关的成本都计入产品成本的计算制度，而把其他成本计算制度都称为"部分成本计算制度"。

（三）产量基础成本计算制度和作业基础成本计算制度

传统的成本计算制度，以产量作为分配间接费用的基础，如产品数量，或者与产品数量有密切关系的人工成本、人工工时等。这种成本计算制度往往会夸大高产量产品的成本，而缩小低产量产品的成本，导致决策错误。为了克服这个缺点，人们提出了作业基础成本计算制度。

1. 产量基础成本计算制度

产量基础成本计算制度的特点，首先是整个工厂仅有一个或几个间接成本集合（如制造费用、辅助生产等），它们通常缺乏同质性（包括间接人工、折旧及电力等各不相同的项目）；另一个特点是间接成本的分配基础是产品数量，或者与产量有密切关系的直接人工成本或直接材料成本等，成本分配基础（直接人工成本）和间接成本集合（制造费用）之间缺乏因果联系。产量基础成本计算制度的优点是简单，主要适用于产量是成本主要驱动因素的传统加工业。

2. 作业基础成本计算制度

作业基础成本计算制度的特点，首先是建立众多的间接成本集合，这些成本集合应具有"同质性"，即被同一个成本动因所驱动。所谓成本动因是指促使成本增加的驱动因素，例如，开工准备、机器插件、手工插件、焊接等作业，分别建立同质的间接成本集合，如开工准备成本、机器插件成本、手工插件成本、焊接成本等。另一个特点是间接成本的分配应以成本动因为基础，例如，手工插件成本的动因是插件个数，开工准备成本的动因是品种或批次。作业基础成本计算制度可以更准确地分配间接费用，尤其是在新兴的高科技领域，在这些领域中，直接人工成本和直接材料成本只占全部成本很小的部分，而且它们与间接成本之间没有因果关系，不应作为成本分配的基础。

|第二节 成本的归集和分配|

一、生产费用的归集和分配

生产费用是指在产品生产过程中发生的材料、人工、燃料动力和制造费用等，包括基本生产费用和辅助生产费用。基本生产费用一般指基本生产车间发生的生产费用，辅助生产车间发生的生产费用是辅助生产费用，其他的费用是非生产费用，一般也是期间费用，如管理费用、销售费用和财务费用。

（一）基本生产费用的归集和分配

（1）费用分配公式如下。

$$生产费用分配率 = \frac{待分配的生产费用}{各个分配对象的分配标准合计}$$

某分配对象应分配的生产费用 = 生产费用分配率 × 某分配对象的分配标准

（2）生产费用分配的具体应用，如表 3 – 2 所示。

表 3 – 2　生产费用分配的具体应用

被分配对象	分配方法
材料费用	分配率 = 材料总消耗量（或实际成本）÷各种产品材料定额消耗量（或定额成本）之和 产品应分配的材料数量（费用）= 该种产品的材料定额消耗量（或定额成本）× 分配率
职工薪酬	分配率 = 生产工人工资总额÷各种产品实用工时之和 某种产品应分配的工资费用 = 该种产品实用工时 × 分配率
外购动力费	按用途和使用部门分配，按定额消耗量比例、生产工时比例、仪表记录等分配
制造费用	分配率 = 制造费用总额÷各种产品生产实用（或定额）人工工时（或机器加工工时）之和 某产品应负担的制造费用 = 该种产品工时数 × 分配率

【例 3 - 1】 领用某种原材料 2 106 千克，单价 20 元，原材料成本合计 42 120 元，投产甲产品 400 件，乙产品 300 件。甲产品消耗定额 1.2 千克，乙产品消耗定额 1.1 千克。要求：计算甲、乙产品应分配的原材料费用。

『正确答案』

$$分配率 = \frac{42\ 120}{400 \times 1.2 + 300 \times 1.1} = \frac{42\ 120}{480 + 330} = 52\ （元/千克）$$

应分配的材料费用：

甲产品：$480 \times 52 = 24\ 960$ （元）

乙产品：$330 \times 52 = 17\ 160$ （元）

合计：$24\ 960 + 17\ 160 = 42\ 120$ （元）

【例 3 - 2】 假设某基本生产车间生产甲产品的实际人工工时为 56 000 小时，生产乙产品实际人工工时为 32 000 小时，本月发生制造费用 36 080 元。要求在甲、乙产品之间按照实际人工工时比例分配制造费用。

『正确答案』

制造费用分配率 $= 36\ 080 \div (56\ 000 + 32\ 000) = 0.41$ （元/时）

甲产品制造费用 $= 56\ 000 \times 0.41 = 22\ 960$ （元）

乙产品制造费用 $= 32\ 000 \times 0.41 = 13\ 120$ （元）

（二）辅助生产费用的归集和分配

（1）直接分配法，如图 3 - 6 所示。

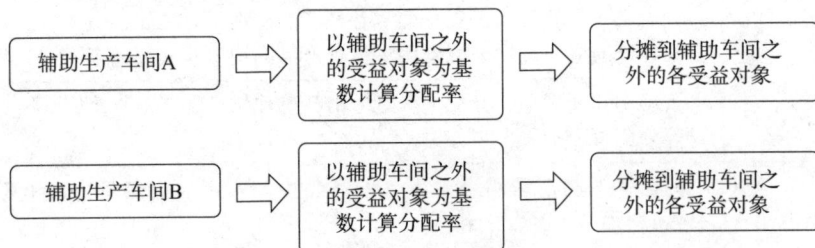

图 3 - 6 直接分配法

【例3-3】 某企业有供电和锅炉两个辅助生产车间，两个车间的辅助生产明细账所归集的费用分别是：供电车间89 000元、锅炉车间21 000元；供电车间为生产甲乙产品、各车间管理部门和企业行政管理部门提供362 000度电，其中锅炉车间耗电6 000度；锅炉车间为生产甲乙产品、各车间及企业行政管理部门提供5 370吨热力蒸汽，其中供电车间耗用120吨。要求：采用直接分配法分配此项费用，并编制"辅助生产费用分配表"。

『正确答案』

辅助生产费用分配表（直接分配法）

2×20年5月　　　　　　　　　　　　单位：元

借方科目		生产成本（基本生产成本）			制造费用（基本车间）	管理费用	合计
		甲产品	乙产品	小计			
供电车间	耗用量（度）	220 000	130 000	350 000	4 200	1 800	356 000
	分配率（元/度）						0.25
	金额（元）	55 000	32 500	87 500	1 050	450	89 000
锅炉车间	耗用量（吨）	3 000	2 200	5 200	30	20	5 250
	分配率（元/度）						4
	金额（元）	12 000	8 800	20 800	120	80	21 000
金额合计		67 000	41 300	108 300	1 170	530	110 000

供电车间供电分配率=89 000÷（362 000−6 000）=0.25（元/度）

供电车间受益（产品）单位成本分配=电力耗用量×0.25

锅炉车间成本分配率=21 000÷（5 370−120）=4（元/吨）

锅炉车间受益（产品）单位成本分配=蒸汽耗用量×4

根据辅助生产费用分配表编制会计分录，将锅炉车间及供电车间的费用分配记入有关科目及所属明细账。

借：生产成本——基本生产成本——甲产品　　　　　　　67 000

　　　　　　　　　　　　　　——乙产品　　　　　　　41 300

　　制造费用——基本生产车间　　　　　　　　　　　　1170

```
        管理费用                                                 530
    贷：生产成本——辅助生产成本——供电车间              89 000
                              ——锅炉车间              21 000
```

（2）交互分配法，如图3－7所示。

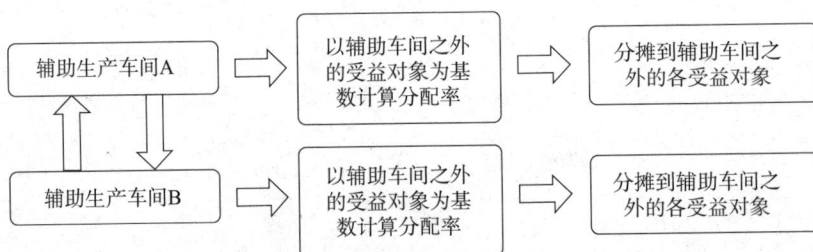

图3－7　交互分配法

【例3－4】　企业有供电和锅炉两个辅助生产车间，两个车间的辅助生产明细账所归集的费用分别是：供电车间89 000元、锅炉车间21 000元；供电车间为生产甲乙产品、各车间管理部门和企业行政管理部门提供362 000度电，其中锅炉车间耗电6 000度；锅炉车间为生产甲乙产品、各车间及企业行政管理部门提供5 370吨热力蒸汽，其中供电车间耗用120吨。要求：采用交互分配法分配此项费用，并编制"辅助生产费用分配表"。

『正确答案』

辅助生产费用分配表（交互分配法）

2×20年5月　　　　　　　　　　　　　　单位：元

项目		供电车间			锅炉车间			合计
		耗用量（度）	单位成本	分配金额	耗用量（吨）	单位成本	分配金额	
待分配费用		362 000	0.245 856	89 000	5 370	3.910 6	21 000	110 000
交互分配	辅助生产——供电			469.27	－120		－469.27	
	辅助生产——锅炉	－6 000		－1 475.14			1 475.14	

续上表

项目		供电车间			锅炉车间			合计
		耗用量（度）	单位成本	分配金额	耗用量（吨）	单位成本	分配金额	
对外分配辅助生产费用		356 000	0.247 2	87 994.14	5 250	4.191 6	22 005.86	110 000
对外分配	基本生产（甲产品）	220 000		54 378.40	3 000		12 574.78	66 953.18
	基本生产（乙产品）	130 000		32 132.69	2 200		9 221.51	41 354.20
	制造费用	4 200		1 038.13	30		125.75	1 163.88
	管理费用	1 800		444.91	20		83.83	528.74
	合计	356 000		87 994.14	5 250		22 005.86	110 000

供电车间的分配率 = 89 000 ÷ 362 000 = 0.245 856（元/度）

锅炉车间的分配率 = 21 000 ÷ 5 370 = 3.910 6（元/吨）

供电车间应该转给锅炉车间的费用 = 6 000 × 0.245 856 = 1 475.14（元）

锅炉车间应该转给供电车间的费用 = 120 × 3.910 6 = 469.27（元）

根据辅助生产费用分配表编制分录：

①交互分配。

借：生产成本——辅助生产成本——供电车间　　　　　469.27

　　　　　　　　　　　　　　　——锅炉车间　　　　　1 475.14

　　贷：生产成本——辅助生产成本——锅炉车间　　　　　　469.27

　　　　　　　　　　　　　　　——供电车间　　　　　　1 475.14

②对外分配。

借：生产成本——基本生产成本——甲产品　　　　　66 953.18

　　　　　　　　　　　　　　——乙产品　　　　　41 354.20

　　制造费用——基本车间　　　　　　　　　　　1 163.88

　　管理费用　　　　　　　　　　　　　　　　　528.74

　　贷：生产成本——辅助生产成本——供电车间　　　　　87 994.14

　　　　　　　　　　　　　　　——锅炉车间　　　　　22 005.86

二、完工产品和在产品的成本分配

计算公式如下。

月初在产品成本 + 本月发生生产费用 = 本月完工产品成本 + 月末在产品成本

（1）倒挤法：先确定月末在产品成本，再用待分配费用减月末在产品成本得出完工产品的成本。

（2）分配法：将待分配费用按一定比例在完工产品与月末在产品之间进行分配。

分配标准可以是定额成本、定额工时、约当产量等。

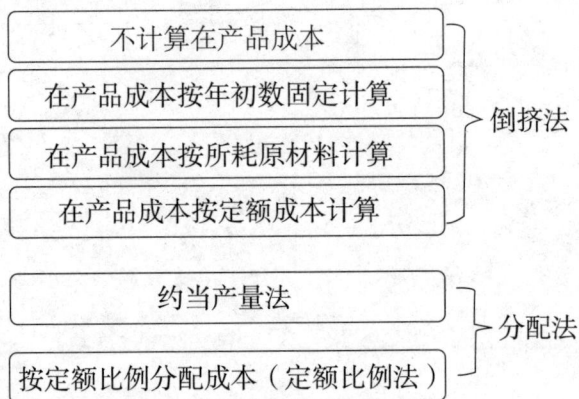

不计算在产品成本
在产品成本按年初数固定计算
在产品成本按所耗原材料计算
在产品成本按定额成本计算

倒挤法

约当产量法
按定额比例分配成本（定额比例法）

分配法

（一）不计算在产品成本

计算公式如下：

月初在产品成本 + 本月发生生产费用 = 本月完工产品成本 + 月末在产品成本

该方法适用于月末在产品数量很小，价值很低，并且各月在产品数量比较稳定的情况。

（二）在产品成本按年初数固定计算

计算公式如下：

月初在产品成本 + 本月发生生产费用 = 本月完工产品成本 + 月末在产品成本

由于月末在产品成本 = 月初在产品成本，因此：本月完工产品成本 = 本月发生生产费用该方法适用于月末在产品数量很小，或数量大但变动不大的情况。

（三）在产品成本按所耗原材料费用计算

计算公式如下：

月初在产品成本+本月发生生产费用 〔只计算原材料费用〕

=本月完工产品成本+月末在产品成本

该方法适用于原材料费用在产品成本中占比重较大，而且原材料在生产开始时一次投入的情况。

（四）在产品成本按定额成本计算

计算公式如下：

月初在产品成本+本月发生生产费用

=本月完工产品成本+月末在产品成本

〔在产品数量×在产品定额单位成本〕

该方法适用于在产品数量稳定或数量较少，并制定了比较准确的定额成本的情况。

（五）约当产量法

计算公式如下：

〔按其完工程度折合成完工产品的产量〕

月初在产品成本+本月发生生产费用

=本月完工产品成本+完工产品表示的在产品成本

方法一：加权平均法

$$分配率（单位成本）=\frac{月初在产品成本+本月发生生产费用}{产成品产量+月末在产品约当产量}$$

$$产成品成本=分配率×产成品产量$$

$$月末在产品成本=分配率×月末在产品约当产量$$

1. 计算分配工资和制造费用的在产品完工程度

假定处于某工序的在产品只完成本工序的一半：

$$某工序完工程度 = \frac{前面工序工时定额之和 + 本工序工时定额 \times 50\%}{产品工时定额}$$

2. 计算分配原材料完工程度

(1) 若原材料在生产开始时一次投入。

每件在产品无论完工程度如何，都应和每件完工产品同样负担材料，即原材料完工程度为100%。

(2) 若原材料陆续投入。

A. 分工序投入，但在每一道工序开始时一次投入。

$$某工序在产品完工程度 = \frac{本工序累计材料消耗定额}{产品材料消耗定额}$$

B. 分工序投入，但每一道工序随加工进度陆续投入。

$$某工序完工程度 = \frac{前面工序累计材料消耗定额 + 本工序材料消耗定额 \times 50\%}{产品材料消耗定额}$$

【例3-5】 假如甲产品本月完工产品产量600件，在产品100件，完工程度按平均50%计算；原材料在开始时一次投入，其他费用按约当产量比例分配。甲产品本月月初在产品和本月耗用直接材料费用共计70 700元，直接人工费用39 650元，燃料动力费85 475元，制造费用29 250元。

要求：按照约当产量法进行甲产品各项费用在完工产品和月末在产品之间的分配。

『正确答案』

(1) 直接材料费的计算：

因为材料是在生产开始时一次投入，所以按完工产品和在产品的数量作比例分配，不必计算约当产量。

完工产品负担的直接材料费 = 70 700 ÷ (600 + 100) × 600 = 60 600 (元)

在产品负担的直接材料费 = 70 700 ÷ (600 + 100) × 100 = 10 100 (元)

(2) 直接人工费用的计算：

直接人工费用、燃料和动力费、制造费用均按约当产量作比例分配，在产品100件折合约当产量50件（100×50%）。

完工产品负担的直接人工费用 $= 39\ 650 \div (600 + 50) \times 600 = 36\ 600$（元）

在产品负担的直接人工费用 $= 39\ 650 \div (600 + 50) \times 50 = 3\ 050$（元）

（3）燃料和动力费的计算：

完工产品负担的燃料和动力费 $= 85\ 475 \div (600 + 50) \times 600 = 78\ 900$（元）

在产品负担的燃料和动力费 $= 85\ 475 \div (600 + 50) \times 50 = 6\ 575$（元）

（4）制造费用的计算：

完工产品负担的制造费用 $= 29\ 250 \div (600 + 50) \times 600 = 27\ 000$（元）

在产品负担的制造费用 $= 29\ 250 \div (600 + 50) \times 50 = 2\ 250$（元）

通过以上按约当产量法分配计算的结果，可以汇总甲产品完工产品成本和在产品成本。

甲产品本月完工产品成本 $= 60\ 600 + 36\ 600 + 78\ 900 + 27\ 000 = 203\ 100$（元）

甲产品本月末在产品成本 $= 10\ 100 + 3\ 050 + 6\ 575 + 2\ 250 = 21\ 975$（元）

根据甲产品完工产品总成本编制完工产品入库的会计分录如下：

借：库存商品　　　　　　　　　　　　　　　　203 100
　　贷：生产成本——基本生产成本　　　　　　　　203 100

方法二：先进先出法

在先进先出法下，假设先开始生产的产品先完工。这样，如果有月初在产品，生产车间就先完成月初在产品的生产，待月初在产品完工后，再开始本期投入产品的生产。实际生产并不完全是这样的，但为了方便计算，必须作出该假定。

先进先出法的计算公式如下：

①月初在产品约当产量（直接材料）= 月初在产品数量 × （1 - 已投料比例）

月初在产品约当产量（直接人工 + 制造费用即转换成本）
= 月初在产品数量 × （1 - 月初在产品完工程度）

②本月投入本月完工产品数量
= 本月全部完工产品数量 - 月初在产品本月完工数量

③月末在产品约当产量（直接材料）＝月末在产品数量×本月投料比例

月末在产品约当产量（转换成本）＝月末在产品数量×月末在产品完工程度

④单位成本（分配率）＝本月发生生产费用÷（月初在产品约当产量＋本月投入本月完工产品数量＋月末在产品约当产量）

⑤完工产品成本＝月初在产品成本＋月初在产品本月完工产品本月发生的加工成本＋本月投入本月完工产品数量×分配率

＝月初在产品成本＋月初在产品约当产量×分配率＋本月投入本月完工产品数量×分配率

【提示】完工产品成本包括两部分：月初在产品形成的完工产品成本、本月投入本月完工产品成本。

⑥月末在产品成本＝月末在产品约当产量×分配率

【例3-6】 假如甲产品月初在产品数量200件，月初在产品完工程度60%，本月投入生产700件，本月完工产品800件，月末在产品100件，月末在产品完工程度70%，原材料均在开始生产时一次投入。月初在产品成本3 200元，本月发生直接材料成本8 400元，发生转换成本（直接人工和制造费用）6 000元。假设在产品存货发出采用先进先出法，用约当产量法计算确定本月完工产品成本和月末在产品成本。

分配计算如表3-3和表3-4所示：

表3-3　先进先出法约当产量计算表　　　　单位：件

	实际数量（第1步）	约当产量（第2步）	
		直接材料	转换成本
月初在产品数量	200		
本月投入生产数量	700		
小计	900		
本月完工产品数量	800		
月末在产品数量	100		
小计	900		

续上表

	实际数量 (第1步)	约当产量 (第2步)	
		直接材料	转换成本
月初在产品约当产量	200	200 × (1 – 100%) = 0	200 × (1 – 60%) = 80
本月投入本月完工产品数量	600	600	600
月末在产品约当产量	100	100 × 100% = 100	100 × 70% = 70
小计	900	700	750

表3-4 先进先出法下用约当产量法分配完工产品和在产品成本表

单位：元

	生产成本	直接材料	转换成本
月初在产品成本	3 200		
(第3步) 本期生产费用	14 400	8 400	6 000
总约当产量		700	750
(第4步) 分配率 (单位约当产量成本)		12	8
总成本	17 600		
(第5步) 成本分配			
完工产品成本：			
月初在产品成本	3 200		
月初在产品本月加工成本	640	0	80 × 8 = 640
本月投入本月完工产品直接材料	7 200	600 × 12 = 7 200	
本月投入本月完工产品转换成本	4 800		600 × 8 = 4 800
完工产品成本	15 840		
月末在产品成本			
月末在产品直接材料	1 200	100 × 12 = 1 200	
月末在产品转换成本	560		70 × 8 = 560
月末在产品成本	1 760		
总成本	17 600		

（六）按定额比例分配成本（定额比例法）

计算公式：

月初在产品成本＋本月发生生产费用＝本月完工产品成本＋月末在产品成本

$$材料费用分配率=\frac{月初在产品实际成本＋本月投入的实际材料成本}{完工产品定额材料成本＋月末在产品定额材料成本}$$

完工产品应分配材料成本＝完工产品定额材料成本×材料费用分配率

月末在产品应分配材料成本＝月末在产品定额材料成本×材料费用分配率

$$工资（费用）分配率=\frac{月初在产品实际工资（费用）＋本月投入的实际工资（费用）}{完工产品定额工时＋月末在产品定额工时}$$

完工产品应分配工资（费用）＝完工产品定额工时×工资（费用）分配率

月末在产品应分配工资（费用）＝月末在产品定额工时×工资（费用）分配率

该方法适用于定额管理基础好，各月末在产品数量变化较大的情况。

【例3-7】 甲公司是一家制造业企业，只生产和销售一种新型保温容器，产品直接消耗的材料分为主要材料和辅助材料。各月在产品结存数量较多，波动较大，企业在分配当月完工产品与月末在产品的成本时，对辅助材料采用约当产量法，对直接人工和制造费用采用定额比例法。

2×16年6月有关成本核算、定额资料如下。

（1）本月生产数量。（单位：只）

月初在产品数量	本月投资数量	本月完工产品数量	月末在产品数量
300	3 700	3 500	500

（2）主要材料在生产开始时一次全部投入，辅助材料陆续均衡投入，月末在产品平均完工程度60%。

（3）本月月初在产品成本和本月发生生产费用。（单位：元）

	主要材料	辅助材料	人工费用	制造费用	合计
月初在产品成本	32 000	3 160	9 600	1 400	46 160
本月发生生产费用	508 000	34 840	138 400	28 200	709 440
合计	540 000	38 000	148 000	29 600	755 600

（4）单位产品工时定额。

	产成品	在产品
人工工时定额（时/只）	2	0.8
机器工时定额（时/只）	1	0.4

要求：（1）计算本月完工产品和月末在产品的主要材料费用。

（2）按约当产量法计算本月完工产品和月末在产品的辅助材料费用。

（3）按定额人工工时比例计算本月完工产品和月末在产品的人工费用。

（4）按定额机器工时比例计算本月完工产品和月末在产品的制造费用。

（5）计算本月完工产品总成本和单位成本。

『正确答案』

（1）完工产品负担的主要材料费用=540 000÷（3 500+500）×3 500=472 500（元）

月末在产品负担的主要材料费用=540 000÷（3 500+500）×500=67 500（元）

（2）完工产品负担的辅助材料费用=38 000÷（3 500+500×60%）×3 500=35 000（元）

月末在产品负担的辅助材料费用=38 000÷（3 500+500×60%）×500×60%=3 000（元）

（3）本月完工产品负担的人工费用=148 000÷（3 500×2+500×0.8）×3 500×2=140 000（元）

月末在产品负担的人工费用=148 000÷（3 500×2+500×0.8）×500×0.8=8 000（元）

（4）本月完工产品负担的制造费用=29 600÷（3 500×1+500×0.4）×3 500=28 000（元）

月末在产品负担的制造费用=29 600÷（3 500×1+500×0.4）×500×0.4=1 600（元）

(5) 本月完工产品总成本 = 472 500 + 35 000 + 140 000 + 28 000 = 675 500 (元)

单位成本 = 675 500 ÷ 3 500 = 193 (元/件)

三、联产品和副产品的成本分配

(一) 联产品加工成本的分配

联产品，指使用同种原料，经过同一生产过程同时生产出来的两种或两种以上的主要产品。

1. 分离点售价法

在分离点售价法下，联合成本是以分离点上每种产品的销售收入为比例进行分配的。采用这种方法，要求每种产品在分离点时的销售收入能够可靠地计量。

【例3-8】 某企业生产联产品 A 和 B。1 月份发生联合加工成本 500 万元，A 和 B 在分离点上的销售收入合计为 3 000 万元，其中 A 产品的销售收入为 1 800 万元，B 产品的销售收入为 1 200 万元。

要求：采用售价法分配联合成本。

『正确答案』

A 产品应分配的成本 = 1 800 ÷ 3 000 × 500 = 300 (万元)

B 产品应分配的成本 = 1 200 ÷ 3 000 × 500 = 200 (万元)

2. 可变现净值法

如果这些联产品尚需要进一步加工后才可供销售，可采用可变现净值进行分配。

【例3-9】 某企业生产联产品 C 和 D。1 月份 C 和 D 在分离前发生联合加工成本为 400 万元，C 和 D 在分离后继续发生的单独加工成本分别为 300 万元和 200 万元，加工后 C 产品的销售总价为 1 800 万元，D 产品的销售总价为 1 200 万元。

要求：按照可变现净值法进行联产品的成本分配。

『正确答案』

C 产品的可变现净值 = 1 800 - 300 = 1 500（万元）

D 产品的可变现净值 = 1 200 - 200 = 1 000（万元）

C 产品应分配的成本 = 1 500 ÷（1 500 + 1 000）× 400 = 240（万元）

D 产品应分配的成本 = 1 000 ÷（1 500 + 1 000）× 400 = 160（万元）

3. 实物数量法

实物数量法是以产品的实物数量或重量为基础分配联合成本的方法，通常适用于所生产产品的价格很不稳定或无法直接确定的情况。

【例 3 - 10】 某企业生产联产品 A 和 B，1 月份 A 和 B 在分离前发生联合加工成本 500 万元，假定 A 产品为 560 件，B 产品为 440 件。要求：计算 A、B 产品应分配的成本。

『正确答案』

A 产品应分配的成本 = 500 ÷（560 + 440）× 560 = 280（万元）

B 产品应分配的成本 = 500 ÷（560 + 440）× 440 = 220（万元）

（二）副产品加工成本的分配

副产品是指在同一生产过程中，使用同种原料，在生产主要产品的同时附带生产出来的非主要产品。

由于副产品价值相对较低，而且在全部产品生产中所占的比重较小，因而可以采用简化的方法先确定其成本，然后从总成本中扣除，其余额就是主产品的成本。

【例 3 - 11】 在使用同种原料生产主产品的同时，附带生产副产品的情况下，由于副产品价值相对较低，而且在全部产品价值中所占的比重较小，因此，在分配主产品和副产品的加工成本时（ ）。

A. 通常采用定额比例法

B. 通常采用售价法

C. 通常先确定主产品的加工成本，然后，再确定副产品的加工成本

D. 通常先确定副产品的加工成本，然后，再确定主产品的加工成本

『正确答案』D

『答案解析』副产品指在同一生产过程中，使用同种原料，在生产主要产品的同时附带生产出来的非主要产品。由于副产品价值相对较低，而且在全部产品生产中所占的比重较小，因而可以采用简化的方法确定其成本，然后从总成本中扣除，其余额就是主产品的成本。在分配主产品和副产品的加工成本时，通常先确定副产品的加工成本，然后再确定主产品的加工成本。

第三节　成本计算的基本方法

一、品种法

品种法是"产品成本计算品种法"的简称，以产品品种为成本计算对象来归集生产费用、计算产品成本的方法。它是工业企业计算产品成本最基本的方法之一，主要适用于大量大批的简单生产或管理上不要求分步骤计算成本的复杂生产，如发电、供水、采掘、玻璃制品和水泥生产等。

（一）适用范围

（1）大量单步骤生产的企业。如发电、供水、采掘等企业。

（2）在管理上不要求按照生产步骤计算产品成本的多步骤生产。

（3）企业的辅助生产车间也可以采用品种法计算产品成本。

（二）品种法的特点

（1）成本计算对象是产品品种。

（2）在品种法下一般定期（每月月末）计算产品成本。

（3）如果月末有在产品，要将生产费用在完工产品和在产品之间进行分配。

【例3-12】 产品成本计算单如下所示。

产品名称：甲产品　　　　　　　2×19年5月

产成品数量：600件　　　　　　　　　　　　　　　　单位：元

成本项目	月初在产品成本	本月生产费用	生产费用合计	产成品成本		月末在产品成本
				总成本	单位成本	
直接材料费	15 700	55 000	70 700	60 600	101.00	10 100
直接人工费	7 730	31 920	39 650	36 600	61.00	3 050
燃料和动力费	18 475	67 000	85 475	78 900	131.50	6 575
制造费用	6 290	22 960	29 250	27 000	45.00	2 250
合计	48 195	176 880	225 075	203 100	338.50	21 975

二、分批法

分批法是按照产品批别归集生产费用、计算产品成本的一种方法。在小批单件生产的企业中，企业的生产活动基本是根据订货单位的订单签发工作号来组织生产的，按产品批别计算产品成本，往往与按订单计算产品成本相一致，因而分批法也叫订单法。

（一）适用范围

（1）单件、小批生产的重型机械、船舶、精密工具、仪器等制造企业。

（2）不断更新产品种类的时装等制造企业。

（3）新产品的试制、机器设备的修理作业以及辅助生产的工具、器具、模具的制造等，亦可采用分批法计算成本。

（二）分批法的特点

（1）成本计算对象是产品的批别。

（2）成本计算期与产品生产周期基本一致，而与核算报告期不一致。

（3）一般不存在完工产品与在产品之间分配费用的问题。

【例3-13】 某企业按照购货单位的要求，组织小批生产甲、乙两类产品，采用分批法计算产品成本。该厂4月份投产甲产品10件，批号为401，5月份全部完工；5月份投产乙产品60件，批号为501，当月完工40件，并已交货，还有20件尚未完工。401批和501批产品成本计算单如下，各种费用的归集和分配过程省略。

产品成本计算单

批号：401　　　　　　　　产品名称：甲产品
开工日期：4月15日　　　　委托单位：东方公司
批量：10件　　　　　　　　完工日期：5月20日　　　　　　单位：元

项目	直接材料	直接人工	制造费用	合计
4月末余额	12 000	900	3 400	16 300
5月发生费用：				
据材料费用分配表	4 600			4 600
据工资费用分配表		1 700		1 700
据制造费用分配表			8 000	8 000
合计	16 600	2 600	11 400	30 600
结转产成品（10件）成本	16 600	2 600	11 400	30 600
单位成本	1 660	260	1 140	3 060

产品成本计算单

批号：501　　　　　　　　产品名称：乙产品
开工日期：5月5日　　　　　委托单位：佳丽公司
批量：60件　　　　　　　　完工日期：5月25日　　　　　　单位：元

项目	直接材料	直接人工	制造费用	合计
5月发生费用：				
据材料费用分配表	18 000			18 000
据工资费用分配表		1 650		1 650
据制造费用分配表			4 800	4 800
合计	18 000	1 650	4 800	24 450

续上表

项目	直接材料	直接人工	制造费用	合计
结转产成品（40件）成本	12 000	1 320	3 840	17 160
单位成本	300	33	96	429
月末在产品成本	6 000	330	960	7 290

工序	完工程度	在产品（件）		完工产品（件）	产量合计（件）
		数量	约当产量		
	①	②	③＝①×②	④	⑤＝③＋④
1	15%	4	0.6		
2	25%	4	1		
3	70%	12	8.4		
合计	—	20	10	40	50

原材料在生产开始时一次投入，完工产品40件，在产品20件。

直接材料的分配率＝18 000÷（40＋20）＝300（元/件）

完工产品的直接材料成本＝300×40＝12 000（元）

在产品的直接材料成本＝300×20＝6 000（元）

直接人工分配率＝1 650÷50＝33（元/件）

制造费用分配率＝4 800÷50＝96（元/件）

三、分步法

分步法是"产品成本计算分步法"的简称，是以产品生产步骤和产品品种为成本计算对象，来归集和分配生产费用、计算产品成本的一种方法。

（一）适用范围

大量的多步骤生产的企业，如纺织、冶金、大量大批的机械制造企业。

（二）分步法的特点

（1）成本计算对象是各种产品的生产步骤，因此，应按照产品的生产步骤设立产品成本明细账。

（2）费用在完工产品与在产品之间的分配。成本计算一般都是按月定期进行的，而与生产周期不一致，因此，需要采用适当的分配方法，将汇集在生产成本明细账中的生产费用，在完工产品与在产品之间进行分配。

（3）各步骤之间有成本结转问题，这是分步法的一个重要特点。

（三）分步法的分类

分步法的分类如图 3-8 所示。

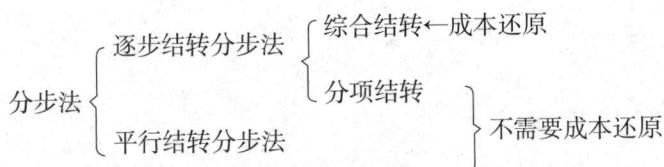

图 3-8　分步法的分类

1. 逐步结转分步法

逐步结转分步法也称顺序结转分步法，它是按照产品连续加工的先后顺序，根据生产步骤所汇集的成本、费用和产量记录，计量自制半成品成本，自制半成品成本随着半成品在各加工步骤之间移动而顺序结转的一种方法。

逐步综合结转分步法的计算步骤，如图 3-9 所示。

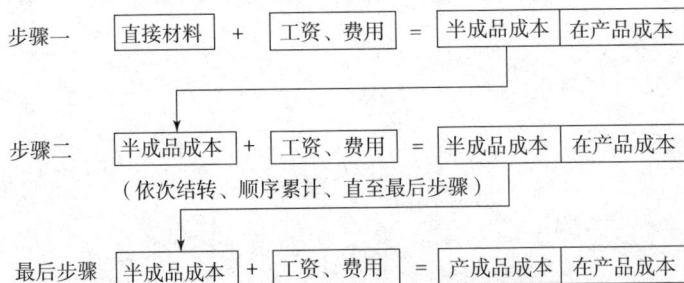

图 3-9　逐步综合结转分步法的计算步骤图示

【例3-14】 假定甲产品分两步在两个车间进行加工，第一车间为第二车间提供半成品，半成品收发通过半成品库进行。采用逐步结转分步法按照生产步骤（车间）计算产品成本，半成品成本按加权平均单位成本计算，两个车间的月末在产品均按定额成本计价。各种费用分配表、半成品产量月报和第一车间在产品定额成本资料，已登记在甲产品第一车间（半成品）成本计算单（见下表）。

单位：元

项目	产量（件）	直接材料	直接人工	制造费用	合计
月初在产品成本（定额成本）		61 000	7 000	5 400	73 400
本月生产费用		89 500	12 500	12 500	114 500
合计		150 500	19 500	17 900	187 900
完工半成品转出	800				
月末在产品定额成本		30 500	3 500	2 700	36 700

要求：

（1）完成甲产品第一车间（半成品）成本计算单。

（2）完成下列半成品明细账。

单位：元

月份	月初余额		本月增加		合计			本月减少	
	数量（件）	实际成本	数量（件）	实际成本	数量（件）	实际成本	单位成本	数量（件）	实际成本
5	300	55 600						900	
6									

（3）第二车间及相关资料如下表，计算产成品成本和单位产品成本。

项目	产量（件）	直接材料	直接人工	制造费用	合计
月初在产品（定额成本）		37 400	1 000	1 100	39 500
本月费用			19 850	31 450	
合计			20 850	32 550	
产成品转出	500		19 500	30 000	
单位成本			39	60	
月末在产品（定额成本）		17 600	1 350	2 550	21 500

（4）计算成本还原后产成品成本和单位成本。

【答案】①

单位：元

项目	产量（件）	直接材料	直接人工	制造费用	合计
月初在产品成本（定额成本）		61 000	7 000	5 400	73 400
本月生产费用		89 500	12 500	12 500	114 500
合计		150 500	19 500	17 900	187 900
完工半成品转出	800	120 000	16 000	15 200	151 200
月末在产品定额成本		30 500	3 500	2 700	36 700

②

单位：元

月份	月初余额 数量（件）	月初余额 实际成本	本月增加 数量（件）	本月增加 实际成本	合计 数量（件）	合计 实际成本	合计 单位成本	本月减少 数量（件）	本月减少 实际成本
5	300	55 600	800	151 200	1 100	206 800	188	900	169 200
6	200	37 600							

③

单位：元

项目	产量（件）	直接材料费用	直接人工费	制造费用	合计
月初在产品（定额成本）		37 400	1 000	1 100	39 500
本月费用		169 200	19 850	31 450	220 500
合计		206 600	20 850	32 550	260 000
产成品转出	500	189 000	19 500	30 000	238 500
单位成本		378	39	60	477
月末在产品（定额成本）		17 600	1 350	2 550	21 500

④

产成品成本还原计算表

产品名称：甲产品　　　　产品产量：500 件　　　　单位：元

项目	还原分配率	半成品	直接材料	直接人工	制造费用	成本合计
还原前产成品成本		189 000		19 500	30 000	238 500
本月所产半成品成本			120 000	16 000	15 200	151 200
成本还原	1.25	−189 000	150 000	20 000	19 000	0
还原后产成品成本			150 000	39 500	49 000	238 500
还原后产成品单位成本			300	79	98	477

$$还原分配率 = \frac{待还原的产成品中 "直接材料" 金额}{上一步骤所产半成品成本的合计} = \frac{189\ 000}{151\ 200} = 1.25$$

2. 平行结转分步法

平行结转分步法，指在计算各步骤成本时，不计算各步骤所产半成品成本，也不计算各步骤所耗上一步骤的半成品成本，而只计算本步骤发生的各项其他费用，以及这些费用中应计入产成品成本的份额，将相同产品的各步骤成本明细账中的这些份额平行结转、汇总，即可计算出该种产品的产成品成本，如图3-10所示。

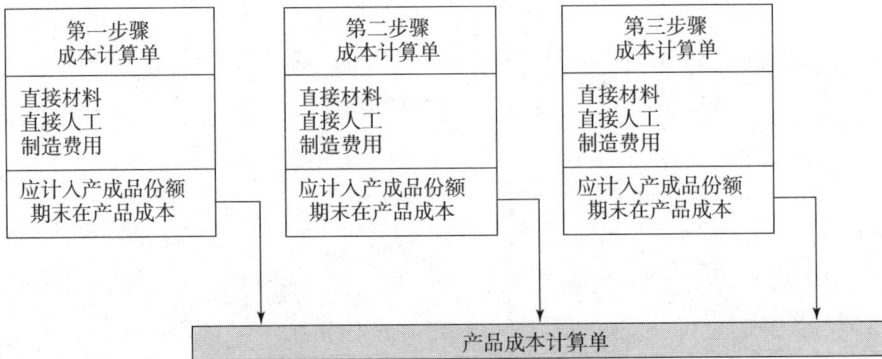

图3-10　平行结转分步法图示

【例3-15】　某企业只生产一种产品，生产分两个步骤在两个车间进行，第一车间为第二车间提供半成品，第二车间将半成品加工成产成品。月初两个车间均没有在产品，本月第一车间投产100件，有80件完工并转入第二车间，月末第一车间尚未加工完成的在产品相对于本步骤的完工程度为60%；第二车间完工50件，月末第二车间尚未加工完成的在产品相对于本步骤的完工程度为50%。该企业按照平行结转分步法计算产品成本，各生产车间按约当产量法在完工产品和在产品之间分配生产费用。月末第一车间的在产品约当产量为（　　　）件。

A. 12　　　　　B. 27　　　　　C. 42　　　　　D. 50

『正确答案』C

『答案解析』$(100-80)\times60\%+(80-50)\times1=42$（件）。

四、三种成本计算方法的比较

不同的企业，由于生产的工艺过程、生产组织以及成本管理要求不同，成本计算的方法也不一样。常用的成本计算方法主要有品种法、分批法和分步法。不同成本计算方法的区别主要表现在三个方面：一是成本计算对象不同，二是成本计算期不同，三是生产费用在产成品和半成品之间的分配情况不同。

1. 品种法

由于品种法不需要按批计算成本，也不需要按步骤来计算半成品成本，因而这种成本计算方法比较简单。主要适用于大批量单步骤生产的企业，如发电、采掘等，或者虽属于多步骤生产，但不要求计算半成品成本的小型企业，如小水泥、制砖等。一般按月定期计算产品成本，也不需要把生产费用在产成品和半成品之间进行分配。

2. 分批法

分批法主要适用于单件、小批的多步骤生产，如重型机床、船舶、精密仪器和专用设备等。分批法的成本计算期是不固定的，一般把一个生产周期（即从投产到完工的整个时期）作为成本计算期定期计算产品成本。由于在未完工时没有产成品，完工后又没有在产品，产成品和在产品不会同时并存，因而也不需要把生产费用在产成品和半成品之间进行分配。

3. 分步法

分步法适用于大量或大批的多步骤生产，如机械、纺织、造纸等。由于生产的数量大，在某一时间上往往既有已完工的产成品，又有未完工的在产品和半成品，不可能等全部产品完工后再计算成本，因而分步法一般是按月定期计算成本，并且要把生产费用在产成品和半成品之间进行分配。

第四章　未雨绸缪
——成本预测

20 世纪以前，成本管理理论尚处于萌芽状态，其重点是对各项成本进行事后核算和反映。20 世纪中期，随着管理理论的发展，成本管理理论的核心由事后消极的成本核算转向事中的成本控制，并逐步形成了传统的成本管理理论。近二十年来，企业经营环境的变化使得传统的成本管理模式面临挑战，成本管理的重心也由事中的成本控制向前一步扩展到事前的成本预测、计划阶段，标志着成本管理理论走向成熟。

|第一节　成本预测概述|

成本预测指运用一定的科学方法，对未来成本水平及其变化趋势做出科学的估计。通过成本预测，掌握未来的成本水平及其变动趋势，有助于减少决策的盲目性，使经营管理者易于选择最优方案，做出正确决策。

一、成本预测的意义

1. 成本预测是组织成本决策和编制成本计划的前提

通过成本预测，掌握未来的成本水平及其变动趋势，有助于把未知因素转化为已知因素，帮助管理者提高自觉性，减少盲目性；做出生产经营活动中可能出现的有利与不利情况的全面和系统分析，还可避免成本决策的片面性和局限性。有了科学的成本决策，就可以编制出正确的成本计划，而且，成本预测的过程，同时也是为成本计划提供系统的客观指引的过程，这一点足以使成本计划建立在客观实际的基础之上。如果将成本预测与成本决策和成本计划联系起来的话，其关系是：预测是决策与计划的基础和前提条件，决策和计划则是预测的产物。

2. 成本预测是加强企业全面成本管理的首要环节

伴随社会主义市场经济的进一步发展，企业的成本管理工作也不断有所提高，单靠事后的计算分析已经远远不能适应客观的需要，成本工作的重点必须相应地转到事前控制上，这一观念的形成将对促进企业合理地降低成本、提高经济效益具有非常重要的作用。

3. 成本预测为降低产品成本指明方向和奋斗目标

企业在做好市场预测、利润预测之后，能否提高经济效益以及提高多少，完全取决于成本降低多少。为了降低成本，必须根据企业实际情况组织全面预测，寻找方向和途径，并由此力求实现预期的奋斗目标，降低产品成本。

二、成本预测的内容

成本预测的内容包括所耗用的总成本预测、经济要素预测、管理费用预测。

1. 选择方案时作为决策依据的成本预测

企业在选择生产项目的过程中，往往需要根据不同方案是否盈利、利润大小等诸多因素确定未来是否进行生产或生产哪个项目。这样在方案决策时就要预测项目成本的情况，通过与方案预算进行比较，便能分析出方案孰优孰劣。

2. 编制成本计划时作为基础环节的成本预测

计划是管理活动关键的第一步，因此编制可靠的计划具有十分重要的意义。在编制成本计划阶段，成本预测活动的目的是为企业编制成本计划和选择最优方案的决策提供依据，它主要包括根据企业产销量发展情况和生产消耗水平的变化，以限定的目标利润为前提，预测目标成本。根据计划期各项技术组织措施实现的可能性，测算出未来年度内可比产品的成本降低情况；根据产量与成本之间的线性规律，预测产品成本的发展趋势。

3. 实施成本计划时作为保障措施的成本预测

在成本计划执行过程中，需要进行期中成本预测，即通过分析前一阶段成本计划的完成情况，考虑下一阶段生产技术经济措施的预计效果，然后预测下一阶段成本计划完成情况，从而查明实际与计划成本的差距，以便加强有效的控制，保证完成成本计划或能达到在成本计划基础上的进一步节约。

4. 根据本量利关系预测目标固定成本和目标单位变动成本

通过对成本、数量和利润之间规律性的联系进行分析，预测保本点和实现目标利润时的销售量水平，以及预测符合目标利润要求的目标固定成本和目标单位变动成本。

5. 预测技术经济指标对单位成本的影响

主要分析关键技术经济指标变动与单位成本之间的关系，探索其变化发展的规律和因果联系，在建立一定预测模型的基础上，预测出可能由于技术经济指标的变化而影响期末单位产品的成本水平。

三、成本预测的原则

1. 连贯性原则

因为预测是基于过去和现在而对未来的分析，所以连贯性原则承认事物发展的连续性和稳定性，认为已观察到的现象将按照一定的发展规律继续下去，由此可以预测未来成本的变化趋势。它着重从成本自身入手，从内因角度探索成本的发展轨迹，这种预测原则主要适用于时间序列预测。

2. 结构分析原则

结构分析原则实际上是取时间序列的一个横截面进行预测的方法，认为找出因果关系，就有可能预测出事物变化的规律，主要指截面预测，这种原则主要从外因角度推断成本的未来发展趋势。

3. 系统性原则

进行预测时需要把成本看成是一个系统，观察其作为系统的内外相互联系，如企业生产经营过程中各方面的因素，从中找到本质联系，分析评判这些因素之间的内在联系及其与成本的关系，并对它们的变动趋势及性质做出合理的分析和取舍，进而找到成本。

4. 时间性原则

成本预测是一项规律性活动，预测期限的长短会对预测结果的精确性产生必然的影响。成本预测可以预测几个月的成本情况，也可以预测三年五年，甚至十年八年的成本情况。在具体实践操作中，对于较短期的成本预测和较长期的成本预测可以分别采用不同的预测模型和预测方法，相对来说，前者更简单一些，考虑的因素变化也少。

四、成本预测的程序

（1）根据企业总体目标提出初步成本目标。

（2）初步预测在目前情况下成本可能达到的水平，找出达到成本目标的差距。其中，初步预测就是不考虑任何特殊会降低成本的措施，按目前主客观条件的变化情况，预计未来时期成本可能达到的水平。

（3）考虑各种降低成本的方案，预计实施各种方案后成本可能达到的水平。

（4）选取最优成本方案，预计实施后的成本水平，正式确定成本目标。

注意：以上成本预测程序表示的只是单个成本预测过程，而要达到最终确定的正式成本目标，这种过程必须反复多次。也就是说，只有经过多次的预测、比较以及对初步成本目标的不断修改、完善，才能最终确定正式成本目标，并依据本目标组织实施成本管理。

五、成本预测的基本方法

1. 定量预测法

定量预测法是指根据历史资料以及成本与影响因素之间的数量关系，通过建立数学模型来预计推断未来成本的各种预测方法的统称。

（1）高低点法。

高低点法是以历史成本资料中产量最高和最低两个时期的产品总成本数据为依据，计算出系数 a 和 b，利用 $y = a + bx$，推算出计划产量下的总成本水平和单位成本的预测方法。

①将最高产量下的总成本和最低产量下的总成本进行比较，确定系数 b，计算公式为：

$$b = \frac{最高点的成本 - 最低点的成本}{最高点产量 - 最低点产量}$$

②将最高点成本（或最低点成本）、最高点产量（或最低点产量）以及求得的 b 代入 $y = a + bx$，求出 a，计算公式为：

$$a = 最高点成本 - b \times 最高点产量$$

或 $a = $ 最低点成本 $- b \times $ 最低点产量

③将计划产量及 a、b 代入 $y = a + bx$，计算出计划年度的产品总成本。

【例 4 - 1】 某企业 2×19 年实现销售收入 3 000 万元，近几年销售收入与资产情况如表 4 - 1 所示。要求：根据以上资料，采用高低点法建立资金预测模型，预测 2×20 年销售收入为 3 500 万元时企业的资金需求量，并计算 2×20 年比 2×19 年增加的资金数量。

表 4 - 1 销售收入与资产情况表 单位：万元

年份	销售收入	现金	应收账款	存货	固定资产	流动资金
2×16	2 700	1 450	2 100	2 200	1 000	1 400
2×17	2 500	1 400	2 200	2 100	1 000	1 300
2×18	2 800	1 550	2 450	2 300	1 000	1 450
2×19	3 000	1 650	2 600	2 500	1 000	1 500

根据：
$$y = a + bx$$
$$b = \frac{最高点的成本 - 最低点的成本}{最高点产量 - 最低点产量}$$
$$a = 最高点成本 - b \times 最高点产量$$

得出：$y = 1\ 150 + 1.7x$

预测 2×20 年销售收入为 3 500 万元时，资金占用量 $= 1\ 150 + 1.7 \times 3\ 500 = 7\ 100$（万元）

2×20 年比 2×19 年增加的资金数量 $= 1.7 \times (3\ 500 - 3\ 000) = 850$（万元）

(2) 回归分析法。

回归分析法运用数理统计中最小平方法的原理，对所观测到的全部数据加以统计计算，从而勾画出最能代表全部平均成本水平的直线。这条通过回归分析而得到的直线就被称为回归线，它的截距就是固定成本 a，斜率就是单位变动成本 b，这种分解方法也称作回归直线法。

回归分析法的公式为：

$$\sum y = na + b \sum x$$
$$\sum xy = a \sum x + b \sum x^2$$

【例4-2】　某企业根据历史资料统计的业务量与资金需求量的有关情况如表4-2所示。

表4-2　业务量与资金需求量情况表

项目	2×15年	2×16年	2×17年	2×18年	2×19年
业务量（万件）	10	11	14	18	25
资金需求量（万元）	200	195	278	342	465

已知该企业2×20年预计的业务量为30万件，要求采用回归直线法预测该企业2×20年的资金需求量。

根据以上资料，计算有关数据，如表4-3所示。

表4-3　资金需要量预测表

年度	x	y	xy	x^2
2×15年	10	200	2 000	100
2×16年	11	195	2 145	121
2×17年	14	270	3 780	196
2×18年	18	342	6 156	324
2×19年	25	465	11 625	625
合计 $n=5$	$\sum x = 78$	$\sum y = 1\ 472$	$\sum xy = 25\ 706$	$\sum x^2 = 1\ 366$

代入公式得：$\begin{cases} b = 18.38 \\ a = 7.67 \end{cases}$

则 $y = 7.67 + 18.38x$

将 $x = 30$ 万件代入上式，求得 $y = 7.67 + 18.38 \times 30 = 559.07$（万元）。

（3）时间序列法。

时间序列法分为以下几种。

①简单平均法。

简单平均法是通过计算以往若干时期成本的简单平均数作为对未来的成本预测数，其计算公式为：

$$预计成本值 = \frac{各期成本值之和}{期数}$$

【例 4 - 3】 某企业 2×18 年 1~6 月的各月成本数资料如表 4 - 4 所示。

表 4 - 4 各月成本表 单位：元

月份	1	2	3	4	5	6	合计
实际成本数	270	305	295	300	325	335	1 830

根据上述资料，如果要求运用简单平均法预测 7 月份的成本数，则可计算为：

预测 7 月份的成本数 = 1 830 ÷ 6 = 305 （元）

②移动平均法。

移动平均法是通过以往若干时期成本的移动平均数，作为对未来成本的预测数。它是将统计资料按时间顺序划分为若干个数据点相等的组，并依次向前平行移动一个数据，计算各组的算术平均数，并组成新的时间序列进行预测。

③加权移动平均法。

这是一种在移动平均法的基础上对所用资料分别确定不同的权数进行加权以后，算出加权平均数，作为预计成本数的预测方法。这一方法在权数上通常按照这样的原理确定：近期资料的权数大一些，远期资料的权数小一些。这是因为在一般情况下，预测数受近期实际成本的影响程度较大。

【例 4 - 4】 延续上题的资料，假定该企业确定的移动平均期数为 3，权数按资料距预测期的远近分别确定为 1、2、3，则 4~7 月份的成本数如表 4 - 5 所示。

表4-5　4～7月份成本表

月份	序列	成本/元	3期移动平均	变动趋势
1	1	270		
2	2	305		
3	3	295		
4	4	300	$294.17 = [(270 \times 1 + 305 \times 2 + 295 \times 3) \div 6]$	
5	5	325	$299.17 = [(305 \times 1 + 295 \times 2 + 300 \times 3) \div 6]$	$+5(299.17 - 294.17)$
6	6	335	$311.67 = [(295 \times 1 + 300 \times 2 + 325 \times 3) \div 6]$	$+12.5(311.67 - 299.17)$
7	7		$325.83 = [(300 \times 1 + 325 \times 2 + 335 \times 3) \div 6]$	$+14.16(325.83 - 311.67)$

2. 定性预测法

定性预测法是预测者根据掌握的专业知识和丰富的实际经验，运用逻辑思维方法对未来成本进行预计推断的方法的统称。

成本的定性预测法——判断分析法，是预测人员采用调查研究、分析判断等方法对成本的发展性质和趋势加以估计和推测的方法。其主要形式包括调查法、主观判断法、市场研究法、历史类比法、经济寿命周期法、指标分析法、相互影响法、情景预测法等。其中，调查法又可以分为"背对背"的德尔菲法和"面对面"的专家小组法，它们和主观判断法的比较如表4-6所示。

表4-6　定性预测法

	主观判断法	德尔菲法	专家小组法
含义	首先企业内部把与成本有关或者熟悉市场情况的各种人员召集起来，让他们对未来的成本发展趋势发表意见，做出判断；然后将各种意见汇总起来，进行分析研究和综合处理；最后得出成本预测结果	向专家们函询调查的直观预测方法，需要多次反复，在整理、归纳各专家意见以后，加以综合，做出预测判断。具有反馈性、匿名性和统计性的特点	由专家组织各有关方面的专家组成预测小组，通过召开座谈会的方式，进行充分、广泛的调查研究和讨论，然后运用专家小组的集体科研成果做出最后的预测判断

续上表

	主观判断法	德尔菲法	专家小组法
要求	企业内部的相关人员对各自的业务都比较熟悉，对市场状况及企业在竞争中的地位也比较清楚，但其对问题理解的广度和深度却往往受到一定的限制，需要进行信息交流和互补	不记名，专家们背对背发表书面意见，有控制地进行反馈，使每个专家能了解其他专家的综合意见并修改自己的意见，最后用统计方法集中所有专家的意见并使之逐渐趋向一致	各个专家从企业的整体利益出发，畅所欲言，充分表达各自的观点，而不受相互之间不同意见的干扰和影响
优点	迅速、及时和经济，不需要经过反复复杂的计算，也不需要多少预测费用，就可以及时得到预测结果；发挥集体的智慧，使预测结果比较可靠，如果市场发生了变化可以自行修正	可以加快预测速度和节约预测费用，可以获得各种不同但有价值的观点和意见，适用于长期预测和对新产品的预测，在历史资料不足或不可测预见因素较多时尤为适用	专家之间充分交流，可以相互启发；讨论过程中信息量大，可以促使考虑全面，相应地所得的预测结果较为准确
缺点	预测结果容易受主观因素影响，对市场变化、顾客的愿望等问题了解不充分，因此预测结果一般	对于分地区的顾客群或产品的预测可能不可靠；责任比较分散；专家的意见有时可能不完整或不切实际	容易只重视领导、权威或多数人的意见，而轻视少数人的意见，或会议准备不充分，造成流于形式

相互影响法是从分析各个事件之间由于相互影响而引起的变化及变化发生的概率，来研究各个事件在未来发生的可能性的一种预测方法。

历史类比法是对类似的新产品的投产和发展过程进行对比分析，使成本预测立足于模式相似性的基础上。

情景预测法则是一种新兴的预测法，由于它不受任何条件限制，应用起来灵活，能充分调动预测人员的想象力，考虑比较全面，有利于决策者更客观地进行决策，在制定经济政策、公司战略等方面有很好的应用。但在应用过程中一定要注意具体问题具体分析，同一个预测主题，若其所处环境不同，最终的情景可能也会有很大的差异。

领先指标法是通过将经济指标分为领先指标、同步指标和滞后指标，并根据这三类指标之间的关系进行分析预测。领先指标法不仅可以预测经济的发展趋势，而且可以预测其转折点。

在实际运用时，每一种预测方法其实并不限定单独使用，在综合预测的过程中，重要的是如何融合所有这些方法的思想。

第二节　目标成本的预测

一、目标成本预测的内涵

目标成本，是从产品寿命期间的目标利润出发，规划单位产品应达到的成本目标，是企业在一定时期内保证实现目标利润而确定的各项成本控制目标，具有先进性、适应性、可行性及可修正性的特点。

进行目标成本预测是为了控制企业在生产经营过程中的物质消耗和人力资源消耗，降低产品成本，保证目标利润的实现。这使得成本管理的立足点从制造阶段转向制造前阶段，从业务过程长河的下游转移到了上游。

目标成本的预测一般可采用两种方法：

第一种是以某一先进的成本水平作为目标成本，它可以是本企业历史最好水平或国内外同类产品中的先进成本水平，也可以是标准成本或定额成本。

第二种是根据事先制定的目标利润和销售预测的结果，充分考虑价格因素，按照预计的销售收入扣除目标利润得到目标成本，即

$$目标成本 = 预计单价 \times 预计销售量 - 目标利润$$
$$= 预计销售收入 - 目标利润$$

目标成本可以作为衡量产品成本、费用支出的标准，以便在生产过程中及时监督和分析脱离目标成本的偏差。所以，目标成本的确定既要考虑到先进性，又要注意到可行性。这样，才有利于调动各方面的积极性，从而保证目标的实现。

二、目标成本预测的方法

1. 倒扣测算法

倒扣测算法是在事先确定目标利润的基础上，首先预计产品的售价和

销售收入，然后扣除价内税（不包括增值税）和目标利润，余额即为目标成本的一种预测方法。此法既可以预测单一产品生产条件下的产品目标成本，还可以预测多产品生产条件下的全部产品的目标成本。当企业生产新产品时，也可以采用这种方法预测，此时新产品目标成本的预测与单一产品目标成本的预测相同。相关的计算公式为：

单一产品生产条件下目标成本 = 预计销售收入 - 应交税费 - 目标利润

多产品生产条件下全部产品目标成本 = 预计销售收入 - 应交税费 - 总体目标利润

新产品目标成本 = 预计销售收入 - 应交税费 - 总体目标利润

多产品生产下全部产品目标成本 = $\sum$ 预计销售收入 - $\sum$ 应交税费 - 总体利润目标

【例4-5】 A企业生产甲产品，假定产销平衡，预计甲产品的销售量为10 000件，单价为300元，增值税税率为13%，另外还需要缴纳10%消费税。假设该企业甲产品购进货物占销售额的预计比重为40%，若该企业所在地区的城市维护建设税税率为7%，教育费附加为3%，地方教育费附加为2%，同行业先进的销售利润率为20%。要求预测该企业的目标成本。

目标利润 = 10 000 × 300 × 20% = 600 000（元）

消费税 = 10 000 × 300 × 10% = 300 000（元）

增值税 = 10 000 × 300 × 13% × (1 - 40%) = 234 000（元）

附加税费 = (300 000 + 234 000) × (7% + 3% + 2%) = 64 080（元）

由于增值税与损益无关（价外税），因此有：

应交税费 = 消费税 + 附加税费 = 300 000 + 64 080 = 364 080（元）

目标成本 = 10 000 × 300 - 364 080 - 600 000 = 2 035 920（元）

如果A企业在生产甲产品的同时还生产乙产品，预计乙产品的销售量为6 000件，单价为200元，不用缴纳消费税，乙产品购进货物占消费额的预计比重为50%，其他条件保持不变。在这种情况下预测企业总体的目标成本为：

总体的目标利润 = (10 000 × 300 + 6 000 × 200) × 20% = 840 000 (元)

总体的目标成本 = 4 200 000 - 364 080 - 6 000 × 200 × (1 - 50%) × 13% × (7% + 3% + 2%) - 840 000 = 2 986 560 (元)

需要说明的是，上述公式中的销售收入必须结合市场销售预测及客户的订单等予以确定；应交税费指应交流转税费，它必须按照国家的有关规定予以缴纳。由于增值税是价外税，因此这里的应交税费不包括增值税，目标利润通常可采用先进（指同行业或企业历史较好水平）的销售利润率乘以预计的销售收入，先进的资产利润率乘以预计的资产平均占用额，先进的成本利润率乘以预计的成本总额来确定。

倒扣测算法以保证目标利润实现为前提，坚持以销定产的原则，使得目标成本的确定与销售收入的预计紧密结合，因而在西方国家被多数企业采用，适用面较广。需要注意的是，以上计算公式是假设产销平衡状态，但是在实际工作中，多数企业可能都无法达到产量和销量恰好平衡，于是在这种情况下，企业必须结合期初、期末产成品存货情况，预计当期尚需生产的数量，然后倒推出生产该数量产品的目标成本。

2. 比率测算法

比率测算法是在倒扣测算法基础上的延伸，它根据成本利润率来预测单位产品目标成本。这种方法要求事先确定成本利润率，并以此推算目标成本，它常被用于新产品目标成本的预测。计算公式为：

$$单位产品目标成本 = \frac{产品预计价格 × (1 - 税率)}{1 + 成本利润率}$$

【例4-6】 某企业准备生产一种新产品，预计单位售价为1 000元，税率为4%，成本利润率为25%，要求预测该新产品的目标成本。

单位产品目标成本 = 1 000 × (1 - 4%) ÷ (1 + 25%) = 768 (元)

确定成本利润率时需要注意设定的是何种目标利润率，也就是说利润是指哪一块。利润是指通常所说的利润总额（利润表计算出来的结果），还是仅指经营利润（不含营业外收支），还是指制造毛利（经营利润扣减企业总的销售和管理费用），或者是指边际利润（不含固定性费用），需要事先明确。

3. 选择测算法

选择测算法是以某一先进的单位产品成本作为目标成本的一种预测方法，如采用标准成本、国内外同类型产品的先进成本水平、企业历史最好的成本水平等，都可以作为目标成本。该方法要求企业熟悉市场行情，及时掌握国内外同行业同类型产品的最先进的成本水平动态。虽然此法相对比较简单，但在实际应用时应注意可比性，如果发现彼此现状相差较大，就不能采用，或在必要的调整和修正的基础上方可使用。

4. 直接测算法

直接测算法是根据上年预计成本总额和企业规划中确定的成本降低目标来直接推算目标成本的一种方法。

目标成本 = 按上年预计平均单位成本计算的计划年度可比产品成本总额 × (1 - 计划期预计成本降低率)

因为成本计划通常是每年第四季度编制的，所以上年前四季度数据是实际数，而第四季度数据则是预计数。

上年预计平均单位成本 = (上年 1 至 9 月实际平均单位成本 × 上年 1 至 9 月实际产量 + 上年第四季度预计单位成本 × 上年第四季度预计产量) ÷ (上年 1 至 9 月实际产量 + 上年第四季度预计产量)

【例 4 - 7】 某企业生产甲、乙两种产品，2×18 年 1~9 月份生产甲产品 6 000 件，实际平均单位成本为 158 元；生产乙产品 1 200 件，实际平均单位成本为 500 元。第四季度预计生产甲产品 4 000 件，单位成本为 135 元；乙产品 400 件，单位成本为 475 元。计划 2×19 年继续生产甲、乙两种产品，全年计划生产甲产品 12 000 件，生产乙产品 2 000 件，可比产品成本降低率达到 5%。要求预测该企业 2×19 年的目标成本及成本降低额。

甲产品本年预计平均单位成本 = (6 000 × 158 + 4 000 × 135) ÷ (6 000 + 4 000) = 148.8（元）

乙产品本年预计平均单位成本 $=(1\,200\times500+400\times475)\div(1\,200+400)$ $=493.75$（元）

目标成本 $=(148.8\times12\,000+493.75\times2\,000)\times(1-5\%)=2\,634\,445$（元）

成本降低额 $=(148.8\times12\,000+493.75\times2\,000)\times5\%=138\,655$（元）

三、目标成本的预测流程及分解

1. 目标成本的预测流程

综上所述，目标成本预测的流程大致如图 4 – 1 所示。

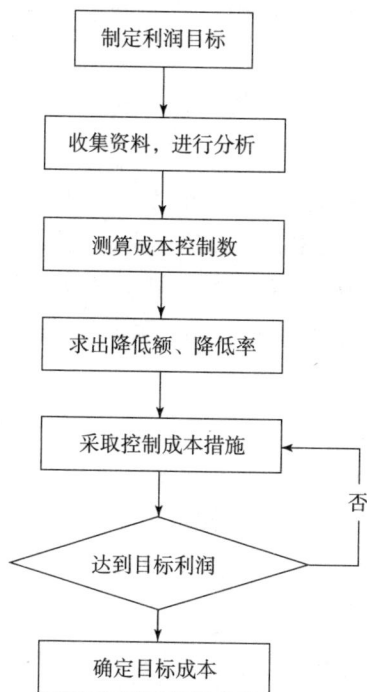

图 4 – 1 成本预测流程图

2. 总体目标成本的分解

在企业生产多种产品时，对于目标成本的预测需要先将企业总体目标成本分解为各产品的目标成本，具体的分解方法有两种。

第一种方法是与基期盈利水平非直接挂钩的分解法。该方法在确定每种产品目标销售利润率的基础上，倒推出每种产品的目标成本，最终将各产品目标成本的合计值与企业总体目标成本进行比较并加以综合，使之在平衡状态下确定每种产品的目标成本。

第二种方法是与基期盈利水平直接挂钩的分解法。如果企业要求各产品的目标销售利润率随企业总体的目标销售利润率同比例增减变化，则在具体的计算中应注意以下步骤：按计划期的销售比重调整基期销售利润率，求得计划期目标利润率，进而倒推目标成本。如果企业各产品目标利润不随企业总体盈利水平同比例变化，而是各自变化的，则要求实现各产品的加权平均销售利润率大于或等于计划期总体的目标销售利润率。

3. 各产品目标成本的分解

在对总体目标成本分解的基础上，各产品目标成本还要进一步分解，具体方法有如下几种。

第一种方法是按管理层次分解。将目标成本按公司、分厂、车间、班组、个人进行分解。

第二种方法是按管理职能分解。销售部门负责销售费用，设计部门负责设计成本和新产品研发费用，人力资源部门负责人力成本等。

第三种方法是产品构成分解。把产品构成按零部件划分，利用功能评价系数的比例算法，按各个零部件的功能评价系数来分解出各零部件的成本。

第四种方法是按产品形成过程分解。按产品设计、材料采购、生产制造和产品销售等过程分解，形成每一过程的目标成本。

第五种方法是按产品成本项目构成分解。根据各成本项目占总成本的比重分解目标成本。

【例4-8】 某企业计划推出一款节能环保产品，预计全年可生产3 000套，销售2 800套，售价100元/套，销售税率为5%，全年期间费用为20 000元，目标利润为50 000元。根据目标成本预测法，计算该企业全年的销售成本、单位产品目标生产成本和全年生产总成本。

全年销售成本＝预计销售收入－应交税费－目标利润－期间费用

　　　　　　＝$2\,800 \times 100 \times (1-5\%) - 20\,000 - 50\,000 = 196\,000$（元）

单位产品目标成本＝销售成本÷销售量＝$196\,000 \div 2\,800 = 70$（元）

全年生产总成本＝单位产品目标成本×生产量＝$3\,000 \times 70 = 210\,000$
（元）

　　如果某企业属于多品种生产企业，应先将企业总体目标成本分解为各产品的目标成本，分解方法有以下两种。

　　第一种方法是与基期盈利水平非直接挂钩分解法。该方法在确定每种产品目标销售利润率的基础上，倒推每种产品的目标成本，最终将各产品目标成本的合计值与企业总体目标成本进行比较并综合平衡，进而确定每种产品的目标成本。计算公式为：

　　企业总体目标成本或每种产品的目标成本＝预计销售收入－应交税费－目标利润

　　其中：目标利润＝预计销售收入×目标销售利润率

【例4-9】 假设某企业生产甲、乙两种产品。预计甲产品的销售量为5 000件，单价为600元，预计应交的流转税（包括消费税、城建税和教育费附加）为360 600元；乙产品的预计销售量为3 000件，单价为400元，应交的流转税（包括城建税和教育费附加）为10 200元。该企业以同行业先进的销售利润率为标准确定目标利润，假定同行业先进的销售利润率为20%。要求：预测该企业的总体目标成本，并说明如果该企业结合实际确定的甲产品的目标销售利润率为23%，乙产品的目标销售利润率为18%，在这种情况下，该企业规定的总体目标成本是否合理。

依题意，则：

企业总体的目标成本＝$(5\,000 \times 600 + 3\,000 \times 400) - (360\,600 + 10\,200) - (5\,000 \times 600 + 3\,000 \times 400) \times 20\% = 2\,989\,200$（元）

甲产品目标成本＝$5\,000 \times 600 - 360\,600 - 5\,000 \times 600 \times 23\% = 1\,949\,400$（元）

乙产品目标成本＝$3\,000 \times 400 - 10\,200 - 3\,000 \times 400 \times 18\% = 973\,800$（元）

总体目标成本 = 1 949 400 + 973 800 = 2 923 200（元）< 2 989 200（元）

说明：虽然各产品自身的销售利润率与同行业先进的销售利润率不一致，但以此测算的总体目标成本为 2 923 200 元，低于企业规定的总体目标成本，因此该企业规定的总体目标成本合理，应将各产品目标成本的预计值纳入计划。

第二种方法是与基期盈利水平直接挂钩分解法。根据各产品目标销售利润率是否随企业总体盈利水平同比例变化，具体又可以分为以下两种情况。

（1）各产品目标销售利润率随企业总体盈利水平同比例变化。如果企业要求各产品的目标销售利润率随企业总体的目标销售利润率同比例增减变化，在这种情况下的具体计算步骤如下：①按计划期的销售比重调整基期销售利润率，公式为：按计划比重确定的基期加权平均销售利润率 = $\sum$（某产品基期销售利润率 × 该产品计划期的销售比重）；②根据总体规划确定企业计划期总体的目标销售利润率以及计划期的利润预计完成百分比，计算公式分别为：计划期目标销售利润率 = 按计划比重确定的基期加权平均销售利润率 + 计划期销售利润率的预计增长百分比；计划期目标利润预计完成百分比 = 计划期目标销售利润率 ÷ 按计划销售比重确定的基期加权平均销售利润率；③确定各种产品的目标销售利润率，计算公式为：某产品目标销售利润率 = 该产品的基期销售利润率 × 计划期目标利润预计完成百分比；④利用"倒扣法"即可确定企业总体的目标成本及各产品的目标成本。

【例 4-10】 假设某企业生产 A、B、C 三种产品，上年三种产品的销售利润率分别为 20%、10%、15%，计划期要求利润率增长 2%，预计销售收入分别为 50 万元、30 万元、20 万元，销售税费分别为 5 万元、3 万元、2 万元。要求：确定企业总体的目标成本和各产品的目标成本。

A 产品计划期销售比重 = $\frac{50}{50+30+20} \times 100\%$ = 50%

B 产品计划期销售比重 $= \dfrac{30}{50+30+20} \times 100\% = 30\%$

C 产品计划期销售比重 $= \dfrac{20}{50+30+20} \times 100\% = 20\%$

按计划比重确定的上年加权平均销售利润率 $= 20\% \times 50\% + 10\% \times 30\% + 15\% \times 20\% = 16\%$

计划期目标销售利润率 $= 16\% + 2\% = 18\%$

企业总体目标成本 $= (50+30+20) - (50+30+20) \times 18\% - (5+3+2) = 72$（万元）

计划期目标利润预计完成百分比 $= \dfrac{18\%}{16\%} \times 100\% = 112.5\%$

A 产品目标销售利润率 $= 20\% \times 112.5\% = 22.5\%$

B 产品目标销售利润率 $= 10\% \times 112.5\% = 11.25\%$

C 产品目标销售利润率 $= 15\% \times 112.5\% = 16.875\%$

A 产品目标成本 $= 50 - 50 \times 22.5\% - 5 = 33.75$（万元）

B 产品目标成本 $= 30 - 30 \times 11.25\% - 3 = 23.625$（万元）

C 产品目标成本 $= 20 - 20 \times 16.875\% - 2 = 14.625$（万元）

（2）各产品目标销售利润率不随企业总体盈利水平同比例变化。实务中，各产品的目标销售利润率常常结合自身实际情况变动，而不随企业总体盈利水平同比例变化，在这种情况下，只要各产品的加权平均销售利润率大于或等于计划期总体的目标销售利润率即可。

【例 4-11】　沿用上例已知资料，假定 A 产品的目标销售利润率为24%，B 产品的目标销售利润率维持上年的水平不变，C 产品的目标销售利润率为17%。要求：确定企业总体的目标成本和各产品的目标成本。

依据题意，则：

企业加权平均的销售利润率 $= 24\% \times 50\% + 10\% \times 30\% + 17\% \times 20\% = 18.4\% > 18\%$

企业总体目标成本 $= 72$（万元）

A 产品目标成本 $= 50 - 5 - 50 \times 24\% = 33$（万元）

B 产品目标成本 $= 30 - 3 - 30 \times 10\% = 24$（万元）

C 产品目标成本 $= 20 - 2 - 20 \times 17\% = 14.6$（万元）

由于 $33 + 24 + 14.6 = 71.6$（万元）< 72（万元），因此该企业能完成预计的总体目标成本。

|第三节　本量利分析在成本预测中的应用|

一、本量利分析的概念

本量利分析是对成本、业务量、利润之间相互关系进行分析的一种系统方法。这种分析方法是在成本性态分析的基础上，运用数学模型以及图表形式，对成本、业务量、利润与单价等因素之间的依存关系进行具体的分析，为企业经营决策和目标控制提供有用信息，广泛应用于企业的预测、决策、计划和控制等活动中。

本量利分析着重研究销售数量、价格、成本和利润之间的数量关系，它所提供的原理、方法在管理会计中有着广泛的用途，同时它又是企业进行决策、计划和控制的重要工具。

二、本量利分析的基本公式

本量利分析是以成本性态分析和变动成本法为基础的，其基本公式是变动成本法下计算利润的公式，该公式反映了价格、成本、业务量和利润各因素之间的相互关系。

税前利润 = 销售收入 - 总成本

　　　　 = 销售单价 × 销售量 -（单位变动成本 × 销售量 + 固定成本）

　　　　 =（销售单价 - 单位变动成本）× 销售量 - 固定成本

设销售单价为 p，销售量为 x，固定成本总额为 a，单位变动成本为 b，利润为 P，则这些变量之间的关系，可以表达为：

$$P = px - (bx + a) = (p - b)x - a$$

上式公式中的利润 P 在我国管理会计中表示未扣除利息和所得税以前的"营业利润"，也就是西方财务会计中的息税前利润（EBIT）。

三、本量利分析的相关指标

1. 边际贡献的概念

边际贡献是指产品的销售收入超过变动成本的金额。由于变动成本随着产量的变化而变化，一般来说企业当期的销售收入能够补偿发生的变动成本，然而固定成本却不随产量的变化而变化，因而对固定成本的补偿需要更多的销售收入。因此在变动成本法下，如果销售收入在补偿了变动成本之后还有剩余，就可以为补偿固定成本做出"贡献"。而从总体上看，企业在一定时期内不仅要求销售收入补偿所有的变动成本和固定成本，还要求在补偿这些成本之后留有一定的余额，形成企业的利润。边际贡献是衡量产品盈利能力的重要依据，在企业进行短期经营决策分析时，一般都以备选方案能提供边际贡献的最大值作为选择标准。

2. 边际贡献的三种表现形式

边际贡献有三种表现形式：边际贡献总额、单位边际贡献以及边际贡献率。

（1）边际贡献总额。

边际贡献总额（TCM）是指产品销售收入总额与变动成本总额之间的差额。即

$$边际贡献总额 = 销售收入总额 - 变动成本总额$$

由于：

$$税前利润 = 销售收入总额 - 变动成本总额 - 固定成本$$
$$= 边际贡献总额 - 固定成本$$

则有：

$$边际贡献总额 = 税前利润 + 固定成本$$

（2）单位边际贡献。

单位边际贡献（UCM）指单位产品销售单价与单位变动成本的差额。反映了某种产品的盈利能力，也就是每增加一个单位产品销售可提供的贡献毛利。

$$单位边际贡献 = 销售单价 - 单位变动成本$$

（3）边际贡献率。

边际贡献率（CMR）指边际贡献总额占销售收入的百分比，或者是边

际贡献总额占单价的百分比。反映了每一元销售收入所产生的边际贡献额，衡量该产品为企业做出贡献的能力。用公式表示为：

$$边际贡献率 = \frac{边际贡献}{销售收入} \times 100\% = \frac{单位边际贡献}{销售单价} \times 100\%$$

当企业产销多种产品时，我们可以用加权平均边际贡献率来反映边际贡献水平，公式如下：

$$加权平均边际贡献率 = \frac{\sum 各产品边际贡献}{\sum 各产品销售收入} \times 100\%$$

与边际贡献率相关的另一个指标是变动成本率（VCR），变动成本率是指变动成本总额占销售收入总额百分比或单位变动成本占单价的百分比。

$$变动成本率 = \frac{变动成本总额}{销售收入总额} \times 100\% = \frac{单位变动成本}{单价} \times 100\%$$

将变动成本率与边际贡献率两个指标联系起来，可以得出：

$$边际贡献率 + 变动成本率 = 1$$

由此可以推出，

$$边际贡献率 = 1 - 变动成本率$$
$$变动成本率 = 1 - 边际贡献率$$

边际贡献率和变动成本率属于互补性质。凡是变动成本率低的企业，则边际贡献率高，创利能力强；反之，变动成本率高的企业，其边际贡献率低，创利能力弱。凡边际贡献率低的企业（或变动成本率高），创利能力低，增产不仅不会增利，甚至还会减利或造成亏损。所以，边际贡献率或变动成本率的高低，对企业的经营决策者来说具有导向性的作用。

【例 4-12】 某企业生产 A、B、C 三种产品，各产品单价、单位变动成本和销量如表 4-7 所示。

表 4-7　产品资料表

产品名称	单价（元）	单位变动成本（元）	销售量（件）
A	10	5	15 000
B	15	5	12 500
C	20	8	10 000

分别计算这三种产品的单位边际贡献、企业边际贡献总额以及边际贡献率，计算结果如表4-8所示。

表4-8　A、B、C产品的边际贡献表

产品	单位边际贡献	边际贡献总额	边际贡献率	企业边际贡献总额	加权边际贡献率
A	5	75 000	50%		
B	10	125 000	66.7%	320 000	59.5%
C	12	120 000	60%		

四、本量利分析在成本预测中的具体应用

(一) 保本预测分析

保本点又叫盈亏平衡点，指刚好使企业经营达到不盈不亏状态的销量。此时，企业的销售收入恰好可以弥补全部成本，企业的利润为零。企业的销售收入扣减变动成本以后得到"边际贡献"，边际贡献首先用于补偿固定成本，只有补偿了固定成本后还有剩余，才能为企业提供最终的利润，否则企业就会发生亏损。如果边际贡献恰好等于固定成本，则企业处于不盈不亏的状态，此时的销售量即为保本点的销售量。同时，除了销售量以外，销售单价、单位变动成本和固定成本等因素的变动都会给企业的保本点带来变化。保本点分析就是根据销售收入、成本和利润等因素之间的函数关系，分析企业如何达到不盈不亏的状态。通过保本点分析，企业可以预测售价、成本、销售量及利润情况并分析这些因素之间的相互影响，从而加强经营管理。

1. 盈亏平衡点的计算

(1) 单一产品的盈亏平衡点。

企业只销售一种产品，则该产品的盈亏平衡点计算比较简单，根据本量利分析的基本公式：

$$税前利润 = 销售收入 - 总成本 = 销售单价 \times 销售量 - (变动成本 + 固定成本)$$

$$= 销售单价 \times 销售量 - 单位变动成本 \times 销售量 - 固定成本$$

在企业不盈不亏时，利润为零，此时的销售量就是企业盈亏平衡点的销售量。即，

$$0 = 销售单价 \times 销售量 - 单位变动成本 \times 销售量 - 固定成本$$

相应的，

盈亏平衡点销售额 = 盈亏平衡点销售量 × 销售单价 = 固定成本 ÷ 边际贡献率

由于用边际贡献率表示的利润公式为：

$$利润 = 销售收入 \times 边际贡献率 - 固定成本$$

令利润为零，得到保本点销售额的计算公式：

$$保本点销售额 = \frac{固定成本}{边际贡献率} = \frac{固定成本}{1 - 变动成本率}$$

【例 4 - 13】 某企业只销售 A 产品，A 产品单位变动成本为 300 元，单价为 900 元，预计下一年度销量为 1 000 件，发生的固定成本为 120 000 万元。

要求：计算该企业的保本销量和保本销售额。

解析：A 产品的边际贡献为 $= p - b = 900 - 300 = 600$（元）

$$A 产品的边际贡献率 = \frac{单位边际贡献}{单价} \times 100\% = \frac{600}{900} = 66.7\%$$

$$保本销量 = \frac{固定成本}{销售单价 - 单位变动成本} = \frac{固定成本}{单位边际贡献} = \frac{120\ 000}{600} = 200（件）$$

$$保本销售额 = \frac{固定成本}{边际贡献率} = \frac{固定成本}{1 - 变动成本率} = \frac{120\ 000}{66.7\%} = 179\ 910（元）$$

（2）多品种的盈亏平衡点。

在现实经济生活中，大部分企业生产经营的产品不只一种。在这种情况下，企业的盈亏平衡点就不能用实物单位表示，因为不同产品的实物计量单位是不同的，把这些计量单位不同的产品销量加在一起是没有意义的。所以，企业在产销多种产品的情况下，只能用金额来表示企业的盈亏平衡点，即只能计算企业盈亏平衡点的销售额。通常计算多品种企业盈亏平衡点的方法有综合边际贡献率法、联合单位法、主要品种法和分算法四种方法，下面将逐一介绍。

①综合边际贡献率法，又叫加权平均法，指将各种产品的边际贡献率

按照其各自的销售比重权数进行加权平均，得出综合边际贡献率，然后再据此计算企业的盈亏平衡点销售额和每种产品的盈亏平衡点的方法。

$$企业盈亏平衡点 = 企业固定成本总额 \div 综合边际贡献率$$

加权平均法下，企业盈亏平衡点的具体计算步骤是：

a. 计算综合边际贡献率。首先，计算各种产品的销售比重：

$$某种产品的销售比重 = 该种产品的销售额 \div 全部产品的销售总额 \times 100\%$$

其中要注意的是，销售比重是销售额的比重而不是销量的比重。

其次，计算综合边际贡献率：

$$综合边际贡献率 = \sum（各种产品边际贡献率 \times 该种产品的销售比重）$$

该公式也可以写作：

$$综合边际贡献率 = 各种产品边际贡献额之和 \div 销售收入总额$$

b. 计算企业盈亏平衡点销售额。

$$企业盈亏平衡点销售额 = 企业固定成本总额 \div 综合边际贡献率$$

c. 计算各种产品盈亏平衡点销售额。

$$某种产品盈亏平衡点销售额 = 企业盈亏平衡点销售额 \times 该种产品的销售比重$$

【例 4-14】　某企业销售甲、乙、丙三种产品，全年预计固定成本总额为 210 000 元，预计销售量分别为 8 000 件、5 000 台和 10 000 件，预计销售单价分别为 25 元、80 元、40 元，单位变动成本分别为 15 元、50 元、28 元，则该企业的盈亏平衡点是多少？

解析：①计算综合边际贡献率。

第一步，计算全部产品销售总额 = 8 000 × 25 + 5 000 × 80 + 10 000 × 40 = 1 000 000（元）

第二步，计算每种产品的销售比重：

甲产品的销售比重 = 8 000 × 25 ÷ 1 000 000 = 20%

乙产品的销售比重 = 5 000 × 80 ÷ 1 000 000 = 40%

丙产品的销售比重 = 10 000 × 40 ÷ 1 000 000 = 40%

第三步，综合边际贡献率：

甲产品的边际贡献率 =（25 - 15）÷ 25 = 40%

乙产品的边际贡献率 = (80 - 50) ÷ 80 = 37.5%

丙产品的边际贡献率 = (40 - 28) ÷ 40 = 30%

综合边际贡献率 = 40% × 20% + 37.5% × 40% + 30% × 40% = 35%

②计算企业盈亏平衡点销售额。

企业盈亏平衡点销售 = 企业固定成本总额 ÷ 综合边际贡献率 = 210 000 ÷ 35% = 600 000（元）

③将企业盈亏平衡点销售额分解为各种产品盈亏平衡点销售额和销售量。

甲产品盈亏平衡点销售额 = 600 000 × 20% = 120 000（元）

乙产品盈亏平衡点销售额 = 600 000 × 40% = 240 000（元）

丙产品盈亏平衡点销售额 = 600 000 × 40% = 240 000（元）

相应的，可以计算出每种产品盈亏平衡点销售量：

甲产品盈亏平衡点销售量 = 120 000 ÷ 25 = 4 800（件）

乙产品盈亏平衡点销售量 = 240 000 ÷ 80 = 3 000（台）

丙产品盈亏平衡点销售量 = 240 000 ÷ 40 = 6 000（件）

综合边际贡献率的大小反映了企业全部产品的整体盈利能力高低，企业若要提高全部产品的整体盈利水平，可以调整各种产品的销售比重，或者提高各种产品自身的边际贡献率。

②联合单位法。所谓联合单位法是指企业各种产品之间存在相对稳定的产销量比例关系，这一比例关系的产品组合可以视同一个联合单位，然后确定每一联合单位的售价和单位变动成本，以进行多品种的盈亏平衡点分析。如企业生产的 A、B、C 三种产品，其销量比为 1 : 2 : 3，则这三种产品的组合就构成一个联合单位，然后按照这种销量比来计算各种产品共同构成的联合单价和联合单位变动成本。即：

联合销售单价 = A 产品单价 × 1 + B 产品单价 × 2 + C 产品单价 × 3

联合单位变动成本 = A 产品单位变动成本 × 1 + B 产品单位变动成本 × 2 + C 产品单位变动成本 × 3

然后就可以计算出联合保本量，即：

联合保本量 = 固定成本 ÷（联合单价 - 联合单位变动成本）

某产品保本量 = 联合保本量 × 该产品销量比

这种方法主要适用于有严格产出规律的联产品生产企业。

【例4-15】 仍按前例资料，用联合单位法计算保本销售量和保本销售额。

解析：确定产品销量比为甲：乙：丙 = 1：0.625：1.25

联合单价 = 1×25 + 0.625×80 + 1.25×40 = 125（元/联合单位）

联合单位变动成本 = 1×15 + 0.625×50 + 1.25×28 = 81.25（元/联合单位）

联合保本量 = 210 000÷（125 - 81.25）= 4 800（联合单位）

计算各种产品保本量：

甲产品保本量 = 4 800×1 = 4 800（件）

甲产品保本额 = 4 800×25 = 120 000（元）

乙产品保本量 = 4 800×0.625 = 3 000（台）

乙产品保本额 = 3 000×80 = 240 000（元）

丙产品保本量 = 4 800×1.25 = 6 000（件）

丙产品保本额 = 6 000×40 = 240 000（元）

③主要品种法。如果企业生产经营的多种产品中，有一种产品能够给企业提供的边际贡献占企业全部边际贡献总额的比重很大，而其他产品给企业提供的边际贡献比重较小，则可以将这种产品认定为主要品种。此时，企业的固定成本几乎由主要产品来负担，所以，可以根据这种产品的边际贡献率计算企业的盈亏平衡点。当然，用这种方法计算出来的企业的盈亏平衡点可能不是十分准确，如果企业产品品种主次分明，则可以采用这种方法。

④分算法。分算法是指在一定条件下，企业可以将全部固定成本按一定标准在各种产品之间进行分配，然后再对每一个品种分别进行盈亏平衡点分析的方法。全部固定成本中的专属固定成本直接划归某种产品负担，而共同固定成本则要按照一定标准（如产品重量、体积、长度、工时、销售额等）分配给各种产品。这种方法要求企业能够客观分配固定成本，如果不能做到客观，则可能使计算结果出现误差，这种方法可以给企业管理当局提供各产品计划和控制所需要的资料。

2. 盈亏平衡点作业率和安全边际

（1）盈亏平衡点的作业率。

盈亏平衡点作业率也称为保本作业率、危险率，指企业盈亏平衡点销售量（额）占现有或预计销售量（额）的百分比。该指标越小，表明用于保本的销售量（额）越低；反之越高。其计算公式为：

盈亏平衡点作业率＝盈亏平衡点销售量（额）÷现有或预计销售量（额）

（2）安全边际。

所谓安全边际是指现有或预计销售量（额）超过盈亏平衡点销售量（额）的部分。超出部分越大，企业发生亏损的可能性越小，发生盈利的可能性越大，企业经营就越安全。安全边际越大，企业经营风险就越小。衡量企业安全边际大小的指标有两个，它们是安全边际量（额）和安全边际率。

安全边际量（额）＝现有或预计销售量（额）－盈亏平衡点销售量（额）

安全边际率＝安全边际销售量（额）÷现有或预计的销售量（额）×100%

安全边际率与盈亏平衡点作业率之间的关系为：

安全边际率＋盈亏平衡点作业率＝1

安全边际能够为企业带来利润。我们知道，盈亏平衡点的销售额除了弥补产品自身的变动成本外，刚好能够弥补企业的固定成本，不能给企业带来利润。只有超过盈亏平衡点的销售额，才能在扣除变动成本后，不必再弥补固定成本，而是直接形成企业的税前利润。用公式表示如下：

税前利润＝销售单价×销售量－单位变动成本×销售量－固定成本

　　　　＝（安全边际销售量＋盈亏平衡点销售量）×单位边际贡献－

　　　　　固定成本

　　　　＝安全边际销售量×单位边际贡献

　　　　＝安全边际销售额×边际贡献率

将上式两边同时除以销售额可以得出：

税前利润率＝安全边际率×边际贡献率

（二）实现目标利润的本量利分析

盈亏临界点分析是研究企业利润为零时的情况，而企业的目标是获取利润，下面将分析企业实现目标利润时的情况。

1. 保利点及其计算

所谓保利点是指企业为实现目标利润而要达到的销售量或销售额，具体可用保利量和保利额两个指标表示。

根据本量利分析的基本公式：

目标利润＝销售单价×保利量－单位变动成本×保利量－固定成本

可得：

保利量＝（固定成本＋目标利润）÷（销售单价－单位变动成本）

＝（固定成本＋目标利润）÷（单位边际贡献）

相应的，可得：

保利额＝销售单价×保利量＝（固定成本＋目标利润）÷边际贡献率

＝（固定成本＋目标利润）÷（1－变动成本率）

这里的目标利润指尚未扣除所得税的利润。

【例4－16】　假设某企业只生产和销售一种产品，该产品售价为80元，单位变动成本为30元，固定成本为30 000元，目标利润为20 000元。则：

保利量＝（固定成本＋目标利润）÷（销售单价－单位变动成本）

＝（30 000＋20 000）÷（80－30）＝1 000（件）

保利额＝（固定成本＋目标利润）÷边际贡献率＝（30 000＋20 000）÷62.5%＝80 000（元）

2. 保净利点及其计算

由于税后利润（即净利润）是影响企业生产经营现金流量的真正因素，所以，进行税后利润的规划和分析更符合企业生产经营的需要。因此，应该进行保净利点的计算。保净利点是指实现目标净利润的业务量，其中，目标净利润是目标利润扣除所得税后的利润，可以用保净利量和保净利额两个指标表示。

目标净利润＝目标利润×（1－所得税税率）

可以得出，

目标利润＝目标净利润÷（1－所得税税率）

相应的保净利点公式可以写成，

保净利量＝［固定成本＋目标净利润÷（1－所得税税率）］÷

（销售单价－单位变动成本）

保净利额 = [固定成本 + 目标净利润 ÷ (1 - 所得税税率)] ÷ 边际贡献率

（三）相关因素变动对盈亏临界点和保利点的影响

前面进行本量利分析时，销售单价、固定成本、单位变动成本、目标利润都是不变的，当这些因素变动时，对盈亏临界点和保利点会产生很大影响。

1. 销售单价单独变动对盈亏临界点和保利点的影响

从盈亏临界点和保利点的计算公式来看，销售单价提高会使单位边际贡献和边际贡献率上升，也就是盈亏临界点和保利点的计算公式的分母增大，因此，销售单价提高，会降低盈亏临界点和保利点；销售单价降低，则情况相反。

2. 单位变动成本单独变动对盈亏临界点和保利点的影响

从盈亏临界点和保利点的计算公式来看，单位变动成本上升会使单位边际贡献和边际贡献率下降，也就是盈亏临界点和保利点计算公式的分母变小，因此，单位变动成本上升，会提高盈亏临界点和保利点；单位变动成本下降，则情况相反。

3. 固定成本单独变动对盈亏临界点和保利点的影响

从盈亏临界点和保利点的计算公式来看，固定成本上升会使盈亏临界点和保利点的计算公式的分子增大，因此，固定成本上升，会提高盈亏临界点和保利点；固定成本下降，则情况相反。

4. 目标利润单独变动对保利点的影响

目标利润的变动只影响保利点而不影响盈亏平衡点。企业预计达到的目标利润提高时，保利点提高；预计达到的目标利润降低时，保利点降低。

第四节 产品成本发展趋势预测

产品成本发展趋势预测是根据预测的具体内容，以其相关性的成本历史资料为基础，采用一定的方法来估计未来成本可能达到的水平。这种预测方法可以同时起到两方面的作用，既为修订目标成本奠定了基础，又可以检验目标成本的完成情况。

一、投产前的产品成本趋势预测

在新产品投产前进行成本趋势预测时，可以采用直接法、概算法或比价法来确定目标成本的水平。所谓直接法，是根据设计方案的技术定额来直接测算新产品设计成本；概算法是利用直接法测算直接材料的设计成本，而对于其他成本项目，则是比照类似产品成本中这些项目所占的比重来估算新产品的设计成本；比价法又是以原来曾生产过的一种或几种功能相似或相近的产品为参照，通过新旧产品成本的对比来确定新产品设计成本的一种预测方法。

二、对于可比产品的成本降低趋势预测

可比产品是指以前年度已经投产、有系统成本资料的产品，可比产品成本降低趋势的预测包括可比产品成本降低率的预测和可比产品成本降低额的预测。

对于可比产品成本降低率的预测，是以预计计划期的各项主要技术经济指标的变动程度为基础，根据各个成本项目变动对产品成本的影响程度，汇总出总成本的降低率，由此来测算计划期可比产品成本降低率。其具体的做法是依据各个公式分别计算：材料消耗定额及材料价格的变动对可比产品成本的影响；劳动生产率及平均工资的变动对可比产品成本的影响；产量及制造费用的变动对可比产品成本的影响；废品损失的变动对可比产品成本的影响。

对于可比产品成本降低额的预测，是以计划年度采取的各项降低措施为基础，以此来测算计划期可比产品成本降低额，进而确定其成本降低率。该方法与上述可比产品降低率的显著不同主要在于：它以项目成本降低措施为依据测算，而不是以主要技术经济指标的测算为依据，并且这种方法是先确定降低额，然后才确定降低率。

三、产品总成本的发展趋势预测

对产品总成本发展趋势进行预测，主要采用的是平均法，即通过计算不同时期的平均数来预计未来总成本。它包括简单平均法、移动平均法、

加权平均法和指数平滑法。

简单平均法是直接将若干期历史成本的算术平均数作为未来成本水平的一种预测方法。

移动平均法是根据历史资料自主选择移动期，并以移动期内的平均数作为未来成本水平的一种预测方法。

加权平均法是对各期历史数据按照远小近大的规律确定其权数，并以其加权平均值作为未来成本水平的一种预测方法。

指数平滑法是一种特殊的加权平均法，它是以上期实际值的加权平均值作为未来成本水平的一种预测方法。其计算公式为：

预测期成本 = 平滑系数 × 上期实际成本 + (1 - 平滑系数) × 上期预测成本

平滑系数取值一般在 0.3 ~ 0.7 之间。

【例 4 - 17】 某企业 2×19 年 7 月至 12 月实际成本如表 4 - 9 所示，平滑系数 α = 0.7。

表 4 - 9 某企业实际成本表

	2×19 年 7 月	2×19 年 8 月	2×19 年 9 月	2×19 年 10 月	2×19 年 11 月	2×19 年 12 月	2×20 年 1 月
实际成本（元）	60 000	62 000	58 000	65 000	68 000	65 000	?

其中：2×19 年 10 月成本预测值为 64 000 元，预测 2×20 年 1 月的成本。

(1) 2×19 年 11 月：

预测期成本 = 0.7 × 65 000 + (1 - 0.7) × 64 000 = 64 700 （元）

(2) 2×19 年 12 月：

预测期成本 = 0.7 × 68 000 + 0.3 × 64 700 = 67 010 （元）

(3) 2×20 年 1 月：

预测期成本 = 0.7 × 65 000 + 0.3 × 67 010 = 65 603 （元）

为了使预测结果切合实际，在计算预测以后，应加以分析研究，最后做出符合实际的判断。

四、功能成本预测

功能成本预测又称为价值分析，它是以分析产品应具有的功能为出发点，力求以最低、最合理的成本代价来保证产品必要功能得以实现的一种技术经济分析方法。功能成本预测的关键是对产品成本按照功能进行分割，实践中进行功能成本预测分析有一个过程，包含这样一些基本步骤：选择分析对象，定义功能；搜集所需资料；计算每一项功能的成本；估计每一项功能带给用户的相对价值；根据评价各功能的权数来分配各功能的目标成本；将现有的功能成本与目标成本相比较，找到需要采取措施的功能；建议不同改进措施；选择最优的改进措施；实施改进措施并对改进结果进行分析评价。其中功能分析评价是功能成本预测分析的核心，功能评价是通过定量分析进行的，要求计算价值系数。其计算公式为：

$$价值系数 = \frac{功能评价系数}{成本系数}$$

式中的功能评价系数可以根据评分法计算求得，成本系数是各类零部件的实际成本或设计成本与全部零部件的实际总成本或设计成本总额的比值，即：

$$成本系数 = \frac{某项零部件的实际成本}{全部零部件的成本总额}$$

价值系数表明单位产品成本能够获得多大的产品功能。价值系数大于1，说明产品的性能较好或者成本较低，这是比较理想的状态；价值系数趋近于1，说明功能与成本比例适宜，不必改进；价值系数小于1，说明功能可能不太大或成本过高，需要改进。

第五章 运筹帷幄
——成本决策

我们的生活中处处充满着成本决策。比如，简单地约个饭局，看美团，问同事，看评分，在综合考虑价位、地点、口味、口碑等一众因素后，选定了一家饭店。等朋友奔赴饭局，吃完这餐饭，又产生了新的问题：由谁买单，是 AA 还是组织者请客。从约人吃饭到最终买单，这一过程中涉及许多成本决策。而具体如何进行成本决策，就是本章要讨论的问题。

|第一节　成本决策概述|

一、成本决策的概念

决策，指为达到特定的目标，对某些特殊的专门问题决定是否采取某项行动，或者在两个或两个以上的行动中选择一个最合理的方案的过程。在现代企业管理中，决策占有重要的地位，即所谓"管理的重心在经营，经营的重心在决策"。

决策用于企业成本管控中即为成本决策，成本决策是指以成本预测为基础，尽力挖掘潜力，开展价值分析，提出降低成本的各种可行性方案，然后根据有关决策理论，采取适当的决策方法，对各方案进行分析、比较、筛选、择优，并据以制定目标成本的过程。成本决策不仅是成本管理的重要职能，还是企业生产经营决策体系中的重要组成部分。而且由于成本决策所考虑的是价值问题，更具体地讲是资金耗费的经济合理性问题，因而成本决策具有较大的综合性，对其他生产经营决策起着指导和约束作用。

二、成本决策的意义

成本决策与成本预测紧密相连，它以成本预测为基础，是成本管理不可缺少的一项重要职能，对于正确地制订成本计划，促使企业降低成本，提高经济效益都具有十分重要的意义。

三、与成本决策有关的成本概念

在决策分析中，成本按决策的要求进行各种分类，形成决策分析中所需的特殊成本概念。

（一）差别成本

差别成本也称差量成本，指一个备选方案与另一个备选方案的预期成本之差。这种成本往往是由于不同备选方案的产品成本水平不一致，或生产方法、生产设备、生产工艺不同等造成各方案之间在成本耗费上存在的差异。与之相对应，一个备选方案与另一个备选方案的预期收入之差叫差别收入。差别收入与差别成本是密切联系的，在既有收入又有成本的备选方案中，两者在决策分析中同时被使用，它们是评价方案优劣的标准之一。在不同的备选方案中，只要某个备选方案的差别收入大于差别成本，该方案就优于另一方案，否则相反。

（二）机会成本

机会成本是指在不同的备选方案中因选择一个方案而放弃另一个方案所丧失的潜在收益，这种因选择的决策方案而被放弃的潜在收益叫作所选方案的机会成本。如果在两个以上方案中选择一个最优方案，所选方案的机会成本就是所放弃次优方案的预期收益。

（三）边际成本

边际成本是指每增加或减少一个单位产品（如一件、一批等）所引起的总成本的变动数额，主要用于判断增加或减少某种产品的产销在经济上是否合算。很显然，差别成本就是边际成本这个理论概念的具体表现形式。与此相适应，每增加或减少一个单位产品所引起的总收入变动数额，就是边际收入。边际收入与边际成本是紧密联系的，在决策分析中往往是结合起来使用。通常情况下，在生产能力允许的前提下，要增加产品的生产，只要使增加产品的边际收入大于增加产品的边际成本，则增加产品的生产是有利的，就能增加利润或减少亏损。如果增加产品的边际收入小于增加产品的边际成本，则增加产品生产的方案就不可行。

（四）付现成本

付现成本是指在决策执行当期需支付的一定数额的现金。如需要实施某项决策，就要支付购料款、工资等，这种成本是未来必然动用现金支付的成本，与过去动用的现金并已入账的成本有所区别。它是决策实施的现金保证，也是决定在保证决策所需资金前提下，使现金付出最少所需考虑的重要指标。

（五）沉没成本

沉没成本是指在过去已经发生，不是目前决策可以改变的成本。这种成本是在决策以前就已实际发生，但是目前无法收回又无法补偿的成本。它与决策无关，在决策分析、评价时无须考虑这种成本。

（六）可避免成本和不可避免成本

可避免成本是指与某项决策方案直接有关的成本。在进行决策时，如果决策者选择某一备选方案并实施，则与该方案有关的现金支出就会发生，如果决策者放弃该方案，则与该方案有关的现金支出就不会发生，这项成本就称为可避免成本。与此相反，与某决策无直接关系的，通过决策行动不能改变其数额的成本，叫不可避免成本。也就是说，无论决策者选择哪一个方案，是不是实施这一方案，这种成本都会照常发生。

（七）专属成本和共同成本

专属成本是指与生产某种产品直接相关的成本，这类成本仅由该产品负担。由生产几种产品而共同发生的成本，叫共同成本，其数额不应由某一种产品单独负担，而应由几种产品共同负担。专属成本与共同成本一般都是固定成本，两者有密切的联系。在决策时之所以将其区别开来，是因为在进行分析评价时，若是属于该方案的产品的专属成本，都应加以考虑，若是共同成本，就不能在某方案中单独考虑。

以上成本概念中，按照它们与决策分析的关系，可划分为相关成本与非相关成本。相关成本指与决策相关联，决策分析时必须认真加以考虑的未来成本。相关成本通常随决策产生而产生，随决策改变而改变，并且这类成本都是目前尚未发生或支付的成本，但从根本上影响着决策方案的取舍，如差别成本、机会成本、边际成本、付现成本、可避免成本、专属成本等。非相关成本是指已经发生或虽未发生，但与决策不相关联，决策分析时也无须考虑的成本。这类成本不随决策产生而产生，也不随决策改变而改变，对决策方案不具有影响力，如沉没成本、不可避免成本、共同成本等。

四、成本决策的原则及程序

（一）成本决策的原则

成本决策的原则是决定某项备选方案是否可行的主要标准。一般来说，应遵循以下原则。

（1）收益大于成本原则。在备选方案的收益和成本都可确定的情况下，必须按照收益大于成本的原则，选择净收益大于零或者净收益大的方案。

（2）边际收益最大化原则。当备选方案引起收益和成本都发生变化时，应当将收入与边际成本相配比，选择边际效益最大的方案。

（3）成本最小化原则。当备选方案引起的未来收益难以确定时，应考虑在达到既定目标的前提下，选择投入成本最小的方案。

（二）成本决策的程序

企业成本决策一般要经过以下几个步骤：①确定成本决策目标；②资料的收集、分类、分析、计算和评价；③制订可行的成本决策方案；④确定最优成本决策方案；⑤成本决策的执行和反馈。

| 第二节　成本决策的方法 |

成本决策的方法有很多，因成本决策的内容及目的不同而采用的方法也不同，主要有本量利分析法、总额分析法、差量损益分析法、相关成本分析法、成本无差别点法、边际分析法等。

一、本量利分析法

本量利分析是成本—产量（或销售量）—利润依存关系分析的简称，也称为 C·V·P 分析，指在成本习性分析的基础上，以数学化的会计模型与图文来揭示固定成本、变动成本、销售量、单价、销售额、利润等变量之间的内在规律性的联系，为会计预测决策和规划提供必要的财务信息的一种定量分析方法。

本量利分析法的应用主要有四个假设前提：一是相关范围假设，分为期间假设和业务量假设，两者之间是一种相互依存的关系，即在一定期间内业务量往往不变或变化不大，而一定的业务量又是从属于特定的期间。二是模型线形假设，包含固定成本不变、变动成本与业务量呈完全线形关系、销售收入与销售数量呈完全线形关系等内容。三是产销平衡假设。四是品种结构不变假设，即在一个多产品生产与销售的企业中，各种产品的销售收入在总收入中所占的比重不会发生变化。上述四个假设都建立在一个共同的基础上：假设企业的全部成本都可以合理或比较准确的分解为固定成本和变动成本。

$$利润 = 销售收入 - 总成本$$
$$= 销售收入 - 变动成本 - 固定成本$$
$$= 销售收入 - 单位变动成本 \times 销售量 - 固定成本$$
$$= 销售单价 \times 销售量 - 单位变动成本 \times 销售量 - 固定成本$$
$$= 销售量 \times (销售单价 - 单位变动成本) - 固定成本$$

边际贡献，又称"边际收益""贡献毛益"，是指产品销售收入扣除变动成本后所剩可供抵偿固定成本并创造利润的数额，边际贡献减去固定成本就是企业利润。

$$边际贡献 = 销售收入 - 变动成本 = (销售单价 - 单位变动成本) \times 销售量$$
$$= 单位边际贡献 \times 销售量$$
$$单位边际贡献 = 销售单价 - 单位变动成本$$
$$边际贡献率 = 单位边际贡献 \div 单价 = 边际贡献总额 \div 销售收入$$
$$利润 = 销售收入 \times 边际贡献率 - 固定成本$$
$$变动成本率 = 单位变动成本 \div 单位价格 = 变动成本 \div 销售收入$$
$$变动成本率 + 边际贡献率 = 1$$

确定盈亏临界点，是进行本量利分析的关键。所谓盈亏临界点，就是使得边际贡献与固定成本恰好相等时的销售量。此时，企业处于不盈不亏的状态。

$$盈亏临界点销售量 = 固定成本 \div 单位边际贡献$$
$$盈亏临界点销售额 = 固定成本 \div 边际贡献率$$

若企业要求达到一定利润目标时，可用销售量来进行判定，

$$保利点销售量 = (目标利润 + 固定成本) \div 单位边际贡献$$

二、总额分析法

总额分析法以利润作为最终的评价指标，按照"利润＝销售收入－变动成本－固定成本"的公式计算利润，由此决定方案取舍的一种决策方法。决策中涉及的收入和成本均指各方案的总收入和总成本，这里的总成本通常不考虑它们与决策的关系，不需要区分相关成本与非相关成本，这种方法一般通过编制总额分析表进行决策。

三、差量损益分析法

差量损益分析法是以差量损益作为最终的评价指标，根据不同备选方案的差别收入和差别成本来确定最优方案的方法。在两个备选方案中，若某一备选方案的差别收入大于差别成本，说明该方案优于另一方案，否则应选择另一方案。所谓差量收入是指两个不同备选方案预期相关收入的差异额；差量成本是指两个不同备选方案的预期相关成本之差；差量损益是指两个不同备选方案的预期相关损益之差。

差量分析法的决策过程如图 5-1 所示。

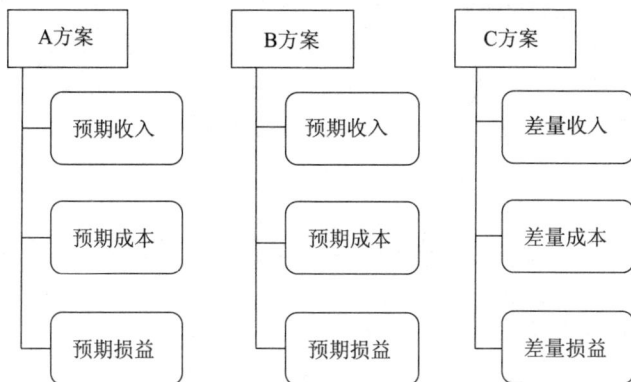

图 5-1　差量分析法决策过程

四、相关成本分析法

相关成本分析法是以相关成本作为最终的评价指标，由相关成本的大小决定方案取舍的一种决策方法。相关成本越小，说明企业所费成本越低，收益越大，因此决策时应选择相关成本最低的方案即为优选方案。相关成本分析法适用于只涉及成本的方案或者收入相等时的方案，这种方法可以通过编制相关成本分析表进行分析评价。

五、成本无差别点法

成本无差别点法是指在各备选方案的相关收入均为零或相等时，相关的业务量为不确定因素，通过判断不同水平上的业务量与无差别点业务量之间的关系，来做出互斥方案决策的一种方法。成本无差别点是指两个备选方案在总成本相等时的业务量，当业务量大于成本无差别点时，选择固定成本较大的方案，当业务量小于成本无差点时，则选择固定成本较小的方案。当业务量等于成本无差别点时，两种方案的成本相同，决策选用任何一个都可行。

成本无差别点法决策的基本步骤如图 5-2 所示。

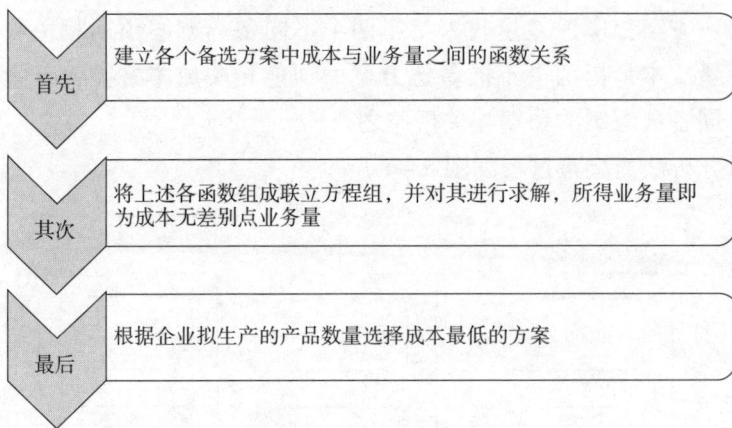

首先	建立各个备选方案中成本与业务量之间的函数关系
其次	将上述各函数组成联立方程组，并对其进行求解，所得业务量即为成本无差别点业务量
最后	根据企业拟生产的产品数量选择成本最低的方案

图 5-2　成本无差别点法决策的基本步骤

六、边际分析法

边际分析法，是指企业在管理决策时，不是根据全部成本投入来衡量一定的产出或收益，而是将增量要素投入带来的收益即边际收益，与增量要素投入产生的成本即边际成本进行比较，由此来判断是否执行该项决策。

七、线性规划法

线性规划法是数学中的线性规划原理在成本决策中的应用，即在满足一定的约束条件下，使目标函数最优化的一种数学模型。具体来说，就是以现有的生产要素为约束条件，确定产品盈利能力最大的产品组合。其目的在于利用有限的资源，解决具有线性关系的组合规划问题，基本程序如图 5 - 3 所示。

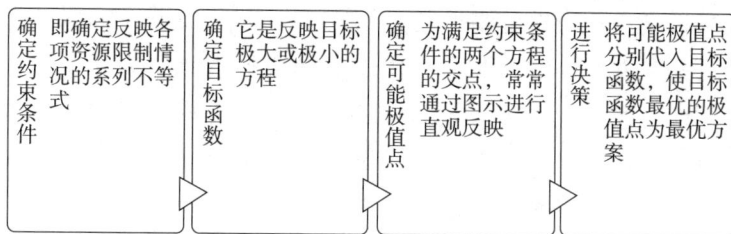

图 5 - 3　线性规划法的基本步骤

第三节　成本决策方法的实际应用

成本决策通常可用于产品生产决策，依据现有的生产能力和其他资源条件，为充分利用以提高经济效益，而对产品品种、数量、亏损产品处理、零部件取得方式以及是否深加工等各个方面的问题进行决策，通过比较各个方案的成本效益做出选择，如图 5 - 4 所示。

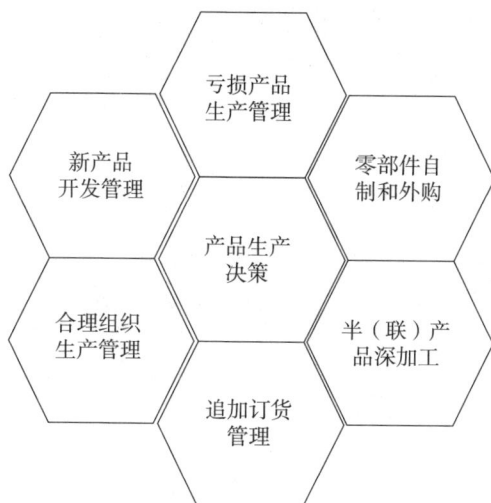

图 5 - 4　实际应用图

一、新产品开发的决策分析

新产品，指在结构、功能或形态上发生改变并推向市场的产品，现代科技日益发展，不断开发新产品、进行老产品的更新换代是企业获得生存发展、提高市场竞争力的重要手段。

新产品开发决策，指企业在利用现有剩余的生产能力开发新产品的过程中，对不同新产品开发方案进行的决策。一般有两种情况：一种是利用剩余生产能力进行开发，不需追加专属成本（主要指增加新设备的费用）；另一种是需要追加专属成本进行新产品的开发。

（一）不追加专属成本的新产品开发决策

在新产品开发的决策中，若企业利用现有生产能力生产多种产品，一般不需要增加固定成本，也不需考虑机会成本。在这种情况下，企业进行产品生产品种的决策分析通常采用贡献毛益分析法。

【例5-1】 某企业利用剩余生产能力，可以用于开发新产品，现有A、B两种产品可供选择。A产品的预计单价为100元/件，单位变动成本为80元/件，单位产品工时定额为5工时/件；B产品的预计单价为50元/件，单位变动成本为35元/件，单位产品工时定额为3工时/件。开发新产品不需要追加专属成本，如果企业现有剩余生产能力为30 000工时，企业应开发何种新产品。

本例中，由于企业是利用现有生产能力生产新产品，固定成本属于无关成本，与决策分析没有关系，可以不予考虑，因此应采用贡献毛益总额分析法，差量损益分析表如表5-1所示。

表5-1 贡献毛益总额分析表　　　　　　　　单位：元

项目	A产品	B产品
最大产量（件）	6 000	10 000
销售单价	100	50
单位变动成本	80	35

续上表

项目	A产品	B产品
单位贡献毛益	20	15
贡献毛益总额	120 000	150 000

从表中可以看出B产品提供的贡献毛益总额大于A产品提供的贡献毛益总额，因此企业应选择生产B产品。

（二）追加专属成本的新产品开发决策

当新产品开发的决策方案中需要追加专属成本时，需用差量损益分析法进行决策。

【例5-2】 开发新产品A和新产品B的相关产销量、单价与单位变动成本等资料同上例，但假定开发过程中需要装备不同的专用设备，分别需要追加专属成本10 000元和50 000元，企业应开发何种新产品。

本例中，由于企业是利用现有生产能力在两种新产品中选择一种产品进行生产，并且需要增加专属固定成本，因此可以采用差量损益分析法进行分析。差量损益分析表如表5-2所示。

表5-2 差量损益分析表　　　　单位：元

项目	A产品	B产品	差额
相关收入	600 000	500 000	100 000
相关成本	490 000	400 000	90 000
其中：变动成本	480 000	350 000	130 000
专属成本	10 000	50 000	-40 000
差量损益			10 000

从表中可以看出开发A产品和B产品差量损益为10 000元，因此企业应选择生产A产品，可多获益10 000元。

二、亏损产品是否应该停产的决策分析

亏损产品是否停产的决策是指企业正同时生产若干种产品，其中有一种产品发生了亏损，为了转亏为盈，企业一方面要想方设法努力降低成本扭转亏损局面，另一方面就是对这种亏损产品考虑是否停产或转产。对这类问题的决策分析可采用贡献毛益分析法进行。也就是在计算分析时，只需搞清亏损产品是否能提供贡献毛益，若贡献毛益为正数，说明该项亏损产品不应停产。

【例 5 - 3】 某厂原生产甲、乙、丙三种产品，上年度有关资料如表 5 - 3 所示。

表 5 - 3 生产资料表   单位：元

项目		甲产品	乙产品	丙产品	合计
销售收入		120 000	100 000	30 000	250 000
制造与管理成本		96 000	78 000	27 000	201 000
其中	变动成本	72 000	60 000	21 000	153 000
	固定成本	24 000	18 000	6 000	48 000
销售费用		14 000	11 200	4 500	29 700
其中	变动费用	8 000	6 600	3 000	17 600
	固定费用	6 000	4 600	1 500	12 100
净收益		10 000	10 800	- 1 500	19 300

根据上述资料，可见按完全成本法计算丙产品亏损 1 500 元，为了提高企业整体的经济效益，该亏损产品（丙产品）是否应停产。乍看起来，如果丙产品停产，则企业可减少亏损 1 500 元，也就是说，丙产品停产后，企业的利润将是 20 800 元（19 300 + 1 500），而不是现在的 19 300 元，似乎停止丙产品的生产对企业有利。

该决策的方案有两个：一是维持现状，继续生产丙产品；二是停产丙产品，用差量损益法计算过程如表5-4所示。

表5-4 差量损益表 单位：元

项目	继续生产丙产品	停止生产丙产品	差量
销售收入	250 000	220 000	30 000
变动成本	170 600	146 600	24 000
边际贡献	79 400	73 400	6 000
固定成本	60 100	60 100	0
利润	19 300	13 300	6 000

然而情况并非如此，如上表所示，当停止生产丙产品时，公司的利润比原来减少了6 000元。从贡献毛益的角度出发，本例中丙产品的贡献毛益为6 000元（30 000 - 21 000 - 3 000），丙产品之所以亏损1 500元，是因为它负担了分摊给它的固定成本7 500元（6 000 + 1 500）。但固定成本是一种已经存在的、不可避免的成本，与产品丙是否停产这一决策无关，也就是说，如果丙产品停产了，这部分固定成本将会转嫁给甲、乙两种产品负担，所以判断产品该不该停产，主要是取决于此产品最终能否提供贡献毛益。由此可见，丙产品不应该停产。

【例5-4】 假设丁产品预计年产量为1 200件（产销平衡），单位售价40元，单位变动成本36元。可通过对比分析来确定是否可以转产，如表5-5所示。

表5-5 丙、丁产品有关资料 单位：元

项目	丙产品	丁产品
销售收入	30 000	48 000
变动成本	24 000	43 200
贡献毛益	6 000	4 800
固定成本	7 500	7 500
利润	- 1 500	- 2 700

上述计算表明，利用原来生产设备转产丁产品所获得的贡献毛益比丙产品少 1 200 元，从而使得企业的最终利润由原来的 19 300 元减少为 18 100 元（19 300 − 1 200）。所以，从经济角度看，丙产品停产而转产丁产品是不合算的。

三、零部件自制或外购的决策分析

对于具有一定机械能力的企业而言，常常面临所需零配件是自制还是外购的决策。零部件自制或外购决策的特征是：假设自制或外购所取得的零部件不存在功能差异，在决策中不涉及差别收入，因此，只需要比较不同方法的相关成本，成本较低的方案为更优方案。

外购和自制需求量相同，比较增量成本，关键点是确定成本分界点，在此点上两个方案成本相同（无差别点），自制与外购的成本会在此点前后产生优劣互换的现象，产量超过该限度时自制方案更加有利，当低于该产量点时外购更为有利。

【例 5-5】 某企业需要一种机械零部件，可以选择自制也可以通过外购途径获得。若采取自制，单位变动成本为 6 元，每年有专属固定成本 4 000 元；若外购，则零部件购买价格为 8 元。要求：分析什么情况下零部件外购，什么情况零部件下自制。

依题意，可用成本无差别点分析法进行决策。设 x 为零部件年需求量，外购增量成本为 $y_1 = 8x$，自制增量成本为 $y_2 = 6x + 4\ 000$。

外购增量成本和自制增量成本相等时的年需求量，即为成本分界点：

$$8x = 6x + 4\ 000$$

$$x = \frac{4\ 000}{8-6} = 2\ 000 \text{（件）}$$

可以看出，零部件需求量在 2 000 件以内时，应该外购；当需求量超过 2 000 件时，应该选择自制。

四、半成品（或联产品）是否进一步加工的决策分析

企业的联产品或半成品可以选择立即出售，也可以在进一步加工后出

售，因此企业面临着半成品或者联产品是否进一步加工的问题。联产品是指使用同种原料，经过同一加工过程同时生产出来的两种或两种以上的主要产品。在这类决策中，联产品或半成品在进一步加工过程前所发生的成本为联合成本，联合成本对于是否进行深加工的决策而言属于非相关成本，只有为了继续加工而发生的成本才是与决策相关的成本。这类问题的分析方法是通过比较立即出售和进一步加工后出售两种方案的差别损益进行决策，计算分析进一步加工后预期所增加的收入是否超过进一步加工时所追加的成本，若前者大于后者，则以进一步加工的方案较优；反之，若前者小于后者，则以立即出售为更优方案。

【例5-6】 设南方棉纺织厂有一批半成品棉纱，完成了初步加工后，可以马上在市场上出售，也可以进一步加工为棉布再出售，其生产过程及有关资料如下。

纺纱阶段：直接材料10 000元，直接人工4 500元，变动性制造费用4 000元，固定性制造费用1 500元，合计20 000元；产量40件，单位成本500元，单位售价600元。进一步加工：直接材料20 000元，直接人工4 000元，变动性制造费用2 000元，合计26 000元；产量500公尺，单位成本52元，单位售价62元。

由于企业当前的生产能力，除满足棉纱初步加工的需要外，还有一定的剩余，可用于对棉纱做进一步加工。因此，对棉纱进行继续加工，并不会引起制造费用中固定费用的增长。所以，继续加工对企业是否有利，可通过差别损益计算法进行分析对比，如表5-6所示。

表5-6 差别损益计算表 单位：元

差别收入	$[(500 \times 62) - (40 \times 600)] = 7\ 000$
差别成本	6 000
包含：直接人工	4 000
变动性制造费用	2 000
差量收益	1 000

上述计算表明，若将棉纱马上出售，可得收入 24 000 元（40 × 600），若进一步加工成棉布后出售，可得收入 31 000 元（500×62），可见将棉纱继续加工成棉布后出售可多得收入 7 000 元，扣除继续加工的追加成本 6 000 元（4 000 + 2 000），可得增长利润 1 000 元。所以，在现有条件下，该厂应对棉纱继续加工，而不应立即出售。

【例 5-7】 企业生产的甲产品在继续加工过程中可分离为 A、B 两种联产品，联产品的产量分别为 200 千克和 400 千克，发生的联合成本为 66 000 元，按照产量比例分配给 A、B 产品。A 产品可以直接出售，也可以继续加工为 C 产品再出售。A、B、C 产品的售价分别为 350 元、260 元和 450 元，继续加工 A 产品的单位变动成本为 20 元。试就以下不相关情况进行决策。

（1）A 产品与 C 产品的加工比例为 1:0.8，是否继续加工 A 产品？

（2）A 产品与 C 产品的加工比例还是 1:1，但若 A 产品直接出售，闲置的生产能力可以用来承揽其他产品的加工业务，预计可以获得边际贡献 12 200 元，是否继续加工 A 产品？

联合成本无论是否分配给 A、B 产品都属于与决策无关的成本，在进行决策时不予考虑，两种情况下的差量损益计算分别如表 5-7 与表 5-8 所示。

表 5-7　差量损益表　　　　　　　单位：元

项目	直接出售 A 产品	深加工为 C 产品	差异额
相关收入	350 × 200 = 70 000	450 × 200 × 0.8 = 72 000	-2 000
相关成本	0	200 × 0.8 × 20 = 3 200	-3 200
差量损益			1 200

对于第一种情况下，差量损益大于 0，应该直接出售 A 产品，企业能多获利 1 200 元。

表5-8 差量损益表　　　　　　　单位：元

项目		直接出售A产品	深加工为C产品	差异额
相关收入		350×200=70 000	450×200=90 000	-20 000
相关成本	变动成本	0	200×20=4 000	-4 000
	机会成本	0	12 200	-12 200
差量损益				-3 800

在第二种情况下，差量损益小于0，应该将A产品继续深加工为C产品再出售，这样企业可多获利3 800元。

五、追加订货管理的决策分析

接受追加订货的决策，指根据目前的生产状况，企业还有一定的剩余生产能力，现有一客户要求追加订货，可是其销售价格低于一般的市场价格，甚至低于该种产品的实际成本，在这种情况下，要求管理人员对这批订货该不该接受做出正确的决策。像这类问题的决策分析，可采用差量分析法进行，也就是当企业利用现有剩余生产能力来接受追加订货时，只要对方出价略高于产品的单位变动成本，并能补偿专属的固定成本，便可以考虑接受，现举例说明如下。

【例5-8】 设A企业生产甲产品若干件，单位售价为60元，其正常的单位成本如表5-9所示。

表5-9 甲产品成本资料　　　　　　　单位：元

直接材料		20
直接人工		14
制造费用	变动费用	8
	固定费用	10
合计		52

该企业的生产能力尚有一定的剩余，可以再接受一批订货。现正好有一购货单位要求再订购甲产品800件，但每件只出价48元。问A企业是否接受该批订购。

采用差量分析法进行计算，如表5－10所示。

表5－10　差量损益表　　　　　单位：元

差别收入（800×48）		38 400
差别成本		
直接材料（800×20）		16 000
直接人工（800×14）		11 200
制造费用	变动（800×8）	6 400
合计		33 600
差别收益		4 800

由此可见，若接受这批订购，A企业会增加额外的4 800元收益，故这批订货是可以接受的。

六、合理组织生产的决策分析

在多品种生产的企业里，由于设备生产能力、原材料供应、人员调配支持等多方面的限制，不可能同时进行所有产品的生产。如何充分利用有限的生产资源，并在各种产品之间进行分配，以获取更多的经济效益，这类问题就是合理组织生产的决策分析问题，一般采用线性规划的方法，以现有的生产要素为约束条件，确定产品盈利能力最大的产品组合。

【例5－9】　某企业有A、B两个车间，共同生产甲、乙两种产品，但生产甲、乙两产品受到A、B两个车间的加工工时总数的限制，相关资料如表5－11所示。

表5－11　单位产品消耗工时及单位边际贡献

项目	单位产品加工工时		车间每周最高工时
	甲产品	乙产品	
A车间（工时）	3	4	72
B车间（工时）	6	2	66
单位边际贡献（元/件）	12	8	

要求：做出每种产品每周的生产量应为多大时才可以获得最大收益的分析。

解：本例中的资源限制是两个部门所能提供的用于生产甲、乙两产品的总工时数，属于多种条件限制情况下，两种产品的合理安排，可用线性规划法中的图解法求解。

（1）将资料以数学方式表示。

设：甲产品每周生产量为 x_1，乙产品每周生产量为 x_2，P 为企业边际贡献总额，则企业的目标是使 P（边际贡献总额）为最大，即 $=12x_1+8x_2$，

限制条件为：

$$\begin{cases} 3x_1 + 4x_2 \leqslant 72 \\ 6x_1 + 2x_2 \leqslant 66 \\ x_1 \geqslant 0 \\ x_2 \geqslant 0 \end{cases}$$

（2）将限制条件按等式绘于二维坐标图上，用数学线性规划方法寻求最优解。最优解不仅要满足约束条件的要求，而且要使目标函数为最大。可得：当 $x_1=6$，$x_2=13$ 时，目标函数 P 值最大。

结论：企业产品生产的最优组合是甲产品生产6件，乙产品生产13件，此时企业现有资源既能得到充分利用，而且边际贡献也为最大。

第六章　信息黑洞克星
——标准成本法

美国俄亥俄州的施耐德电气工厂制造了一个配电通道，它从一栋楼的入口点输电到该楼房内的各个偏远的位置。工厂经理们都对直接材料成本特别关注，因为那部分超过了工厂制造成本总数的一半。为了帮助控制类似于铜、钢和铝这样的直接材料输入的废品率，会计部门使用直接材料用量差异来比较用来生产一个产品所需的直接材料的标准用量（根据工厂工程师所计算的），和最后实际所用的直接材料数量。仔细留心这些差异能帮助我们识别并解决废料过多的问题，例如，没有经过充分培训的机器操作员、低质量的原材料输入或有故障的机器等。由于直接人工也是工厂总生产成本中的一个重要组成部分，所以管理团队每天都要检测直接人工效率差异，这种差异比较了一个产品所需的标准劳动时间和实际所用的劳动时间。当懒散的工人导致了一个不利的人工效率时，经理们就应暂时将这些员工从一个轻松的部门转到一个压力很大的部门。

第一节　标准成本及其制定

标准成本法是为了克服实际成本计算系统的缺陷（尤其是不能提供有助于成本控制的确切信息的缺陷），而研究出来的一种会计信息系统和成本控制系统。标准成本制度的产生与1903年泰罗发表的《工厂管理》一书有着密切联系，随后，美国会计师哈里逊研究发表了世界上第一部论述标准成本制度的专著——《标准成本》，从此以后，标准成本制度开始兴起并得到发展。

实施标准成本法一般有以下几个步骤：①制订单位产品标准成本；②

根据实际产量和成本标准计算产品的标准成本；③汇总计算实际成本；④计算标准成本与实际成本的差异；⑤分析成本差异的发生原因（如果将标准成本纳入账簿体系，还要进行标准成本及其成本差异的账务处理）；⑥向成本负责人提供成本控制报告。

一、标准成本的概念

标准成本是一种成本计算方法，这种方法不像间接费用是预计的，而是像直接材料和直接人工等是按预计的数字来计算的，这种成本的计算方法称为标准成本制度或责任分解制度。正常标准成本是在效率良好的条件下，根据下期一般应该发生的生产要素消耗量、预计价格和预计生产经营能力利用程度制订出的标准成本。

"标准成本"一词在实际工作中有两种含义。

一种是指单位产品的标准成本，它是根据单位产品的标准消耗量和标准单价计算出来的，准确地说应称为"成本标准"。

成本标准＝单位产品标准成本＝单位产品标准消耗量×标准单价

另一种是指实际产量的标准成本，是根据实际产品产量和单位产品成本标准计算出来的。

标准成本＝实际产量×单位产品标准成本

二、标准成本的种类

按分类标准不同，标准成本的种类也不同，一般按生产技术和经营管理水平与试用期两类标准进行分类。

（一）理想标准成本和正常标准成本

标准成本按其制订所根据的生产技术和经营管理水平，分为理想标准成本和正常标准成本。

理想标准成本是指在最优的生产条件下，利用现有的规模和设备能够达到的最低成本。制订理想标准成本的依据，是理论上的业绩标准、生产要素的理想价格和可能实现的最高生产经营能力利用水平。这里所说的理论业绩标准，指在生产过程中毫无技术浪费时的生产要素消耗量，最熟练的工人全力以赴工作、不存在废品损失和停工时间等条件下可能实现的最优业绩。这里所说的最高生产经营能力利用水平，是理论上可能达到的设备利用程度，只扣除不可避免的机器修理、改换品种、调整设备等时间，而不考虑产品销路不佳、生产技术故障等造成的影响。这里所说的理想价格，是原材料、劳动力等生产要素在计划期间最低的价格水平。因此，这种标准是"工厂的极乐世界"，很难成为现实，即使暂时出现也不可能持久。它的主要用途是提供一个完美无缺的目标，揭示实际成本下降的潜力。因其提出的要求太高，不能作为考核的依据。

正常标准成本是指在效率良好的条件下，根据下期一般应该发生的生产要素消耗量、预计价格和预计生产经营能力利用程度制订出来的标准成本。在制订这种标准成本时，把生产经营活动中一般难以避免的损耗和低效率等情况也计算在内，使之切合下期的实际情况，成为切实可行的控制标准。要达到这种标准不是没有困难，但它们是可能达到的。从具体数量上看，它应大于理想标准成本，但又小于历史平均水平，实施以后实际成本更大的可能是逆差而不是顺差，是要经过努力才能达到的一种标准，因而可以调动职工的积极性。

在标准成本系统中，广泛使用正常的标准成本，它具有以下特点：是用科学方法根据客观实验和过去实践经充分研究后制订出来的，具有客观性和科学性；排除了各种偶然性和意外情况，又保留了目前条件下难以避免的损失，代表正常情况下的消耗水平，具有现实性；是应该发生的成本，可以作为评价业绩的尺度，成为督促员工去努力争取的目标，具有激励性；它可以在工艺技术水平和管理有效性水平变化不大时持续使用，不需要经常修订，具有稳定性。

（二）现行标准成本和基本标准成本

标准成本按其适用期，分为现行标准成本和基本标准成本。

现行标准成本，指根据其适用期间应该发生的价格、效率和生产经营能力利用程度等预计的标准成本。在这些决定因素变化时，需要按照变化的情况加以修订。这种标准成本可以成为评价实际成本的依据，也可以用来对存货和销货成本计价。基本标准成本是指一经制订，只要生产的基本条件无重大变化，就不予变动的一种标准成本。所谓生产的基本条件的重大变化是指产品的物理结构变化，重要原材料和劳动力价格的重要变化，生产技术和工艺的根本变化等。只有这些条件发生变化，基本标准成本才需要修订。由于市场供求变化导致的售价变化和生产经营能力利用程度的变化，由于工作方法改变而引起的效率变化等，不属于生产的基本条件变化，对此不需要修订基本标准成本。基本标准成本与各期实际成本对比，可反映成本变动的趋势，如果基本标准成本不按各期实际进行动态修订，就不宜用来直接评价工作效率和成本控制的有效性。

三、标准成本的制定

产品成本一般由直接材料、直接人工和制造费用三大部分构成，标准成本也应由这三大部分分别确定。作为成本控制与考核依据的成本标准，既要切合实际，又要科学合理，通常按照现行成本标准和正常成本标准相结合的现行正常成本标准来制订。

制订标准成本，通常首先确定直接材料和直接人工标准成本；其次确定制造费用的标准成本；最后汇总确定单位产品的标准成本。一般需要分别确定其用量标准和价格标准，两者相乘后得出单位产品该成本项目的标准成本。

用量标准包括单位产品材料消耗量、单位产品直接人工工时等，主要由生产技术部门主持制订，同时邀请执行标准的部门及职工参加。

价格标准包括标准的原材料单价、小时工资率、小时制造费用分配率等，由会计部门和其他有关部门共同研究确定。采购部门是材料价格的责任部门，劳资部门和生产部门对小时工资率负有责任，各生产车间对小时制造费用率承担责任，在制订有关价格标准时要与有关部门协商。无论是价格标准还是用量标准，都可以是理想状态下或正常状态下的标准，据此得出理想的标准成本或正常的标准成本。

（一）直接材料标准成本

直接材料成本是指直接用于产品生产的材料成本，它包括标准用量和标准单位成本两方面。材料标准用量，首先要根据产品的图纸等技术文件进行产品研究，列出所需的各种材料以及可能的代用材料，并要说明这些材料的种类、质量以及库存情况。其次，通过对过去用料经验的记录进行分析，采用其平均值，或最高与最低值的平均数，或最节省的数量，或通过实际测定，或技术分析等数据，科学地制订用量标准。

单位产品直接材料标准成本＝单位产品用料×材料标准单价

单位产品标准用料应根据产品的设计标准与生产设备的工艺性能，确定产品生产所需消耗材料的种类、质量标准与数量，并由熟练的生产工人进行工艺测试，综合考虑企业的管理水平、生产过程中的必要损耗和难以避免的废品消耗材料等加以确定。

材料标准单价应以既定的质量标准为前提，在过去合同价格或供应商报价的基础上，充分考虑市场的变化趋势、最佳采购批量、运杂费、运输损耗等因素。

下面举例产品 A 所用甲、乙两种直接材料标准成本的例子，如表 6 – 1 所示。

表 6 – 1　A 产品的直接材料标准成本

标准	甲材料	乙材料
价格标准：		
发票单价（元）	2.00	3.00
装卸检验费（元）	0.05	0.15
每千克标准价格（元）	2.05	3.15
用量标准：		
钢材用量（千克）	4.0	6.0
允许损耗量（千克）	0.2	0.4
单位产品标准用量（千克）	4.2	6.4
成本标准：		
甲材料（2.05×4.2）（元）	8.61	
乙材料（3.15×6.4）（元）		20.16
单位产品直接材料标准成本（元）	28.77	

（二）直接人工标准成本

直接人工成本是指直接用于产品生产的人工成本，在制订产品直接人工成本标准时，首先要对产品生产过程加以研究，研究有哪些工艺、作业或操作、工序等。其次要对企业的工资支付形式、制度进行研究，以便结合实际情况来制订标准。

单位产品直接人工标准成本 ＝ 单位产品标准工时 × 标准小时工资率

标准工时要以现有的生产技术条件、工艺方法、设备性能为基础，进行必要的动作研究和工艺测试，结合提高劳动生产率的要求等加以确定，包括直接加工操作必不可少的时间，以及必要的间歇和停工，如工间休息、设备调整时间、不可避免的废品耗用工时等。在多工序、多步骤生产时，应分工序、分步骤测算后再加以汇总。

标准小时工资率应按一定期间生产特定产品的生产人员的工资总额与该期间所能提供的有效生产工时为基础确定，其计算公式为：

$$标准小时工资率 = \frac{一定期间预计支付的生产人员工资总额}{该期间生产人员所能提供的有效生产工时}$$

该期间生产人员所能提供的有效生产工时，指在该期间法定工作时间内能够直接用于产品生产的时间。在生产人员数量相对稳定时，该生产工时可以代表企业在该期间的正常生产能力，如表 6-2 所示。

表 6-2　A 产品的直接人工标准成本

小时工资率	第一工序（车间）	第二工序（车间）
基本生产人数（人）	30	40
每人每月工时（25.5×8）（小时）	204	204
出勤率	95%	98%
每人平均可用工时（小时）	200	200
每月总工时（小时）	6 000	8 000
每月工资总额（元）	7 200	8 000
每小时工资（元）	1.2	1.00
单位产品工时：		
理想作业时间（小时）	2.0	1.0
设备调整时间（小时）	0.4	0.3
工间休息（小时）	0.2	0.2
其他（小时）	0.1	0.1
工序标准工时合计（小时）	2.7	1.6
工序直接人工标准成本（元）	3.24	1.60
单位产品直接人工标准成本（元）	4.84	

（三）制造费用标准成本

制造费用是指生产过程中发生的除直接材料和直接人工以外的所有的

费用。制造费用的成本标准先按部门分别编制，然后将同一产品涉及的各部门制造费用成本标准加以汇总，得出整个产品的制造费用成本标准。

各部门的制造费用成本标准分为变动性制造费用成本标准和固定性制造费用成本标准两部分。一般而言，制造费用中的日常修理费、水电费、机物料消耗、低值易耗品等项目的变化与产品产量相关，可以视为变动性制造费用；而制造费用中其他项目的变化大多与产品产量关系不大，可以视为固定性制造费用。

在标准成本系统中，确定制造费用的标准成本，首先要按生产能力的利用程度编制生产费用预算，再除以用直接人工工时或机器工时等表现的生产能力程度的标准生产量来确定制造费用的标准分配率，这是确定制造费用标准成本的两个构成要素。

1. 变动性制造费用的标准成本

变动制造费用的用量标准与直接人工标准成本制订中所确定的单位产品的工时标准相同，变动制造费用的价格标准是和变动制造费用预算联系在一起的。

$$变动制造费用标准分配率 = \frac{变动制造费用预算总额}{直接人工标准总工时}$$

根据上式，可以在确定数量标准和价格标准之后，两者相乘即可得出变动制造费用标准成本。

单位产品变动制造费用标准成本 = 变动制造费用标准分配率 × 单位产品工时

【例 6-1】 A 产品变动制造费用如表 6-3 所示。

表 6-3 A 产品变动制造费用

部门	第一车间	第二车间
变动制造费用预算：		
运输	700	2 400
电力	500	2 500
消耗材料	1 200	2 000
间接人工	2 200	4 000

续上表

部门	第一车间	第二车间
燃料	500	1 600
其他	300	500
预算额度合计	5 400	13 000
生产量标准（人工工时）	6 000	8 000
变动制造费用标准分配率	0.9	1.625
直接人工用量标准（人工工时）	2.7	1.6
变动制造费用标准成本	2.43	2.6
单位产品标准变动制造费用	5.03	

变动制造标准分配率：

一车间变动制造费用标准分配率 $=\dfrac{5\ 400}{6\ 000}=0.9$（元/时）

二车间变动制造费用标准分配率 $=\dfrac{13\ 000}{8\ 000}=1.625$（元/时）

变动制造费用标准成本：

一车间变动制造费用标准成本 $=0.9\times2.7=2.43$（元/件）

二车间变动制造费用标准成本 $=1.625\times1.6=2.6$（元/件）

单位 A 产品变动制造标准成本 $=2.43+2.6=5.03$（元/件）

2. 固定性制造费用标准成本

固定制造费用标准成本的制订要根据企业所采取的成本计算方法来确定。如果企业采用变动成本法来计算成本，那么固定制造费用不计入产品成本，应当视为“期间费用”，作为边际贡献的扣减项目，因此单位产品的标准成本中也不包括固定制造费用的标准成本，企业无须制订固定制造费用的标准成本，固定制造费用的控制则需要预算管理来执行。如果企业采用完全成本计算，产品成本中应当包含固定制造费用，因而需要制订固定制造费用的标准成本。

固定制造费用的用量标准与变动制造费用的用量标准相同，包括直接人工工时、机器工时、其他用量标准等，并且二者要保持一致，以便进行差异分析，这个标准的数量在制订直接人工用量标准时已经确定。

固定制造费用的价格标准是单位工时的标准分配率，它根据固定制造费用预算和直接人工标准总工时来计算求得。

根据上式，可以得到单位产品固定制造费用的标准成本为：

单位产品固定制造费用标准成本 = 固定制造费用标准分配率 × 单位产品标准工时

【例6-2】 接例6-1，A产品的固定制造费用如表6-4所示。

表6-4 A产品的固定制造费用

部门	第一车间	第二车间
固定制造费用：		
折旧费	600	500
管理人员工资	800	900
间接人工	600	800
保险费	400	800
其他	600	1 000
合计	3 000	4 000
生产量标准（人工工时）	6 000	8 000
固定制造费用分配率	0.5	0.5
直接人工用量标准（人工工时）	2.7	1.6
部门固定制造费用标准成本	1.35	0.8
单位产品固定制造费用标准成本	2.15	

固定制造标准分配率：

一车间固定制造费用标准分配率 $= \dfrac{3\,000}{6\,000} = 0.5$（元/件）

二车间固定制造费用标准分配率 $= \dfrac{4\,000}{8\,000} = 0.5$（元/件）

固定制造费用标准成本：

一车间固定制造费用标准成本 $= 0.5 \times 2.7 = 1.35$（元/件）

二车间固定制造费用标准成本 $=0.5 \times 1.6 = 0.8$（元/件）

单位 A 产品固定制造费用标准成本 $=1.35 + 0.8 = 2.15$（元/件）

3. 单位产品标准成本的制定

在确定了直接材料、直接人工和制造费用的标准成本以后，将三类成本加以汇总，即可确定有关产品完整的标准成本。通常，企业通过编制"标准成本卡"来反映产品标准成本的具体构成。在每种产品生产之前，它的标准成本卡要送达有关部门及员工（如各车间负责人、会计部门、仓库保管员等），作为领料、派工和支出其他费用的依据。

通常，采用不同的成本计算方法确定的产品标准成本有所不同。

在变动成本法下：

产品标准成本 = 直接材料的标准成本 + 直接人工的标准成本 +

变动制造费用的标准成本

在制造成本法下：

产品标准成本 = 直接材料的标准成本 + 直接人工的标准成本 + 变动

制造费用的标准成本 + 固定制造费用的标准成本

【例6-3】 综合前面几个例子，A 产品标准成本卡如表6-5所示，要求计算 A 产品的标准成本。

表6-5 A 产品的标准成本卡

成本项目	用量标准	价格标准	标准成本
直接材料：			
甲材料	4.2 千克	2.05 元	8.61 元
乙材料	6.4 千克	3.15 元	20.16 元
直接材料合计			28.77 元

续上表

成本项目	用量标准	价格标准	标准成本
直接人工:			
第一车间	2.7 小时	1.2 千克	3.24 元
第二车间	1.6 小时	1.0 千克	1.6 元
直接人工合计			4.84 元
制造费用:			
变动费用（一车间）	2.7 小时	0.9 元/时	2.43 元
变动费用（二车间）	1.6 小时	1.625 元/时	2.6 元
变动制造费用合计			5.03 元
固定费用（一车间）	2.7 小时	0.5 元/时	1.35 元
固定费用（二车间）	1.6 小时	0.5 元/时	0.8 元
固定制造费用合计			2.15 元
单位产品标准成本合计			40.79 元

第二节　标准成本的差异分析

所谓成本差异，指产品的实际成本与标准成本之间的差额。如果实际成本小于标准成本，两者所形成的差异称为有利差异（F），亦称为顺差；如果实际成本大于标准成本，两者所形成差异称为不利差异（U），亦称为逆差。成本差异反映了实际成本脱离预定目标程度的信息，对管理当局而言，这是一种重要的"信号"，可以据此发现问题，具体分析差异形成的原因及其责任，采取相应的措施，消除不利差异，发展有利差异，从而实现对成本的有效控制，降低成本。为了控制乃至消除这种偏差，需要对成本差异产生的原因进行分析，找出对策，以便采取措施加以修正。

一、成本差异的通用模式

由于标准成本是根据标准用量和标准价格计算的，而实际成本是根据实际用量和实际价格计算的，因此，尽管形成差异的原因有很多，但归纳起来不外乎用量因素和价格因素。由用量因素所形成的差异称为用量差异，由价格因素所形成的差异称为价格差异。差异分析的通用模型计算公式如下：

成本差异 = 实际成本 − 标准成本

　　　　 = 实际数量 × 实际价格 − 标准数量 × 标准价格

　　　　 = 实际数量 × 实际价格 − 实际数量 × 标准价格 + 实际数量 × 标准价格 − 标准数量 × 标准价格

　　　　 = 实际数量 × (实际价格 − 标准价格) + (实际数量 − 标准数量) × 标准价格

　　　　 = 价格差异 + 数量差异

上述公式变量之间的关系如下所示。

（1）实际用量 × 实际价格 ⎱ (1) − (2)　⎱ 直接材料价格差异
　　　　　　　　　　　　 ⎰ 价格差异　　 直接人工工资率差异
（2）实际用量 × 标准价格 　　　　　　　 ⎰ 变动制造费用开支差异　⎱ (1) − (3)
　　　　　　　　　　　　　　　　　　　　　　　　　　　　　　　　 ⎰ 总差异
（1）实际用量 × 标准价格 ⎱ (2) − (3)　⎱ 直接材料数量差异
　　　　　　　　　　　　 ⎰ 用量差异　　 直接人工效率差异
（3）标准用量 × 标准价格 　　　　　　　 ⎰ 变动制造费用效率差异

二、直接材料差异的计算与分析

直接材料成本差异是指实际成本与标准成本之间的差额。一般来说，造成直接材料成本差异的基本原因有两个：一是价格脱离标准形成的差异；二是用量脱离标准形成的差异。前者按实际用量计算，成为价格差异（价差）；后者按标准价格计算，成为数量差异（量差）。

直接材料成本差异 = 直接材料实际成本 − 直接材料标准成本

式中，

直接材料实际成本 = 实际价格 × 实际用量

直接材料标准成本 = 标准价格 × 标准用量

实际用量 = 直接材料单位实际消耗量 × 实际产量

标准用量 = 直接材料单位标准消耗量 × 实际产量

（一）直接材料用量差异

直接材料用量差异是在材料耗用中形成的，反映生产部门的成本控制水平。但材料数量差异的具体形成原因有许多，例如，操作过程中技术不到位导致的废品和废料的增加，机器或工具不适当导致的用料增加等。有的情况下，用料增加并非生产部门的责任，可能是由于采购部门购入的材料质量不到位、规格不符造成的材料使用量超过标准；也可能是推行新工艺、新标准使数量差异加大。因此，企业需要进行具体的分析调查，厘清原因才能明确最终的责任归属部门或个人，从而进一步改进工作。直接材料用量差异的计算公式如下：

直接材料用量差异 = 实际用量 × 标准价格 − 标准用量 × 标准价格

= 标准价格 × （实际用量 − 标准用量）

（二）直接材料价格差异

直接材料价格差异是指对于实际采购的材料数量，按实际价格计算的价格与按标准计算的价格之间的差额。因此，直接材料的价格差异是根据一定时期的采购数量，而不是根据耗用量来计算。材料价格差异是在材料采购过程中形成的，不应由耗用材料的生产部门负责，而应由材料的采购部门负责并说明原因。采购部门未能按标准价格进货的原因有很多，比如，供应厂家调整售价，未能及时订货造成的材料紧缺价格上升，采购使运输费用上涨等。直接材料价格差异计算公式如下：

直接材料价格差异 = 实际数量 × 实际价格 − 实际数量 × 标准价格

= 实际数量 × （实际价格 − 标准价格）

【例6-4】 某企业本月生产产品400件，使用材料2 500千克，材料单价为0.55元/千克；直接材料的单位产品标准成本为3元，即每件产品耗用6千克直接材料，每千克材料的标准价格为0.5元。则：

直接材料价格差异 = 2 500 × （0.55 − 0.5） = 125（元）

直接材料数量差异 = （2 500 − 400 × 6） × 0.5 = 50（元）

直接材料成本差异 = 实际成本 − 标准成本

= 2 500 × 0.55 − 400 × 6 × 0.5

= 1 375 − 1 200 = 175（元）

或者：直接材料成本差异 = 直接材料价格差异 + 直接材料数量差异 = 125 + 50 = 175（元）。直接材料价格差异与数量差异之和，应当等于直接材料成本的总差异，并可据此验算差异分析计算的正确性。

应当注意的是，在用量差异和价格差异的计算当中，当计算用量差异时，是以标准价格相乘；而计算价格差异时，是以实际用量相乘；不能同时用标准或实际的数值，否则会形成重复计算或漏算。

三、直接人工差异的计算与分析

直接人工成本差异是指一定量产品的直接人工实际成本与标准成本之间的差额。

直接人工成本差异 = 直接人工实际成本 - 直接人工标准成本

式中，

直接人工标准成本 = 标准工资率 × 标准工时

标准工时 = 单位产品工时耗用标准 × 实际产量

直接人工成本差异也可区分为"价差"和"量差"两部分。价差是指直接人工实际工资率脱离标准工资率，其差额按实际工时计算确定的金额，又称直接人工工资率差异。量差是指直接人工实际工时脱离标准工时，其差额按标准工资率计算确定的金额，又称直接人工效率差异（人工效率通常直接体现为时间的节约）。

（一）直接人工效率差异

直接人工效率差异说明了实际生产中产量耗用的实际工时与标准计算的应耗用标准工时之间的差额，计算公式如下：

直接人工效率差异 = 标准工资率 × 实际工时 - 标准工资率 × 标准工时

= 标准工资率 ×（实际工时 - 标准工时）

直接人工效率差异的原因主要包括工作环境不良、工人技术不精良、工作情绪不佳、新员工上岗太多、机器和工序选择不当、设备故障较多、生产计划安排不当、产量太少等。主要是生产部门的责任，但是，如果材料采购部门购入质量不佳的材料，或者由于生产工艺的安排造成了与标准工时的差异，则非生产部门可以控制的，应当由有关部门负责。

（二）直接人工工资率差异

直接人工工资率差异是按实际工资率计算的人工成本与按标准工资率计算的人工成本之间的差额，计算公式如下：

$$直接人工工资率差异 = 实际工时 \times 实际工资率 - 实际工时 \times 标准工资率$$
$$= 实际工时 \times (实际工资率 - 标准工资率)$$

直接人工工资率差异的形成原因，包括直接生产工人岗位的变动、奖惩制度未生效、工资调整、加班或使用临时工、出勤率发生变化等。一般而言，工资率的变化是由人力资源部门管理，但形成差异的具体原因会涉及生产部门或其他部门。

【例6-5】 接例6-4，某企业本月生产产品400件，实际使用工时890小时，支付工资3 649元；直接人工的标准成本是8元/件，每件产品的标准工时为2小时，标准工资率为4元/时。按公式计算差异如下：

直接人工工资率差异 = 890 × (3 649 ÷ 890 - 4) = 890 × (4.10 - 4) = 89（元）

直接效率差异 = (890 - 400 × 2) × 4 = (890 - 800) × 4 = 360(元)

直接人工成本差异 = 实际直接人工成本 - 标准直接人工成本
= 3 649 - 400 × 8 = 449（元）

或者：直接人工成本差异 = 直接人工工资率差异 + 直接人工效率差异
= 89 + 360 = 449（元）

四、变动制造费用差异分析

变动制造费用的差异是指一定产量产品的实际变动制造费用与标准变动制造费用的差额，也可分为"量差"和"价差"两个部分。量差是指变动制造费用的效率差异，价差是指变动制造费用的耗费差异。

变动制造费用差异 = 实际变动制造费用 - 标准变动制造费用

式中，

实际变动制造费用 = 实际分配率 × 实际工时

标准变动制造费用 = 标准分配率 × 标准工时

标准工时 = 单位产品工时耗用标准 × 实际产量

（一）变动制造费用效率差异

变动制造费用是指实际工时脱离标准工时，按标准的小时费用率计算确定的金额，反映工作效率变化引起的费用节约或超支，因此称为"效率差异"。

$$变动制造费用效率差异 = 标准分配率 \times 实际工时 - 标准分配率 \times$$
$$标准工时$$
$$= 标准分配率 \times (实际工时 - 标准工时)$$

变动制造费用的效率差异主要是由于实际工时脱离了标准工时，工时增加导致费用增加，因此变动制造费用效率差异的形成原因与人工效率差异相似。

（二）变动制造费用的耗费差异

变动制造费用耗费差异又称为开支差异，指实际支出与实际工时和标准分费率计算的预算数之间的差额。

$$变动制造费用耗费差异 = 实际发生额 - 实际产量所耗实际工时 \times 标准分配率$$

变动制造费用总差异按下列公式计算：

$$变动制造费用总差异 = 变动制造费用的实际发生额 - 实际产量所耗$$
$$标准小时 \times 标准分配率$$

变动制造费用耗费差异是部门经理的责任，部门经理有责任将变动制造费用控制在弹性预算限额之内。

【例6-6】 某企业A产品本月实际产量400件，使用工时890小时，实际发生变动制造费用2 047元；变动制造费用标准成本为4元/件，即每件产品标准工时为2小时，标准的变动制造费用分配率为2元/时。

变动制造费用耗费差异 = $890 \times (2\ 047 \div 890 - 2) = 267$ （元）

变动制造费用效率差异 = $(890 - 400 \times 2) \times 2 = 180$ （元）

变动制造费用成本差异 = $2\ 047 - 400 \times 4 = 447$ （元）

验算：变动制造费用成本差异 = 变动制造费用耗费差异 + 变动制造费用效率差异 = $267 + 180 = 447$ （元）

五、固定制造费用成本差异分析

固定制造费用主要是企业为了获得生产能力以及维持这种生产能力而

发生的费用，它具有在相关范围内总额固定不变的特性，是通过编制固定预算进行成本控制的。由于固定制造费用与变动制造费用成本性态不同，理论上说，在一定范围内成本总额应保持相对不变，其分析方式也有所不同。

但是固定制造费用也属于生产过程中间接费用的一部分，其构成内容也可能有间接人工、间接材料、折旧费用等其他制造费用，因此，固定制造费用差异的产生实际也可归结为每一项费用的变动，这一点与变动制造费用相似，在实际分析时应当根据差异产生的不同原因进行具体分析。

固定制造费用成本差异是实际固定制造费用与实际产量标准固定制造费用之间的差额，其计算公式如下：

固定制造费用成本差异＝固定制造费用实际成本 － 固定制造费用标准成本

＝固定制造费用实际分配率 × 实际产量的实际工时 －

固定制造费用标准分配率 × 实际产量的标准工时

上式中，成本差异是在实际产量固定的基础上计算出来的。由于固定制造费用相对稳定，一般不受产量的影响，因此，产量的变动只会对单位产品中的固定制造费用产生影响。产量增加时，单位产品应负担的固定制造费用会减少；产量减少时，单位产品应负担的固定制造费用会增加。这就是说，实际产量与设计生产能力所规定的产量或计划产量的差异会对产品应负担的固定制造费用产生影响。正因为如此，固定制造费用成本差异的分析方法与其他费用成本差异的分析方法有所不同，固定制造费用成本差异的分析方法通常有"二因素分析法"和"三因素分析法"两种。

（一）二因素分析法

二因素分析法也被称为二差异法，指将固定制造费用差异分为耗费差异和能量差异两种。

固定制造费用耗费（预算）差异是固定制造费用实际数与固定制造费用预算数之间的差额。固定制造费用由许多明细项目组成，如工资、折旧、税金和保险费等，其中很多项目在短期内是不会改变的。由于固定制造费用主要由长期决策决定，受生产水平变动的影响较小，因而固定制造费用耗费差异通常很小。固定费用与变动费用不同，不因业务量而产生变化，因此差异的分析方法与变动费用不同。固定费用差异在分析时不考虑业务量的变化，只根据预算数作为标准，实际数超过预算数就被视为耗费过多，其计算公式为：

固定制造费用耗费差异＝固定制造费用实际数－固定制造费用预算数

固定制造费用能量差异是固定制造费用预算数与固定制造费用标准成本之间的差额，也是生产能量与实际业务量的标准工时的差额用标准分配率计算的金额，反映了实际产量标准工时未能达到生产能量而造成的损失。其计算公式如下：

固定制造费用能量差异＝固定制造费用预算数－固定制造费用标准成本

＝固定制造费用标准分配率×（生产能量标准工时－

实际产量标准工时）

上式中，生产能量是指年初预计产量的标准工时。

$$固定制造费用标准分配率＝\frac{预计固定制造费用}{预计产量标准工时}$$

固定制造费用能量差异是由于没有充分利用现有生产设备能力造成的，一般不能直接导致固定性制造费用绝对额的超支和节约，产生的原因可能有：整个宏观经济不景气，资源紧张，如电力、油气等供应不足，产品定价过高引起订单减少，设计生产能力过剩，生产计划编制不合理，生产事故导致停工等，一般应由生产管理部门、计划调度部门、销售部门负责。

【例6－7】某企业实际生产A产品400件，发生固定制造成本1 400元，实际工时为890小时。企业的生产能量为500件，即1 000小时，每件产品固定制造费用标准成本为3元/件，即每件产品标准工时为2小时，标准分配率为1.5元/时。

固定制造费用耗费差异＝1 400－1 000×1.5＝－100（元）

固定制造费用能量差异＝1 000×1.5－400×2×1.5＝300（元）

固定制造费用成本差异＝实际固定制造费用－标准固定制造费用

＝1 400－400×3＝200（元）

验算:固定制造费用成本差异=耗费差异+能量差异=-100+300=200(元)

(二)三因素分析法

三因素分析法,是将固定制造费用成本差异分为耗费差异、效率差异和闲置能量差异三部分。耗费差异的计算与二因素分析法相同,不同的是要将二因素分析法中的"能量差异"进一步分为两部分:一部分是实际工时未达到生产能量而形成的闲置能量差异;另一部分是实际工时脱离标准工时而形成的效率差异。其计算公式如下:

固定制造费用耗费差异=固定制造费用实际成本-固定制造费用预算成本

固定制造费用效率差异=实际工时×固定制造费用标准分配率-实际产量
标准工时×固定制造费用标准分配率
=固定制造费用标准分配率×(实际工时-实际产量标准工时)

固定制造费用闲置能量差异=固定制造费用预算-实际工时×固定
制造费用标准分配率
=固定制造费用标准分配率×(生产能量标准工时-实际工时)

根据例6-7的资料,利用三因素分析法计算差异如下:

固定制造费用效率差异=(890-400×2)×1.5=135(元)

固定制造费用闲置能量差异=(1 000-890)×1.5=165(元)

利用三因素分析法计算出的闲置能量差异与效率差异之和为300元,与二因素分析法中的"能量差异"金额相同。

|第三节 标准成本的账务处理|

有的企业将标准成本作为资料处理,并不记入账簿,只提供成本控制的有关信息,作为内部管理的依据。但是,把标准成本纳入账簿体系,不仅能够提高成本计算的质量和效率,使标准成本发挥更大功效,而且可以简化记账手续。

一、标准成本系统的账务处理特点

（1）按各成本计算对象开设产品成本明细账。"生产成本""库存商品"等账户可以只登记标准成本，设置各种成本差异账户，分别核算各种差异。在标准成本法下，"生产成本""库存商品"账户，无论是借方还是贷方均登记实际产量的标准成本，至于各种差异，则可另设各个成本差异账户进行核算。

对于直接材料成本差异，应设置"材料价格差异"和"材料用量差异"两个账户；对于直接人工成本差异，应设置"直接人工工资率差异"和"直接人工效率差异"两个账户；对于变动制造费用差异，应设置"变动制造费用耗费差异"和"变动制造费用效率差异"两个账户；对于固定制造费用差异，应设置"固定制造费用耗费差异""固定制造费用能力差异"和"固定制造费用效率差异"三个账户（在二因素分析法中，只需设"固定制造费用耗费差异"和"固定制造费用能量差异"两个账户，在以下的账务处理中，我们采用三因素分析法）。对于产生的各种不利差异，应分别记入有关差异账户的借方；各种有利差异，应分别记入有关差异账户的贷方。

（2）编制各项费用分配表，分别反映其标准成本、成本差异和实际成本。对于"原材料"账户按实际成本登记，在生产领用时，将领用材料的标准成本由"原材料"账户转入"基本生产成本"账户，而将领用材料的价格差异由"原材料"账户转入"直接材料价格差异"账户。通常，在实际成本系统中，从原材料到产成品的流转过程，使用实际成本记账。在标准成本系统中，这些账户改用标准成本核算，无论是借方还是贷方均登记实际数量的标准成本，其余额亦反映这些资产的标准成本。

（3）按照成本项目，将各成本对象应分摊的费用按标准成本记入其产品成本明细账中，计算并结转本月完工产品的标准成本。

（4）计算和分析各项成本差异，每月月末将本期发生的各种差异余额全部转入"主营业务成本"账户，计入当期损益。如果当月差异较大或当月在产品或库存商品数量较多时，可将各项差异余额在"主营业务成本""基本生产成本"和"库存商品"之间按标准成本比例进行分配，分别计入当月已销售商品成本、月末在产品成本和库存商品成本。

二、标准成本账务处理方法

在完整的标准成本制度下，成本控制是和日常财务会计成本核算结合起来应用的，采用标准成本和成本差异两个财务指标分别核算。此时，企业产品生产过程中的存货账户和产品成本计算账户一律按标准成本入账，对于实际成本与标准成本之间的差异，可首先设置专门账户进行归集汇总，期末各成本差异账户的累计发生额，反映了本期成本控制的业绩，在月末（或年末）对成本差异的处理方法有以下三种。

（一）本期结转损益法

本期结转损益法，是在会计期末将所有差异转入"本年利润"账户，或者先将差异转入"主营业务成本"账户，再随同已销产品的标准成本一起转至"本年利润"账户。采用这种方法的依据是确信标准成本是真正的正常成本，成本差异是不正常的低效率和浪费造成的，应当直接体现在本期损益之中，使利润能体现本期工作成绩的好坏。此外，这种方法的账务处理比较简便。但是，如果差异数额较大或者标准成本制订得不符合实际的正常水平，则不仅使存货成本严重脱离实际成本，而且会歪曲本期经营成果，因此，在成本差异数额不大时采用此种方法为宜。

（二）调整销货成本与存货法

调整销货成本与存货法，在会计期末将成本差异按比例分配至已销产品成本和存货成本。采用这种方法的依据是税法和会计制度均要求以实际成本反映存货成本和销货成本。本期发生的成本差异，应由存货和销货成本共同负担。当然，这种做法会增加一些计算分配的工作量。此外，有些费用计入存货成本不一定合理，例如，闲置能量差异是一种损失，并不能在未来换取收益，作为资产计入存货成本明显不合理，不如作为期间费用在当期参与损益汇总。在分配差异时相对来说比较烦琐，影响也会随着存货递延至下一会计期间。

（三）差异分类

差异分类是一种折中的方法，将各种差异分为主观差异和客观差异两类，对主观差异视同本期业绩的表现直接计入当期损益，而对客观差异视同必须于期末在三者之间予以分配。

成本差异的处理方法选择要考虑许多因素，包括差异的类型（材料、人工或制造费用）、大小、原因、时间（如季节性变动引起的非常性差异）等。因此，可以对各种成本差异采用不同的处理方法，如材料价格差异多采用调整销货成本与存货法，闲置能量差异多采用结转本期损益法，其他差异则可因企业具体情况而定。值得强调的是，差异处理的方法要保持历史的一致性，以便使成本数据保持可比性，并防止信息使用人产生误解。

【例6-8】　甲企业2×19年12月产量及部分制造费用资料如下：本月实际发生制造费用8 000元，其中，固定制造费用3 000元，变动制造费用5 000元。实际生产工时3 200小时，本月生产能量为3 000小时。制造费用预算为10 000元，其中，固定制造费用4 000元，变动制造费用6 000元。月初在产品40件，平均完工率60%，本月投产452件，月末在产品80件，平均完工程度为40%，本月完工412件，单位产品标准工时为6小时。

要求：

（1）计算本月加工产品的约当产量；

（2）计算分析变动制造费用差异；

（3）计算分析固定制造费用差异（三因素法）；

（4）结转本月变动制造费用和固定制造费用。

答：

（1）本月加工产品的约当产量 $= 80 \times 40\% + 412 - 40 \times 60\% = 420$（件）

（2）变动制造费用的差异分析：

标准额 $= 420 \times 6 \times 6\,000 \div 3\,000 = 5\,040$（元）

实际额 $= 3\,200 \times 5\,000 \div 3\,200 = 5\,000$（元）

变动制造费用总差异 $= 5\,000 - 5\,400 = -400$（元）

变动制造费用效率差异 $= (3\,200 - 420 \times 6) \times 6\,000 \div 3\,000 = 1\,360$（元）

变动制造费用耗费差异 $= 3\,200 \times (5\,000 \div 3\,200 - 6\,000 \div 3\,000) = -1\,400$（元）

（3）固定制造费用的差异分析：

标准额 $=420 \times 6 \times 4\,000 \div 3\,000 = 3\,360$（元）

实际额 $=3\,200 \times 3\,000 \div 3\,200 = 3\,000$（元）

固定制造费用总差异 $=3\,000 - 3\,360 = -360$（元）

固定制造费用耗费差异 $=3\,000 - 4\,000 = -1\,000$（元）

固定制造费用闲置能量差异 $=(3\,000 - 3\,200) \times 4\,000 \div 3\,000$

$$= -266.67 \text{（元）}$$

固定制造费用效率差异 $=(3\,200 - 420 \times 6) \times 4\,000 \div 3\,000 = 906.67$

（元）

（4）结转本月变动制造费用：

借：生产成本	5 040
变动制造费用效率差异	1 360
贷：变动制造费用耗费差异	1 400
变动制造费用	5 000

结转本月固定制造费用：

借：生产成本	3 360
固定制造费用效率差异	906.67
贷：固定制造费用耗费差异	1 000
固定制造费用闲置能量差异	266.67
固定制造费用	3 000

第七章 精打细算能手
——作业成本法

1994 年，戴尔公司的经营遇到了困难，销售收入达到 29 亿美元，但是税后利润却是 -3 600 万美元。公司上下清楚地知道公司正在面临着巨大的增长，但管理层却不确定应该推出哪种产品，针对哪个市场才有可能实现最大盈利，管理层需要迫切地了解哪个产品线可以给公司带来最大收益。于是戴尔决定在全公司实施作业成本管理系统，以一张 Excel 表格为起点，制定了一套简单的作业成本管理系统来关注公司最重要的 10 项生产活动，将成本在各个成本对象之间进行分配，譬如，各个产品线之间的成本分配。随着公司规模的不断增长，公司建立了关于作业成本法的成本核算信息系统，使成本核算系统化、制度化，使公司可以更加有效地执行低成本的竞争战略。

5 年过去了，从 1994 年开始实施的作业成本核算系统终于得到了巨大的回报。1998 年销售收入达到 123 亿美元，比 1994 年增长了 329%，公司税后净利润于 1998 年达到 9.44 亿美元。但更为重要的是，所有管理者现在可以自信地指出公司在哪些业务上盈利，在哪些业务上亏损。John Jones 公司副总裁和戴尔公司北美运营总监说："作业成本核算系统真正地使戴尔公司的管理更上一层楼，公司对各个产品的盈利有了更加透彻的了解，这将直接帮助公司制定竞争战略。"作业成本核算系统的实施完成了戴尔公司的转型，由一个粗放经营高速发展的企业转变为一个高速发展但同时管理精细化的成熟企业。

第一节　作业成本法的产生与发展

一、作业成本法的产生

20世纪70年代以来，随着西方发达国家高新技术广泛应用于工业制造领域，工业企业的制造愈发自动化与计算机化。传统的成本计算法要求将直接材料、直接人工和制造费用全都追溯到产品中去，直接成本由于归属对象明确，可以做到准确分配，而间接成本的发生动因却比较多，笼统以单位水平动因来分配，在制造费用较多的情况下，将严重扭曲产品成本。在新的制造环境中，许多人工操作已被机器取代，因此直接人工成本比例大大下降，固定制造费用大幅上升。产品成本结构的根本变化使得以工时或机时为基础的间接费用分配方法已不能准确提供产品成本信息，无法为管理决策和控制提供有用信息，这也使得企业难以取得竞争优势。

由于变动成本法在实践中运用得不理想，所以企业更注重的是完全成本法。实务工作者认为短期变动成本是产品成本的一种不充分的计量尺度，他们倾向于把固定成本分配到各产品之中，以全部成本作为产品的长期制造成本，实务工作者对完全成本法的这种浓厚兴趣，就成为了作业成本会计产生的现实土壤。作业成本管理制度是一套用来衡量产品成本、作业绩效、耗用资源及成本的方法，美国通用电气公司在20世纪70年代初期就实行了作业成本法来对公司的各项作业进行详细地分析，但并未被广泛推广。

20世纪80年代，美国哈佛大学库伯和卡普兰两位教授撰写了一系列案例、论文和著作才引起西方会计界对作业成本法的普遍重视。库伯相继发表了一系列关于作业成本法的论文，这些论文基本上对作业成本法的现实需要、运行程序、成本动因的选择、成本库的建立等方面作了全方位的分析。库伯还和卡普兰合作在《哈佛商业评论》上发表了《计算成本的正确性：制定正确的决策》一文，明确指出传统管理会计系统的缺失，并提示作业成本制度是补救这些缺失最好的方法之一，这标志着作业成本法开始从理论走向应用。

20世纪末，以美、英等国家为代表的西方会计界开始对作业成本法的理论和实践产生了广泛的研究兴趣，许多会计学者发表和出版了大量研究探讨作业成本法的论文和专著，作业成本法已成为人们广泛接受的一个概念，理论日趋完善，并在西方国家的一些企业中得到了推广应用。

二、作业成本法的发展趋势

梅西莫尔（Mecimore）与贝尔（Bell）两位学者将作业成本管理制度的发展划分成四代。第一代制度着重于产品成本的计算，第二代兼顾制造与销售部分的营运活动过程，第三代将价值链成本的观念应用在战略分析上，第四代的适用范围扩大并重视国际性的环境因素。同时，作业成本管理制度的应用逐步由制造业推广至贸易业、金融业，甚至非营利组织和政府单位，如表7－1所示。

表7－1　四代作业成本法比较

项目	第一代	第二代	第三代	第四代
架构	成本中心	成本中心	公司个体	企业整体
作业	产品导向	营运过程导向	公司导向	国际化导向
成本	制造	营运－制造－销管	公司的内部和外部	公司的内部和外部
重点	产品成本	营运过程成本	价值链成本	价值链成本
作业间联系	未连接	连接	连接	连接
成本动因	公司内部连接	公司单位内部	公司的内部和外部	公司的内部和外部
规划	成本中心	成本中心	公司个体	企业整体
控制	成本中心	成本中心	公司个体	企业整体
成本分析	战术性	战术性	区域性战略	国际性战略
组织层次	产品	产品	公司个体	企业整体

第一阶段的作业成本法主要是针对高科技制造环境的要求来改善传统的会计制度。会计学家试图用作业分析的方式为间接费用的分配开发更切合实际的方法，因而对引起成本发生的确切原因做了重点关注。但是，作

业成本法着重于开发产品成本的计算方法，并最终形成了一个能对产品成本做精确计算的成本会计系统。

第二阶段的作业成本法认为企业需要关于过程和产品成本两个方面的信息。从因果关系上讲，对过程的改进必然会影响产品成本，因此，企业的注意力应该更多地集中于过程而不是产品。过程包括供应、生产、销售、分配、管理和组织的其他功能。一般来说，过程根据性质来区分，但过程之间的界限并不是绝对的。例如，采购过程包含有部分生产和管理功能，而销售部门人员的雇用也可能被看作采购功能的一部分。

第三阶段的作业成本法与前两阶段的作业成本法有着相同的数据库，但成本动因主要不是用于判断企业如何为产品和服务增加价值的，而是通过价值链分析来推动企业竞争战略的实施。该阶段的作业成本法认为企业不仅可以通过其本身的活动，而且还可以延伸价值链，通过上游的供应商或下游的客户的活动来增加产品或服务的价值，延长其价值或缩减不增值作业的领域以突破企业自身的范围。除此之外，它还确认了许多可能增加产品或服务价值的作业，并且不断考虑如何利用这些作业来增加竞争优势。

第四阶段的作业成本法是将前三阶段进行整合，属于宏观系统的作业成本法。

|第二节　作业成本法的概念|

一、作业成本法的基本概念

作业成本法是将间接费用成本更准确地分配到作业、生产过程、产品及服务中心的一种成本计算方法，它不仅能提供相对准确的成本信息，而且还能提供改善经营管理的非财务信息。

作业成本管理制度是采用多重分摊基础，将全部资源成本分配到每个产品上，如图 7-1 所示，企业先把所发生的全部资源成本，按照第一阶段的成本动因，分摊到四个不同的作业中心，此阶段的成本动因也称为资源动因。再依各项成本与每个作业中心的相关性，把全部成本归纳入原料处理、制造、检验和维修四个作业中心。接着，按照第二阶段的成本动因，把每个作业中心的成本分摊到各项产品上，所以此阶段的成本动因又称为作业动因。依靠全部成本分摊到产品的过程，可控制各个阶段的资源浪费情况。

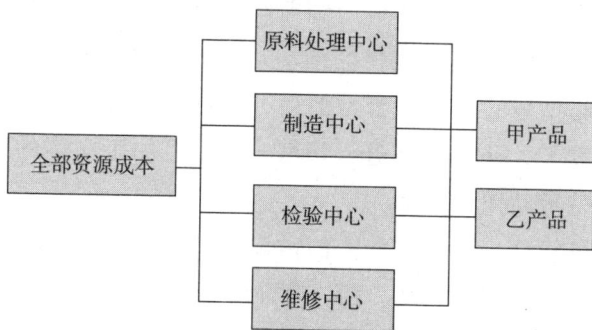

图 7 - 1　作业成本法的分摊模式

　　传统的成本计算方法存在两个主要缺点：一个缺点是将固定成本分摊给不同产品，按照这种做法，随着产量的增加，单位产品分摊的固定成本下降，即使单位变动成本不变，平均成本也会随产量增加而下降。在销售收入不变的情况下，增加生产量可以使部分固定成本被存货吸收，减少当期销货成本，增加当期利润，从而刺激经理人员过度生产，变动成本法是针对这个缺点提出来的。另一个缺点是产生误导决策的成本信息，在传统的成本计算方法下，制造费用通常按直接人工等产量基础分配。实际上，有许多制造费用项目不是产量的函数，而与生产批次等其他变量存在因果关系，全部按产量基础分配制造费用，会产生误导决策的成本信息，作业成本法是针对后一个缺点提出来的。

　　在作业成本法下，直接成本可以直接计入有关产品，与传统的成本计算方法并无差异，只是直接成本的范围比传统成本计算的大，凡是易于追溯到产品的材料、人工和其他成本都可以直接归属于特定产品，尽量减少不准确的分配。不能追溯产品成本的，则先追溯有关作业或分配至有关作业，计算作业成本，然后再将作业成本分配到有关产品。

二、作业成本法的核心概念

　　作业成本法的核心概念是作业的成本动因。

（一）作业

作业是指企业中特定组织（成本中心、部门或产品线）重复执行的任务或活动。例如，签订材料采购合同、将材料运达仓库、对材料进行质量检验、办理入库手续、登记材料明细账等。每一项作业，是针对加工或服务对象重复执行特定的或标准化的活动。例如，轴承工厂的车工作业，无论加工何种规格型号的轴承外套，都须经过将加工对象（工件）的毛坯固定在车床的卡盘上，开动机器进行切削，然后将加工完毕的工件从卡盘上取下等相同的特定动作和程序。

一项作业可能是一项非常具体的活动，如车工作业，也可能泛指一类活动，如机加工车间的车、铣、刨、磨等所有作业可以统称为机加工作业，甚至可以将机加工作业、产品组装作业等统称为生产作业（相对于产品研发、设计、销售等作业而言）。由若干个相互关联的具体作业组成的作业集合，被称为作业中心。

执行任何一项作业都需要耗费一定的资源，资源是指作业耗费的人工、能源和实物资产（车床和厂房等），任何一项产品的形成都要消耗一定的作业，作业是连接资源和产品的纽带，它在消耗资源的同时生产出产品。

（二）成本动因

成本动因是指作业成本或产品成本的驱动因素。例如，产量增加时，直接材料成本就增加，产量是直接材料成本的驱动因素，即直接材料的成本动因。再例如，检验成本随着检验次数的增加而增加，检验次数就是检验成本的驱动因素，即检验成本的成本动因。在作业成本法中，成本动因分为资源成本动因和作业成本动因两类。

1. 资源成本动因

资源成本动因是引起作业成本增加的驱动因素，用来衡量一项作业的资源消耗量，依据资源成本动因可以将资源成本分配给各有关作业。例如，产品质量检验工作（作业）需要有检验人员、专用的设备，并耗用一定的能源（电力）等。检验作业作为成本对象（亦称成本库），耗用的各项资源构成了检验作业的成本。其中，检验人员的工资、专用设备的折旧费等成本，一般可以直接归属于检验作业；而能源成本往往不能直接计入，需要根据设备额定功率（或根据历史资料统计的每小时平均耗电数量）和设备开动时间来分配。这里，"设备的额定功率乘以开动时间"就是能源成本的动因。设备开动导致能源成本发生，设备的功率乘以开动时间的数值（即动因数量）越大，耗用的能源越多。按"设备的额定功率乘以开动时间"这一动因作为能源成本的分配基础，可以将检验专用设备耗用的能源成本分配到检验作业当中。

2. 作业成本动因

作业成本动因是衡量一个成本对象（产品、服务或顾客）需要的作业量，是产品成本增加的驱动因素。作业成本动因计量各成本对象耗用作业的情况，并被用来作为作业成本的分配基础。例如，每批产品完工后都需进行质量检验，如果对任何产品的每一批次进行质量检验所发生的成本相同，则检验的"次数"就是检验作业的成本动因，它是引起产品检验成本增加的驱动因素。某一会计期间发生的检验作业总成本（包括检验人工成本、设备折旧、能源成本等）除以检验的次数，即为每次检验所发生的成本。某种产品应承担的检验作业成本，等于该种产品的批次乘以每次检验发生的成本。产品完成的批次越多，则需要进行检验的次数越多，应承担的检验作业成本越多；反之，则应承担的检验作业成本越少。

第三节 作业成本法的核算

作业成本法把成本核算过程划分为两个阶段。

第一阶段，将作业执行中耗费的资源分配（包括追溯和间接分配）到作业，计算作业的成本。

第二阶段，根据第一阶段计算的作业成本分配（包括追溯和动因分配）到各有关成本对象（产品或服务），如图7-2所示。

一、作业成本法的核算对象

在作业观念下，企业的生产经营过程被分为互补、互斥的若干作业，这些作业分别以各自不同的形式吸纳资源价值，又分别以不同的方式为最终产出提供服务。产品成本表现为各类资源流出的价值，经由作业流入产品这个物质聚合体的价值和。由于每种资源被多种作业吸纳，每项作业又服务于多种产品，因此，要计算产品成本并同时满足成本控制和生产过程分析的要求，资源、作业、最终产品等都有必要作为成本核算对象，成为归集和分配价值耗费的独立环节。

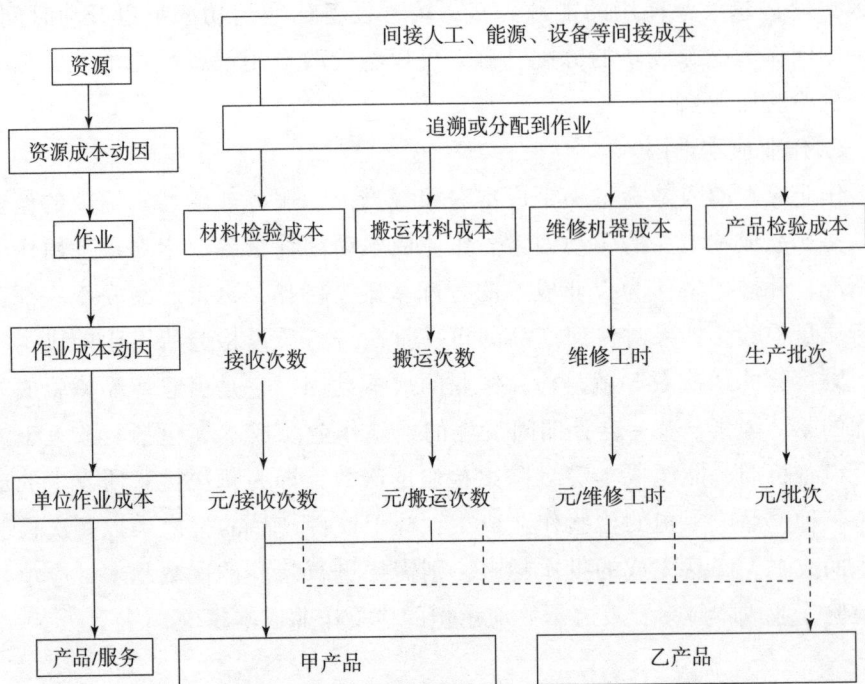

图7-2 作业成本法两阶段分配成本

（一）资源

资源是企业生产耗费的最原始形态，如果把整个企业看成是一个与外界进行物质交换的投入产出系统（作业系统），则所有进入该系统的人力、物力、财力等都属于资源范畴。因此，资源可以简单地区分为货币资源、材料资源（对象资源）、人力资源、动力资源等。

以资源作为成本计算对象，指在资源层次对资源进行分类，为每类资源设立资源库，从而在价值形成的最初形态上反映被最终产品吸纳的各类资源的耗费价值。

把资源作为成本核算对象，有利于在资源层次把握各类耗费的合理有效性。资源是一个物质范畴，它进入作业系统并非都被消耗，也不一定是对最终产出有意义的消耗。因此，在计算产品成本时，一般只把有意义的资源耗费价值计入作业成本，而无益于产品形成的资源耗费价值则应通过期间费用汇集，不计入作业成本。

（二）作业

作业无疑是作业成本法下最基本的成本核算对象，在作业分类的基础上，应对各项作业设立成本库，汇集各项作业实际吸纳的有效资源耗费价值。由于作业可区分为增值作业和非增值作业，因而一般也只将增值作业耗费价值计入产品成本，而非增值作业耗费价值计入期间费用。将作业作为成本核算对象，不仅有利于相对准确地计算产品成本，还有利于成本分析和考核。既然作业吸纳了资源，那么搞清楚了作业状况，就搞清楚了资源耗费的状况，减少了作业，就堵塞了资源耗费的渠道。

（三）最终产品

最终产品作为成本核算对象体现了成本计算的终极目标，不同产品应分别开立成本计算单，按照作业种类设立成本项目，汇集参与该产品制造的各作业转入的价值。

需要说明的是，以上设计只是就小规模制造企业而言，对于大型制造企业，一般可以按照产品系列将其划分为若干个制造中心，每个制造中心一般只生产同一系列产品，相当于一个集供、产、销于一体的小型企业。如果某个企业或制造中心包含的作业种类很多，还可以依据工作组合的可独立性和可分解性，将这些作业区分为一个个作业中心。每个作业中心包含若干项同类作业，共同负责完成某一项特定的产品制造功能。这时，作业中心和制造中心也应作为成本计算对象归集和分配价值耗费，这种情况下，作业中心和制造中心既是成本计算对象，又是责任考核中心。

二、作业成本核算的一般程序

作业成本法下的成本计算程序一般为：把资源库价值（制造费用）分配给各种作业成本库，再将各作业成本库成本分配给最终产品或劳务。这一过程可以分解为三个步骤，如图 7 - 3 所示。

第一步只是价值归集过程，资源被耗费后，将耗费价值直接计入各作业既无必要也无可能。因此，资源耗费价值总是在一个比作业大的范围内按资源种类归集的。资源是企业生产耗费的最原始形态，如果把整个企业看成是一个与外界进行物质交换的投入产出系统，则所有进入该系统的人力、物力、财力等都属于资源范畴。因此，资源可以简单地区分为货币资源、材料资源、人力资源、动力资源等。有关各类资源耗费的信息可以从企业的总分类账中得到。

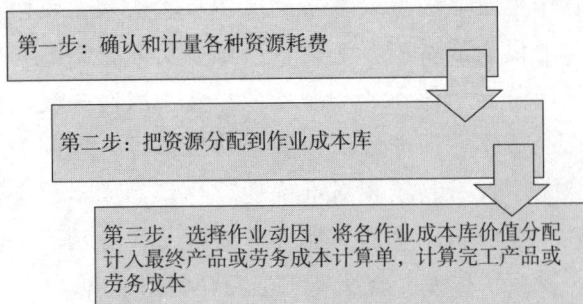

第一步：确认和计量各种资源耗费

第二步：把资源分配到作业成本库

第三步：选择作业动因，将各作业成本库价值分配计入最终产品或劳务成本计算单，计算完工产品或劳务成本

图7-3　作业成本核算的步骤

第二步是解决如何将资源库价值结转到各作业成本库的具体分配问题。一般来讲，作业量的多少决定着资源的耗用量，资源耗用量的高低与最终的产出量之间没有直接关系，这种资源耗用量与作业量的关系一般被描述为资源动因。所谓资源动因，指资源被作业消耗的方式和原因，资源动因反映了作业对资源的消耗状况，因而它是把资源库价值分解到各作业库的依据，确立资源动因的限制如图7-4所示。

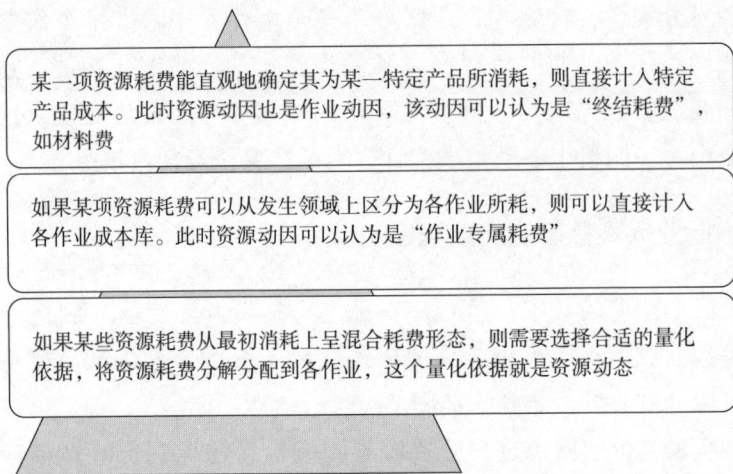

某一项资源耗费能直观地确定其为某一特定产品所消耗，则直接计入特定产品成本。此时资源动因也是作业动因，该动因可以认为是"终结耗费"，如材料费

如果某项资源耗费可以从发生领域上区分为各作业所耗，则可以直接计入各作业成本库。此时资源动因可以认为是"作业专属耗费"

如果某些资源耗费从最初消耗上呈混合耗费形态，则需要选择合适的量化依据，将资源耗费分解分配到各作业，这个量化依据就是资源动态

图7-4　确立资源动因的限制

第三步是选择作业动因，将各作业成本库价值分配计入最终产品或劳务成本计算单，计算完工产品或劳务成本。

成本计算步骤应遵循的作业成本计算规则是：产出量的多少决定着作

业的耗用量，这种作业消耗量与产出量之间的关系即是作业动因。

【例7-1】 某部门负责原材料及零配件的存货控制，该部门全年总成本为500 000元，主要是人力成本，共有员工12人，6人负责管理外购零配件，3人负责管理原材料，还有3人负责原材料分配到车间。已知企业今年生产甲产品1 000件，全部甲产品由10条生产线装配而成，共耗用外购零件200批，原材料50批。

根据条件，这三项作业的成本分配过程如表7-2所示。

表7-2 作业成本法下甲产品应分配存货控制间接费用计算表

步骤	计算内容	计算过程
第一步	将总成本分配到各个作业中心	人均成本 = 500 000 ÷ 12 = 125 000 ÷ 3 = 41 666.67（元/人） 接收外购零配件作业成本 = 6 × 125 000 ÷ 3 = 250 000（元） 接收原材料作业成本 = 3 × 125 000 ÷ 3 = 125 000（元） 分配原材料作业成本 = 3 × 125 000 ÷ 3 = 125 000（元）
第二步	将作业成本分配到产品中去	接收外购零配件作业成本 = 250 000 ÷ 25 000 = 10（元/批） 接收原材料单位作业成本 = 125 000 ÷ 10 000 = 12.5（元/批） 分配原材料单位作业成本 = 125 000 ÷ 5 000 = 25（元/批）
第三步	目标产品应分配的存货控制间接费用	10 × 200 + 50 × 12.5 + 25 × 10 = 2 875（元）

第四节 作业成本法下的作业管理

作业管理以作业成本法为基础，将企业管理深入到作业层次，对作业链进行分析，消除非增值作业，并使增值作业更有效率，从而将企业置于不断改善的状态之中。

一、作业分析

作业分析的主要目的是认识企业的作业过程，以便从中发现持续改善的机会及途径，作业分析的具体内容如图7-5所示。

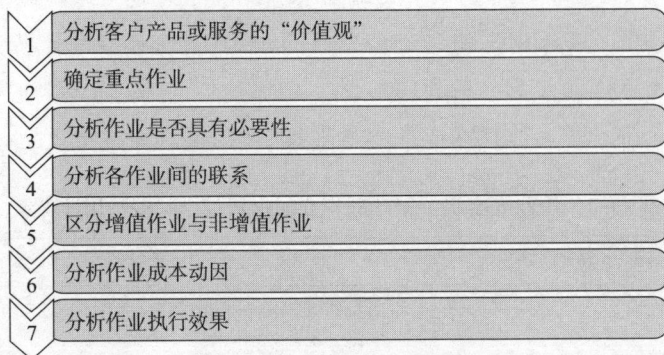

1	分析客户产品或服务的"价值观"
2	确定重点作业
3	分析作业是否具有必要性
4	分析各作业间的联系
5	区分增值作业与非增值作业
6	分析作业成本动因
7	分析作业执行效果

图7-5　作业分析的内容

（1）分析客户产品或服务的"价值观"是指影响客户对本企业所提供的产品或服务价值评价高低的各种因素，价值高低可以用"客户愿意支付的价格"来衡量。只有明确判断影响客户评价企业向其提供的产品或服务价值高低的各种因素，企业才能发现哪些作业能够增加产品的价值，而哪些作业不能增值。

（2）企业的作业通常多达几十种，甚至上百种、上千种，对这些作业一一进行分析是不必要的，这就需要根据成本效益原则和重要性原则，只对那些相对于客户价值和企业价值比较重要的作业进行分析。

（3）分析作业是否具有必要性，需要从企业和客户两个角度进行分析。如果某项作业对客户是必要的，那么就是必要的作业，因为能为客户增加价值；如果某项作业与客户无关，是不必要的，则需进一步检查该作业对企业是否必要，如果必要，即使与客户无关也是必要作业。那些既非客户所要，又不能对企业组织管理起作用的作业，都是不必要的，必须消除。

（4）各种作业相互联系，形成作业链，这个作业链必须使作业的完成时间和重复次数最少，理想的作业链应该是作业与作业环环相扣。作业链的改善并非是通过将各项作业逐一优化来实现，而是通过各项作业的协调改善来完成。

（5）作业按其是否具有增值性分为增值作业和非增值作业。价值是指客户对企业向他们提供的产品或服务所愿意支付的价格，生产工艺流程中的各项作业一般都是增值作业。非增值作业是对增加客户价值没有贡献，或者虽然消除但不会降低产品价值的作业，管理者应尽可能减少这部分作业。

（6）分析作业成本动因的目的在于对作业成本实施事前控制，在进行成本动因分析时，应将不同作业划分成单位层次作业、批量层次作业、产品层次作业和生产能力层次作业四个不同层次。由于相同层次的作业有类似或相同的成本动因，因此可按作业层次逐层分析。

（7）分析作业执行效果的目的在于对作业的执行过程实施控制，以寻求降低作业成本的机会。作业效果的优劣可以从三个方面进行衡量，如图7-6所示。

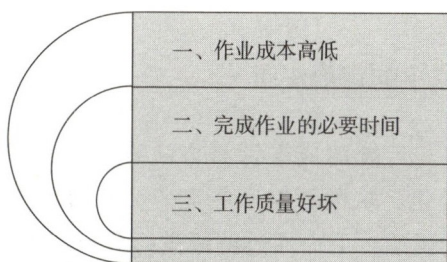

一、作业成本高低

二、完成作业的必要时间

三、工作质量好坏

图7-6　衡量执行效果优劣的指标

企业可以通过与其他企业先进水准的作业进行比较来判断某项作业是否有效。

二、经营过程改善

作业管理的根本目标在于企业经营过程的持续改善，作业分析为实现这一目的提供了必要的信息。利用这些信息，企业可以从以下两个方面进行经营过程的持续改善。

一是重构作业链。重构作业链是一项较为复杂的改善经营过程的措施。它包括以下内容：第一，尽量消除非增值作业。消除非增值作业是改善经营过程的重要环节，企业应消除所有不必要的作业。对于那些无法彻底消除的非增值作业，企业应最大限度地降低其成本及所消耗的时间。第二，通过改变工艺设计等手段优化作业流程。改变工艺设计可使生产过程的复杂程度降低，进而可以简化作业流程，缩短整个作业流程周期，降低总体作业成本。第三，实行作业合并与分解。对于那些被划分过细，却又关系密切、属性基本相同的作业应合并，从而有利于提高作业过程总体效率。对划分过粗的作业，通过细分，同样可提高作业效率。

二是不断降低作业成本。根据作业成本法提供的信息，如果发现某项作业成本较高，要确定这项作业是否必要，能否增加价值。如果该作业是不必要的，它不能增加客户价值，企业就应该消除这项作业，更不必提高它的效率。企业应该时时考虑为什么要完成这项作业，这些作业是否必要，它们能否增加客户价值，是否需要改进。

|第五节 作业成本法下的成本管理|

一、作业成本法下的定价决策

由于作业成本法与传统的成本计算方法有差别，导致了企业产品定价决策的基础发生了变化，从而影响产品竞争力的评价，同时对企业经营方针的确定产生很大的影响，下面通过例题进行分析。

【例7-2】 黄鑫公司生产三种电子通信产品，它们分别是甲产品、乙产品和丙产品。甲产品是三种产品中工艺最简单的一种，公司每年销售5 000件；乙产品工艺相对复杂，公司每年销售10 000件，是三种产品中销量最大的一种；丙产品工艺最复杂，每年销售2 000件。公司设有一个生产车间，主要工艺包括零部件排序准备、自动插件、手工插件、压焊、技术冲洗及烘干、质量检测和包装等，原材料和零部件都是外购而得。黄鑫公司一直采用传统成本计算法计算产品成本，在传统成本计算法下，公司有关的成本材料如表7-3所示。

表7-3　黄鑫公司三种产品成本资料

项目	甲产品	乙产品	丙产品	合计
产量（件）	5 000	10 000	2 000	
直接材料（元）	250 000	900 000	40 000	1 190 000
直接人工（元）	290 000	800 000	80 000	1 170 000
制造费用（元）	495 000	1 320 000	132 000	1 947 000
年直接人工工时（小时）	15 000	40 000	4 000	59 000

在传统成本计算法下，黄鑫公司以直接人工工时为基础分配制造费用，如表7-4所示。

表7-4　制造费用分配表

项目	甲产品	乙产品	丙产品	合计
年直接人工工时（小时）	15 000	40 000	4 000	59 000
分配率	1 947 000÷59 000＝33（元/时）			
制造费用（元）	495 000	1 320 000	132 000	1 947 000

采用传统成本法计算的产品成本资料如表7-5所示。

表7-5　传统成本法计算的产品成本资料

项目	甲产品	乙产品	丙产品
直接材料（元）	250 000	900 000	40 000
直接人工（元）	290 000	800 000	80 000
制造费用（元）	495 000	1 320 000	132 000
合计（元）	1 035 000	3 020 000	252 000
产量（件）	5 000	10 000	2 000
单位产品成本（元/件）	207	302	126

公司采用成本加成定价法作为定价策略，按照产品成本120%设定目标售价，如表7-6所示。

表7-6　目标售价　　　　　　　　　　　　　单位：元

项目	甲产品	乙产品	丙产品
单位产品成本	207	302	126
目标售价（产品成本×120%）	248.4	362.4	151.2
实际售价	248.4	315	250

近几年，公司在产品销售方面出现了一些问题。甲产品按照目标售价正常出售，但是来自国外公司的竞争迫使公司将乙产品的售价降至315元/件，远远低于目标售价362.4元/件。丙产品的售价定于151.2元/件时，公司收到的订单数量非常多，超出其实际生产能力，因此，公司将丙产品的售价提高至250元/件，即使在250元/件的价格下，公司收到的订单仍然很多。以上情况表明，甲产品的销售及盈利状况正常，丙产品是一种高盈利、低产量的优势产品，而乙产品是公司的主要产品，年销量最高，但现在却面临困境，因此，乙产品成为公司管理人员关注的焦点。在分析过程中，管理人员对传统成本计算法提供的成本资料的正确性产生怀疑，决定使用作业成本法重新计算产品成本。

管理人员经过分析，认定了公司发生的主要作业并将其划分为几个同质作业成本库，然后将间接费用归集到各作业成本库中，其归集结果如表7-7所示。

表7-7　间接费用归集结果

项目	制造费用（元）
装配	606 300
材料采购	100 000
物料处理	300 000
启动准备	1 500
质量控制	210 500
产品包装	125 000
工程处理	350 000
管理费用	253 700
合计	1 947 000

管理人员认定各作业成本库的成本动因如表7-8所示。

表7-8 成本动因

制造费用	成本动因	作业量			
		甲产品	乙产品	丙产品	合计
装配	机器小时（小时）	5 000	12 500	4 000	21 500
材料采购	订单数量（张）	600	2 400	7 000	10 000
物料处理	材料移动（次）	350	1 500	3 150	5 000
启动准备	准备次数（次）	500	2 000	5 000	7 500
质量控制	检验时间（小时）	2 000	4 000	4 000	10 000
产品包装	包装次数（次）	200	1 500	3 300	5 000
工程处理	工程处理时间（小时）	5 000	9 000	6 000	20 000
管理费用	直接人工（小时）	15 000	40 000	4 000	59 000

将作业成本库的制造费用按单位作业成本分摊到各产品，如表7-9所示。

表7-9 成本分摊情况

项目	单位作业成本（元/件）	甲产品		乙产品		丙产品	
		作业量（件）	作业成本（元）	作业量（件）	作业成本（元）	作业量（件）	作业成本（元）
装配	28.2	5 000	141 000	12 500	352 500	4 000	112 800
材料采购	10	600	6 000	2 400	24 000	7 000	70 000
物料处理	60	350	21 000	1 500	90 000	3 150	189 000
启动准备	0.2	500	100	2 000	400	5 000	1 000
质量控制	21.05	2 000	42 100	4 000	84 200	4 000	84 200
产品包装	25	200	5 000	1 500	37 500	3 300	82 500
工程处理	17.5	5 000	87 500	9 000	157 500	6 000	105 000
管理费用	4.3	15 000	64 500	40 000	172 000	4 000	17 200
合计			367 200		918 100		661 700

经过计算，管理人员得到的产品成本资料如表7-10所示。

表 7 - 10　产品成本资料　　　　　　单位：元

项目	甲产品	乙产品	丙产品
直接材料	250 000	900 000	40 000
直接人工	290 000	800 000	80 000
装配	141 000	352 500	112 800
材料采购	6 000	24 000	70 000
物料处理	21 000	90 000	189 000
启动准备	100	400	1 000
质量控制	42 100	84 200	84 200
产品包装	5 000	37 500	82 500
工程处理	87 500	157 500	105 000
管理费用	64 500	172 000	17 200
合计	907 200	2 618 100	781 700
产量（件）	5 000	10 000	2 000
单位产品成本（元/件）	181.44	261.81	390.85

　　采用作业成本计算法取得的成本资料和传统成本法的成本资料有很大的不同。甲产品和乙产品在作业成本法下的产品成本都远远低于传统成本计算法下的产品成本，这为目前乙产品遇到的困境提供了很好的解释。从表 7 - 11 可以看出，根据成本计算的产品成本，乙产品的目标售价应是 314.17 元/件，公司原定 362.4 元/件的目标售价显然不合理，而现在 315 元/件的实际售价与目标售价才基本吻合。甲产品的实际售价是 248.4 元/件，高于重新确定的目标售价，是一种高盈利的产品。丙产品在传统成本计算法下的产品成本显然是被低估了，由于公司制定的丙产品的目标售价过低，从而导致实际售价低于作业成本法下计算得到的产品成本，如果售价不能提高或产品成本不能降低，公司应该考虑放弃生产丙产品。

表7-11　作业成本法与传统成本法计算出的不同结果　单位：元

项目	甲产品	乙产品	丙产品
产品成本（传统成本计算法）	207	302	126
产品成本（作业成本计算法）	181.44	261.81	390.85
目标售价（传统成本计算法下产品成本×120%）	248.4	362.4	151.2
目标售价（作业成本计算法下产品成本×120%）	217.73	314.17	469.02
实际售价	248.4	315	250

　　黄鑫公司的管理人员利用作业成本法取得比传统成本法更为准确的产品成本信息，对公司现行的定价政策进行了调整，并及时根据市场需求和本公司的实际情况调整经营策略，使得公司在充分运用现有资源的前提下取得更大的经济效益。

二、作业成本法下的零部件自制或外购决策问题

　　【例7-3】　黄鑫公司生产甲产品所使用的一种主要零部件的价格上涨到10.6元/件，这种零部件每年需要5 000件。由于公司有剩余生产能力并且没有其他用途，现只需要再租用一台设备就可以制造这种零件，设备的年租金为20 000元，管理人员对零部件是自制还是外购问题进行决策分析。

　　根据传统成本计算法提供的信息，这种零件的预计制造成本如表7-12所示。

表7-12　预计制造成本

项目	单位零件成本（元/件）	成本总额（元）
直接材料	0.6	3 000
直接人工	2.4	12 000
变动制造费用	2.6	13 000
共耗固定成本		1 500

传统方法下自制与外购的差别成本分析如表7-13所示。

表7-13　自制与外购差别成本分析　　　　　　单位：元

自制差别成本：		
直接材料	5 000×0.6	3 000
直接人工	5 000×2.4	12 000
变动制造费用	5 000×2.6	13 000
专属固定成本		20 000
合计		48 000
外购差别成本：		
购买成本	5 000×10.6	53 000
自制零件节约成本		5 000

表7-13的成本项目中，共同耗用固定成本是非相关成本，在分析中不予考虑。分析结果显示：自制差别成本为48 000元，小于外购差别成本53 000元，即自制零件可节约5 000元，所以管理人员选择自制零件。

但是，通过成本动因分析并经过作业成本计算，管理人员发现有一部分共同耗用固定成本可以归属到这种零件，其预计制造成本计算如表7-14所示。

表7-14　预计制造成本

项目	成本动因	单位作业成本（元/件）	年作业量（件）
直接材料	产量（件）	0.6	5 000
直接人工	产量（件）	2.4	5 000
装配	机器工时（小时）	28.2	400
材料采购	订单数量（张）	10	300
物料处理	材料移动（次）	60	60
启动准备	准备次数（次）	0.2	100
质量控制	检验时间（小时）	21.05	50
产品包装	包装次数（次）	25	10

作业成本法下自制与外购的差别成本分析如表7-15所示。

表7-15 自制与外购差别成本分析 单位：元

自制差别成本		
直接材料	5 000×0.6	3 000
直接人工	5 000×2.4	12 000
装配	400×28.2	11 280
材料采购	300×100	3 000
物料处理	60×60	3 600
启动准备	250×0.2	50
质量控制	100×21.05	2 105
产品包装	75×25	1 875
专属固定成本		20 000
合计		56 910
合计外购差别成本		53 000
外购零件节约成本		3 910

利用作业成本法提供的信息进行分析后，管理人员的结论是选择外购。因为自制差别成本56 910元大于外购差别成本53 000元，外购零件可节约3 910元。通过这个例题可以看出，只分析成本与业务量的关系，很容易将成本分析过于简单化，从而导致成本计算信息不客观。通过成本动因分析，作业成本法能够提供相对准确的成本信息，管理人员则可以避免不当的决策。

三、作业成本法下的本量利分析

管理人员多年来一直使用本量利模型来预测企业达到目标利润的产销量水平。

【例7-4】 在传统预测方法下，甲产品的相关信息及管理人员的预测如表7-16所示。

表7-16 传统预测方法下甲产品相关信息

项目	单位产销量变动成本（元/件）	固定成本（元）
直接材料	50	
直接人工	60	
变动制造费用	56.4	
固定制造费用		200 000
	单价（元/件）	金额（元）
销售单价	248.4	
目标利润		354 100

预测企业达到目标利润的产销量为：

$(354\ 100 + 200\ 000) \div [248.4 - (50 + 60 + 56.4)] = 6\ 757(件)$

作业成本法下，甲产品的相关信息及管理人员的预测如表7-17所示。

表7-17 作业成本法下甲产品相关信息

项目	成本动因	单位作业成本（元/件）	年作业量（件）	固定成本（元）
直接材料				
直接人工	产量（件）	50		
装配	产量（件）	60		
材料采购	机器工时（小时）	28.2	5 000	
物料处理	订单数量（张）	10	600	
启动准备	材料移动（次）	60	350	65 000
质量控制	准备次数（次）	0.2	500	
产品包装	检验时间（小时）	21.05	2 000	
工程处理	包装次数（次）	25	200	
管理费用	工程处理时间（小时）	17.5	5 000	
	单价（元/件）		金额（元）	
销售单价	248.4			
目标利润			354 100	

预测企业达到目标利润的产销量为：

$(354\,100 + 65\,000 + 28.2 \times 5\,000 + 10 \times 600 + 60 \times 350 + 0.2 \times 500 + 21.05 \times 2\,000 + 25 \times 200 + 17.5 \times 5\,000) \div [248.4 - (50 + 60)] = 5\,215$（件）

作业成本法下达到目标利润的预计产销量为 5 215 件，明显与传统本量利模型下预测的结果不同。这种差别产生的原因主要是作业成本法下费用数据的计算，一方面要分析计算与各种业务量都无关的费用；另一方面还要分析与产量无直接关系，但与其他业务量有关的费用。这样，使得企业在运用本量利分析模型进行利润预测的同时，掌握企业不同费用发生的动因，为进一步控制费用、实现利润目标奠定基础。

第八章 企业紧箍咒
——业绩评价

人的本能都是好逸恶劳的，会产生惰性，愿意待在自己的舒适区域不求进取。业绩评价就是不断地给人以鞭策，让人能够在紧张状态下实现能力的最大化。人做事情的时候，也需要一个"紧箍咒"，让他紧张起来，才能更好承担工作。因此业绩评价的目的，就是让人能够在紧张状态下实现能力的最大化。

业绩评价指企业为了衡量其既定目标的实现程度，以及企业内部各部门及各员工对目标实现的贡献程度的评判过程，能够促进企业提升管理水平、管理质量和持续发展能力。

业绩评价的过程是寻找差距的过程，通过把每项差距进行分解，努力寻找产生差距的原因，从而对可能的改进提出不同方案，进一步研判各方案的可行性并制定新方案，在下一个环节执行，以达到最佳的管理目标。自主决策权力的下放过程就是分权，企业在分权的前提下所进行的责任中心区分和认定是业绩评价的基础。企业整体的业绩目标必须分解落实到各分部和各责任中心，成为内部各单位业绩评价的依据。

|第一节 权责划分|

一、分权管理

分权管理是指企业将一定的日常管理决策权下放给下属单位，在分权管理的条件下，企业把生产经营决策权在不同层次的管理人员之间进行适当地划分，并将决策权随同相应的经济责任下放给不同层次的管理人员，使其能对日常的经营活动及时做出有效的决策，以迅速适应市场变化的需求。

分权管理的产生不但来自责任的认定，也来自能力的发掘与智慧的运用。通过科学的分权管理，可以协调与制约分部工作，同时可以利用各部门、各人员的专业知识，充分发挥他们的能力，加快反应速度，更好地利用高级管理人员的时间，统领全局，把问题降到可控制的范畴，有利于对不同的管理者进行培训评估和激励。

二、责任中心

分权的前提是分部，分部设立除了按产品和服务类型以及按区域以外，主要是按照责任中心来进行业绩的计量、分析和评价。

责任中心是承担一定经济责任，并享有一定权利，反映其经济责任履行情况的企业内部责任单位。它具有承担责任的条件，并且它的责任和权利是可控的，有一定的经营业务和财务收支活动。凡是管理上可分、责任可以辨认、业绩可以单独考核的单位，都可以划分为责任中心，如分公司、地区分部、产品分部及车间等。根据内部单位职责范围和权限大小，可以将企业内部单位划分为成本中心、利润中心和投资中心三类责任中心。

|第二节　成本中心业绩评价|

一、成本中心

成本中心是指只对其成本或费用承担经济责任并负责控制和报告成本或费用的中心。成本中心往往是没有收入的，例如，生产车间只负责产成品或半成品的生产而不负责销售，没有收入。有的成本中心可能会有少量收入，但是收入不成为主要的考核内容。成本中心在企业内分布最广，它的划分和设置最为灵活，所有成本或费用发生的责任区域都可能成为这类责任中心，上到分厂下到个人都可能是成本中心，若干个较小的成本中心可以合并成一个较大的成本中心，若干个较大的成本中心又可以合并成一个更大的成本中心。

成本中心有两种类型，标准成本中心和费用中心。

（1）标准成本中心。标准成本中心必须是所生产的产品稳定而明确，并且已经知道单位产品所需要的投入的责任中心。通常，标准成本中心的典型代表是制造业工厂、车间、工段、班组等。在生产制造活动中，每个产品都可以有明确的原材料、人工和制造费用的数量标准和价格标准。实际上，任何一种重复性的活动都可以建立标准成本中心，只要这种活动能够计量产出的实际数量，并且能够说明投入与产出之间可望达到的函数关系。因此，各种行业都可能建立标准成本中心。

（2）费用中心。对于那些产出不能用财务指标来衡量，或者投入和产出之间没有密切关系的部门或单位，适合划分为费用中心，包括财务、人事、劳资、计划等行政管理部门、研究开发部门等。这些部门有的产出难以度量，有的投入量与产出量之间没有密切的联系。对于费用中心，唯一可以准确计量的是实际费用，无法通过投入和产出的比较来评价其效果和效率，从而限制无效费用的支出，因此，有人称之为"无限制的费用中心"。

二、成本中心的考核指标

一般而言，标准成本中心的考核指标，是既定产品质量和数量条件下的标准成本。标准成本中心不需要做出定价决策、产量决策或产品结构决策，也不需要做出设备和技术决策。因此，标准成本中心不对生产能力的利用程度负责，而只对既定产量的投入量承担责任。确定费用中心的考核指标比较困难，因为缺少度量其产出的标准，并且投入与产出的关系并不密切，通常使用费用预算来评价费用中心的控制业绩。

成本中心应负责的是责任成本，而非一般概念上的产品成本。责任成本是以具体的责任单位（部门、单位或个人）为对象，以其承担的责任为范围所归集的成本，也就是特定责任中心的全部可控成本。所谓可控成本是相对于不可控成本而言的，凡是受到责任中心主管行为直接影响和控制的耗费就是可控成本，反之就是不可控成本。

$$责任成本 = \sum 各项可控成本$$

计算责任成本的关键是判别每一项成本费用支出的责任归属，将发生的直接材料和人工费用归属于不同的责任中心通常比较容易，而制造费用归属比较难。为此，需要仔细研究各项消耗和责任中心的因果关系，采用不同的分配方法，一般是依次按下述五个步骤来处理，如图 8-1 所示。

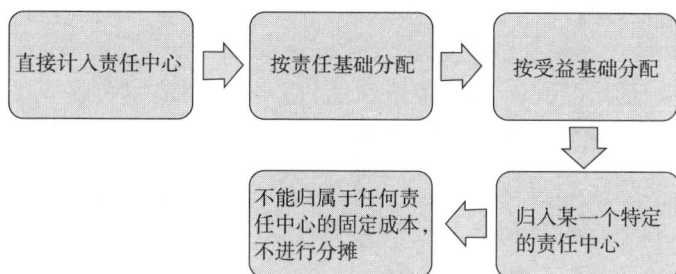

图 8-1　制造费用归属步骤

（1）直接计入责任中心。将可以直接判别责任归属的费用项目，直接列入应负责的成本中心。例如，机物料消耗、低值易耗品的领用等，在发生时可判别耗用的成本中心，不需要采用其他标准进行分配。

（2）按责任基础分配。对不能直接归属于个别责任中心的费用，优先采用责任基础分配。有些费用虽然不能直接归属于特定成本中心，但它们的数额受成本中心控制，能找到合理依据来分配，如动力费、维修费等。如果成本中心能自己控制使用量，可以根据其用量来分配，分配时要使用固定的内部结算价格，防止供应部门的责任向使用部门转嫁。

（3）按受益基础分配。有些费用不是专门属于某个责任中心的，也不宜用责任基础分配，但与各中心的受益多少有关，可按受益基础分配，如按照装机功率分配电费等。

（4）归入某一个特定的责任中心。有些费用既不能用责任基础分配，也不能用受益基础分配，则考虑有无可能将其归属于一个特定的责任中心。例如，车间的运输费用和试验检验费用，难以分配到生产班组，不如建立专门的成本中心，由其控制此项成本，不向各班组分配。

（5）不能归属于任何责任中心的固定成本，不进行分摊。例如，车间厂房的折旧是以前决策的结果，短期内无法改变，可暂时不加控制，作为不可控费用。

|第三节　利润中心业绩评价|

一、利润中心

利润中心是指能同时控制生产和销售，既要对成本负责又要对收入负责，但没有责任或没有权力决定该中心资产投资水平的责任中心，如分厂、分公司或具有独立经营权的各部门等，这类责任中心往往处于企业中较高的层次。利润中心的权利和责任都大于成本中心，一般指有产品或劳务生产经营决策权的部门，能够实现独立核算，经历较为完整的生产经营过程，管理层有较大的经营决策权，有权决定如何生产、生产何种产品、产品如何定价及如何实现销售等，对本单位的盈利施加影响，为企业增加经济效益。既要考虑降低成本，又要考虑增加收入，努力使效益达到最大化，因此可根据其利润的多少来评价该中心的业绩。

利润中心包含两种类型：一种是自然的利润中心，它直接向公司外部出售产品，在市场上进行购销业务。例如，事业部制的公司，在财务上独立核算，这些事业部就是自然利润中心。另一种是人为的利润中心，它主要在公司内部按照内部转移价格出售产品。例如，钢铁公司下设采矿、炼铁、炼钢、轧钢等几个部门，这些生产部门的产品主要在公司内部转移，可视为利润中心。

二、利润中心的考核指标

对利润中心进行考核的指标主要是利润，一般责任中心应负责的是其责任利润，即可控收入减去可控成本后的余额，而非传统财务会计计算的净利润，即各利润中心不分摊自身不能控制的共同成本。

在评价利润中心业绩时，一般从边际贡献、可控边际贡献及部门税前经营利润三个指标进行分析。计算责任中心利润时，首先要确定利润中心之间转移的产品或者劳务的价格，即需要确定内部转移价格。

内部转移价格，指企业内部分公司、分厂、车间等责任中心之间相互提供产品（或服务）、资金等内部交易时所采用的计价标准。转移价格对于提供产品或劳务的生产部门来说表示收入，对于使用这些产品或劳务的购买部门来说则表示成本。因此，转移价格会影响到这两个部门的获利水平，使得部门经理非常关心转移价格的制订，并经常引起争论。

制订转移价格，一是防止成本转移带来的部门间责任转嫁，使每个利润中心都能作为单独的组织单位进行业绩评价；二是作为一种价格机制引导下级部门采取明智的决策。但是，这两个目的往往有矛盾。能够满足评价部门业绩的转移价格，可能引导部门经理采取并非对公司最优的决策；而能够正确引导部门经理的转移价格，可能使某个部门获利水平很高而另一个部门亏损。我们很难找到理想的转移价格来兼顾业绩评价和制订决策，而只能根据公司的具体情况选择基本满意的解决办法。

可以考虑的转移价格有以下几种。

1. 价格型内部转移价格

价格型内部转移价格，指以市场价格为基础，由成本和毛利构成的内部转移价格，一般适用于内部利润中心。

责任中心提供的产品（或服务）经常外销且外销比例较大的，或提供的产品（或服务）有外部活跃市场可靠报价的，可以外销价格或活跃市场报价作为内部转移价格。责任中心一般不对外销且外部市场没有可靠报价的产品（或服务），或企业管理层和有关各方认为不需要频繁变动价格的，可参照外部市场或预测价格制订模拟市场价作为内部转移价格。责任中心没有外部市场但企业出于管理需要设置为模拟利润中心的，可在生产成本的基础上加一定比例毛利作为内部转移价格。

2. 成本型内部转移价格

成本型内部转移价格是指以标准成本等相对稳定的成本数据为基础制订的内部转移价格，一般适用于内部成本中心。

3. 协商型内部转移价格

协商型内部转移价格是指企业内部供求双方为使双方利益相对均衡，通过协商机制商订的内部转移价格，主要适用于分权程度较高的企业。一般不高于市场价，不低于变动成本。

三、利润指标的计算

利润指标的计算如表 8 - 1 所示。

表 8 - 1　利润指标计算

计算公式	说明
贡献毛益 = 销售净收入总额 - 变动成本（可控成本）总额	以边际贡献作为业绩评价依据不够全面，因为部门经理至少可以控制某些固定成本，并且在固定成本和变动成本的划分上有一定的选择余地。因此，业绩评价至少应包括可控制的固定成本
可控贡献毛益（经理边际贡献）= 贡献毛益 - 该利润中心负责人可控固定成本	是评价利润中心管理者的理想指标，它反映了部门经理在其权限和控制范围内有效使用资源的能力，但存在的主要问题是可控固定成本和不可控固定成本的区别比较困难，不能全面反映利润中心对整个公司所做的贡献
部门税前营业利润 = 可控贡献毛益 - 该中心负责人不可控固定成本	反映了部门为企业利润和弥补与生产能力有关的成本所作的贡献，它更多地用于评价部门业绩而不是利润中心管理者的业绩成本
部门税前利润 = 部门税前营业利润 - 总部分摊的管理费用	通常是不合适的，公司总部的管理费用是经理无法控制的成本

|第四节　投资中心业绩评价|

一、投资中心

投资中心是责任会计中的责任中心之一，对成本、利润、资本预算、投资收益均负责的责任中心，通常包括若干个利润中心。除了对成本和利润享有决策权外，还享有资本预算的决策权。投资中心与利润中心相比，其业绩考核还包括投资收益。

二、投资中心的考核指标

计算公式	说明
部门投资报酬率 = 部门营业利润÷部门平均总资产	投资报酬率能反映投资中心的综合盈利能力，且由于剔除了因投资额不同而导致的利润差异的不可比因素，因而具有横向可比性，有利于判断各投资中心经营业绩的优劣。这一评价指标的不足之处是缺乏全局观念
部门剩余收益 = 部门营业利润÷部门平均总资产应计报酬 = 部门营业利润÷部门平均总资产×要求的报酬率	与增加股东财富的目标一致，可以使业绩评价与公司的目标协调一致，引导部门经理采纳高于公司资本成本的决策；允许使用不同的风险调整资本成本。指标是绝对数指标，不便于不同部门之间的比较

第五节 内部责任中心业绩报告

企业内部责任中心，如前章所述可以划分为成本中心、利润中心和投资中心，责任中心的业绩评价和考核应该通过编制业绩报告来完成。业绩报告也称责任报告、绩效报告，它是反映责任预算的实际执行情况，揭示责任预算与实际结果之间差异的内部管理会计报告。着重于对责任中心管理者的业绩评价，其本质是要得到一个结论：与预期的目标相比较，责任中心管理者表现如何。

业绩报告的主要目的在于将责任中心的实际业绩与其在特定环境下本应取得的业绩进行比较，因此实际业绩与预期业绩之间差异的原因应得到分析，并且尽可能予以数量化，业绩报告中应当传递出以下三种信息。

（1）关于实际业绩的信息。

（2）关于预期业绩的信息。

（3）关于实际业绩与预期业绩之间差异的信息。

这也意味着合格业绩报告的三个主要特征：报告应当与个人责任相联系，实际业绩应该与最佳标准相比较，重要信息应当予以突出显示。

一、成本中心业绩报告

成本中心的业绩考核指标通常为该成本中心的所有可控成本，即责任成本。成本中心的业绩报告，通常是按成本中心可控成本的各明细项目列示其预算数、实际数和成本差异数的三栏式表格。由于各成本中心是逐级设置的，所以其业绩报告也应自下而上，从最基层的成本中心逐级向上汇编，直至最高层次的成本中心。每一级的业绩报告，除最基层只有本身的可控成本外，都应包括本身的可控成本和下属部门转来的责任成本。例如，某企业制造部是一个成本中心，下属两个分厂，每个分厂设有三个车间，其成本业绩报告的编制及相互关系如表8-2所示。

表8-2　成本中心的业绩报告　　　　　单位：元

制造部——分厂甲车间业绩报告		
	预算成本	实际可控成本	不利差异
工人工资	58 100	58 000	100（F）
原材料	32 500	34 225	1 725（U）
行政人员工资	6 400	6 400	
水电费	5 750	5 690	60（F）
折旧费用	4 000	4 000	
设备维修	2 000	1 990	10（F）
保险费	975	975	
合计	109 725	111 280	1 555（U）
制造部——分厂业绩报告		
	预算成本	实际可控成本	不利差异
管理费用	17 500	17 350	150（F）
甲车间	109 725	111 280	1 555（U）
乙车间	190 500	192 600	2 100（U）
丙车间	149 750	149 100	650（F）
合计	467 475	470 330	2 855（U）

续上表

制造部业绩报告			
	预算成本	实际可控成本	不利差异
管理费用	19 500	19 700	200（U）
一分厂	467 475	470 330	2 855（U）
二分厂	395 225	394 300	925（F）
合计	882 200	884 330	2 130（U）

注：U 表示不利差异，F 表示有利差异，下同。

从上表可以看出，制造部、一分厂产生了不利差异，且差异还比较大；从一分厂内部看，其不利差异主要是乙车间和甲车间引起的；从甲车间看，引起不利差异的主要原因是原材料成本超支。成本中心的各级经理人，就其权责范围编制业绩报告并对其负责部门的成本差异负责。级别越低的成本中心，从事的经营活动越具体，其业绩报告涉及的成本项目分类也越详细。根据成本绩效报告，责任中心的各级经理人可以针对成本差异，寻找原因对症下药，以便对成本费用实施有效的管理控制，从而提高业绩水平。

二、利润中心业绩报告

利润中心的考核指标通常为该利润中心的边际贡献、分部经理边际贡献和该利润中心部门边际贡献。利润中心的业绩报告，分别列出其可控的销售收入、变动成本、边际贡献、经理人员可控的可追溯固定成本、分部经理边际贡献、分部经理不可控但高层管理部门可控的可追溯固定成本、部门边际贡献的预算数和实际数；并通过实际与预算的对比，分别计算差异，据此进行差异的调查，分析差异产生的原因。利润中心的业绩报告也是自下而上逐级汇编的，直至整个企业的息税前利润，利润中心业绩报告的基本形式如表 8-3 所示。

表 8-3　利润中心业绩报告　　　　　单位：元

项目	预算	实际	差异
销售收入	245 000	248 000	3 000（F）
减：变动成本	111 000	112 000	1 000（U）

续上表

项目	预算	实际	差异
边际贡献	134 000	136 000	2 000（F）
经理人员可控的可追溯固定成本	24 000	24 500	500（U）
分部经理边际贡献	110 000	111 500	1 500（F）
分部经理不可控但高层管理部门可控的可追溯固定成本	18 000	18 900	900（U）
部门边际贡献	92 000	92 600	600（F）

从上表可以看出，无论从边际贡献、分部经理边际贡献，还是部门边际贡献都是有利差异，都超额完成了预算指标。

三、投资中心业绩报告

投资中心的主要考核指标是投资报酬率和剩余收益，补充的指标是现金回收率和剩余现金流量。投资中心不仅需要对成本、收入和利润负责，而且还要对所占用的全部资产（包括固定资产和营运资金）的经营效益承担责任。投资中心的业绩评价指标除了成本、收入和利润外，主要还包括投资报酬率、剩余收益等。因此，对于投资中心而言，它的业绩报告通常包含上述评价指标，现举例说明如下。

【例8-1】 假定某公司A分公司为一投资中心，该公司规定的最低报酬率为12%。现根据A分公司的有关原始凭证等资料，编制出该投资中心的业绩报告，如表8-4所示。

表8-4　投资中心业绩报告　　　　单位：元

项目	预算	实际	差异
销售收入	573 000	591 000	18 000（F）
变动成本	246 000	251 200	5 200（U）
边际贡献	327 000	339 800	12 800（F）
可控固定成本	140 000	141 400	1 400（U）

续上表

项目	预算	实际	差异
部门可控利润	187 000	198 400	11 400（F）
分配的共同成本	12 000	15 000	3 000（U）
经营净利润	175 000	183 400	8 400（F）
经营资产			
现金	15 500	17 000	1 500
应收账款	110 000	131 000	21 000
存货	90 000	92 500	2 500
固定资产（原值）	450 000	450 000	0
总计	665 500	690 500	25 000
投资报酬率（％）	26.30%	26.60%	0.3%（F）
要求的最低报酬率	12%	12%	
要求的最低投资收益	79 860	82 860	
剩余收益	95 140	100 540	5 400（F）

从表8-4可知，A分公司的实际投资报酬率与剩余收益均超过了预算数，说明该投资中心在本年度的经营业绩较好。

第九章　旧瓶新酒
——成本控制新思路

当电信运营商为一个大客户提供电路出租时，为了保证电路安全，运营商往往要为其提供相同带宽的备份电路（有时是客户未付费的），企业可能为之付出了相应的质量成本和维护成本，但为客户提供服务的电路安全得到了保障，相应也就提高了客户的满意程度，留住了客户。相反，如果企业为了节约成本，只提供小带宽备份电路或不提供备份电路，那么一旦出现电路故障，很可能客户就会流失。因此降低成本不是唯一的手段，现代成本管理的目的应该是以尽可能少的成本支出，获得尽可能多的使用价值，一切降低成本的措施也都应以成本效益分析的结果作为决定取舍的目标，以实现成本效益原则。

|第一节　企业战略与成本管理|

成本管理系统在实践中是多样而复杂的，在竞争性的经济环境中，设计成本管理系统是以企业的竞争战略为指导思想的，所以按照竞争战略的不同，成本管理系统可分为成本领先战略和差异化战略。

一、成本管理战略

由于竞争战略的区别，两种成本管理系统在各方面都表现出不同。同时，同一种类型的成本管理系统内部也会因为企业所采取的成本管理战略、成本计算方法及成本控制方法等的不同而表现出多样化。

1. 竞争战略的环境差异

设计成本管理系统依据的竞争战略是根据经济环境来制定的，成本领先战略成本管理系统适用于发展比较成熟的行业，这种行业的市场一般供大于求，竞争比较激烈，市场竞争较多地表现为价格竞争，如钢铁业、家电业。差异化战略成本管理系统适用于发展尚未成熟，企业在市场中的地位还没有完全定型的行业，这种行业中企业的竞争手段是多样的，竞争的目标是在产品、服务等方面形成不同于其他企业的独特性，这种成本管理系统适用于产品技术更新速度很快的行业，如计算机行业，市场竞争更多地表现为技术竞争和新产品上市速度的竞争。

2. 不同成本管理战略的着力点

成本领先战略成本管理系统的成本管理战略定位在追求最大程度的成本降低，无论是绝对成本降低还是相对成本降低，无论是通过价值链整合还是通过控制某项成本动因实现的成本降低，都必须最终导致企业内部资金消耗的绝对降低，否则就是失败的成本管理系统。而差异化战略成本管理战略是为实现企业在某方面的差异而服务的，其中的成本控制不是单纯对成本本身的控制，而是通过成本控制，使产品同时具有独特性和成本优势，从而最终赢得市场竞争。差异化战略成本管理系统的成本管理战略通常着重于对产品全生命周期成本和新产品目标成本的管理，对包括研发成本、生产成本和销售成本在内的产品全生命周期成本的控制，往往需要考虑成本在行业价值链的分配情况，并通过行业价值链的整合以达到总成本的最低；对新产品目标成本的控制，则是利用价值工程法进行的，以保证新产品能够满足市场需求，并拥有最低的成本。

3. 不同成本管理对成本计算的要求

选择成本计算方法时既要服从成本管理战略的需要，又要考虑与成本控制方法的协调及组织结构、制造模式、企业规模和计算机技术等环境因素的制约。

成本领先战略成本管理系统要求成本信息比较准确，能够真实反映成本发生情况，常倾向于选用能够准确计算成本的方法，不同的环境基础会影响成本计算方法的选择。差异化战略成本管理系统重视非成本因素在竞争中的作用，对日常成本信息的精度要求并不高，只要成本信息能够大致反映产品成本情况即可，因此选择成本计算方法时更加注重成本效益原则，这种成本管理系统还对产品全生命周期成本和新产品目标成本进行计算。

4. 不同成本管理战略的成本控制途径

成本领先战略成本管理系统的成本控制目标是最大程度地降低成本，以打赢价格战。成本控制主要通过强化成本动因的途径来实现差异化战略，成本管理系统的成本控制目标是保证差异化战略的实现，并控制产品全生命周期成本。成本控制中较多考虑生命周期中产品成本在企业上下游的分布情况，将研发成本、消费成本纳入了成本控制的范围。产品成本的控制是在保证产品满足市场多样化需求的基础上进行的，将产品的成本与功能综合考虑，而不是孤立进行成本控制。

5. 不同成本管理战略下的业绩评价

成本领先战略成本管理系统的业绩评价目标主要是促进成本水平的不断降低，评价的内容主要是成本控制的结果。差异化战略成本管理系统的企业业绩评价目标则是差异化战略的实现服务，评价的领域除成本控制外，还包括产品质量、客户服务、企业的学习和成长能力，评价指标体系中非财务指标占了相当一部分的比重。

6. 两种成本管理系统的联系

两种成本管理系统在具有共同的系统结构和遵循共同的成本管理系统设计程序之外，还存在相互交叉的现象。两种成本管理系统可能采用相同的成本计算方法、成本控制方法，这是因为在同一个企业内部，可能对不同的产品实行不同的竞争战略，也可能对同一产品在不同时期实行不同的竞争战略，而一个企业的成本管理系统不可能太复杂。因此，设计成本管理系统时要有一定的弹性，以保证当企业竞争战略调整时能用最小的代价完成成本管理系统的转变。

两种成本管理系统的差异归纳总结如图 9-1 所示。

二、战略成本动因分析

获得竞争优势关键的第一步是识别企业或组织的核心成本动因。成本动因是指引起产品成本发生的原因，它是影响成本结构的决定性因素。企业在进行各项价值活动时会产生各种成本，由于各个企业的经营状况不同，使成本动因也有所不同。

竞争战略的
环境差异

　　成本领先战略适用于发展比较成熟的行业；差异化战略适用于发展尚未成熟，企业在市场中的地位还没有完全定型的行业以及产品技术更新速度很快的行业

不同成本管理
战略的着力点

　　成本领先战略定位是企业内部资金消耗的绝对降低；差异化战略型成本管理系统通过成本控制，使产品同时具有独特成本优势，从而最终赢得市场竞争

不同成本管理对
成本计算的要求

　　成本领先战略要求选用能够准确计算成本的方法；差异化战略在选择成本计算方法时更加注重成本效益原则

不同成本管理战略
的成本控制途径

　　成本领先战略中，成本管理系统的成本控制目标是最大程度降低成本；成本控制主要通过强化成本动因的途径来实现差异化战略

不同成本管理战略
的业绩评价

　　成本领先战略的业绩评价目标是促进成本水平的不断降低，评价的内容主要是成本控制的结果；差异化战略企业业绩评价包括成本控制、产品质量、客户服务

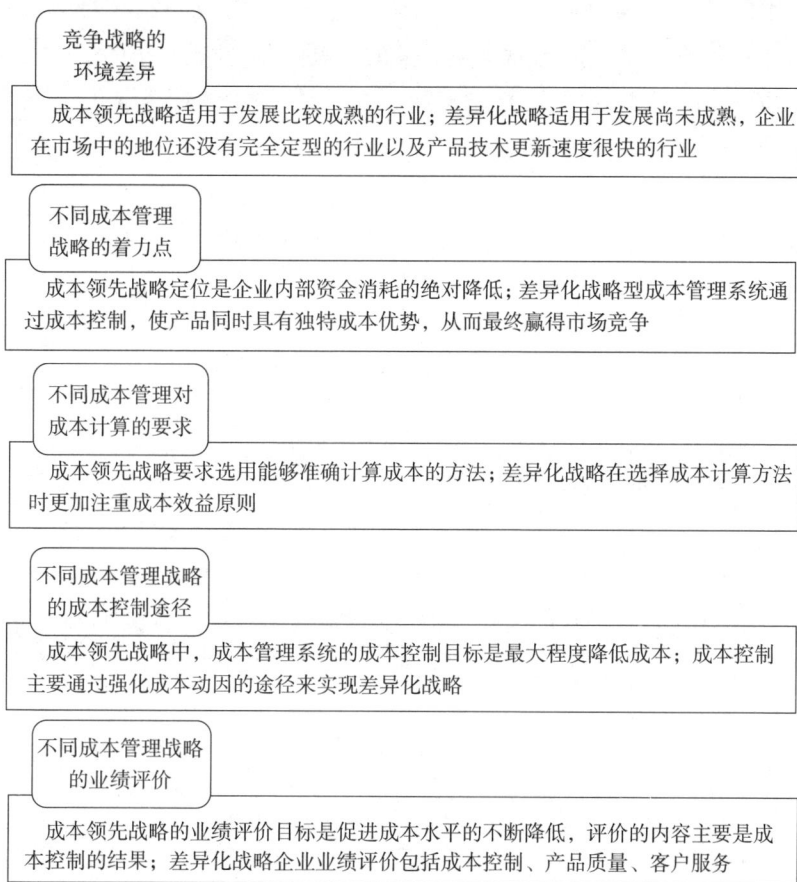

图 9 - 1　两种成本管理战略的差异

　　大多数企业，尤其是当成本动因变化时，都利用成本管理来维持和提高其竞争优势。成本管理需要认清当成本动因变化时，成本对象的总成本如何变化。战略意义上的成本动因立足于企业的整体高度，具有更广泛的视野，是一种能动的成本动因，它为现代化成本管理提供了一种更为有效的工具。战略性成本动因可分为结构性成本动因和执行性成本动因。

　　1. 结构性成本动因

　　结构性成本动因是指决定企业基础经济结构的成本动因。结构性成本动因具有战略性质，因为它涉及具有长期影响的计划与决策。使用结构性成本动因的战略分析，有助于企业改进其竞争定位，这些分析包括价值链分析和作业管理，而价值链分析有助于企业评估其当前的和计划的结构性

成本动因的长期影响。结构性成本动因的形成通常需要较长时间，而且一经确定往往很难变动，因此对企业成本的影响将是持久且深远的。

结构性成本动因既决定了企业的产品成本，也会对企业的产品质量、人力资源、财务、生产经营等方面产生极其重要的影响，并最终决定了企业的竞争态势。由此看来，一个企业结构性成本动因的决定必须与企业的竞争战略相联系，即不仅要从影响成本的角度去看待结构性成本动因，而且要从企业竞争优势的角度去看待成本动因，主要的结构性成本动因如图9－2所示。

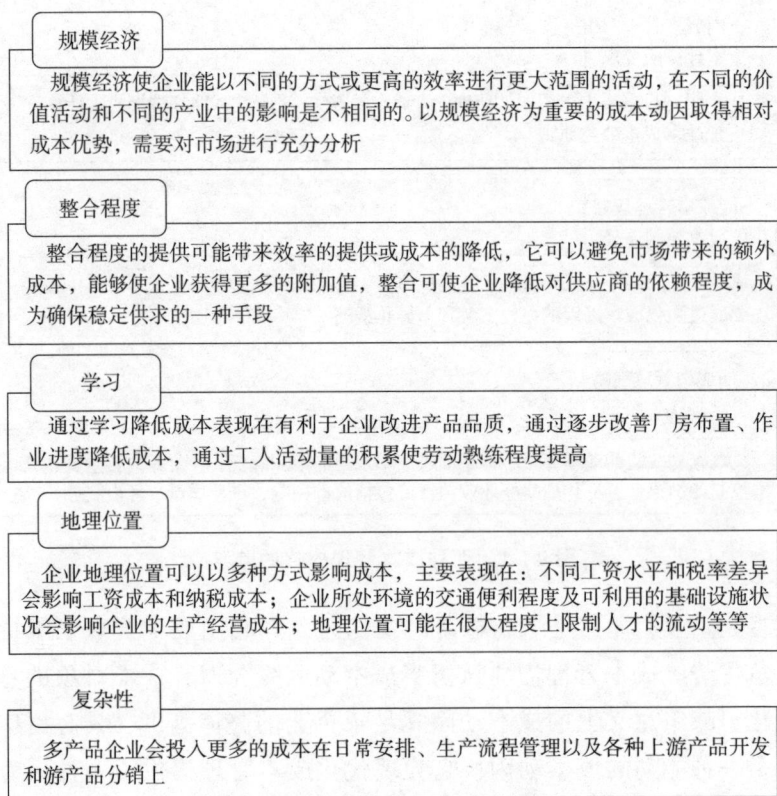

规模经济

规模经济使企业能以不同的方式或更高的效率进行更大范围的活动，在不同的价值活动和不同的产业中的影响是不相同的。以规模经济为重要的成本动因取得相对成本优势，需要对市场进行充分分析

整合程度

整合程度的提供可能带来效率的提供或成本的降低，它可以避免市场带来的额外成本，能够使企业获得更多的附加值，整合可使企业降低对供应商的依赖程度，成为确保稳定供求的一种手段

学习

通过学习降低成本表现在有利于企业改进产品品质，通过逐步改善厂房布置、作业进度降低成本，通过工人活动量的积累使劳动熟练程度提高

地理位置

企业地理位置可以以多种方式影响成本，主要表现在：不同工资水平和税率差异会影响工资成本和纳税成本；企业所处环境的交通便利程度及可利用的基础设施状况会影响企业的生产经营成本；地理位置可能在很大程度上限制人才的流动等等

复杂性

多产品企业会投入更多的成本在日常安排、生产流程管理以及各种上游产品开发和游产品分销上

图9－2　主要的结构性成本动因

2. 执行性成本动因

执行性成本动因是指与企业执行作业程序相关的成本驱动因素，它是在结构性成本动因确定以后才决定成立的，多属于非量化的成本动因，主要的执行性成本动因如图9－3所示。

生产能力运用模式

生产能力运用模式主要通过固定成本影响企业成本水平。由于固定成本在相关范围内不随产量增加而改变，当企业生产能力利用率提高、产量上升时，单位产品所分担的固定成本相对较少，从而引起单位成本的降低

联系

由于一项价值活动的成本常常受到与之相联系的其他活动的影响，改善联系就能降低相互联系的活动的总成本。联系一类是指企业的内部联系，另一类是指企业与供应商、顾客之间的垂直联系

全面质量管理

质量管理的范围应是生产全过程，企业的每一名员工都要承担成本质量责任，宗旨是以最少的质量成本获得最优的产品质量。全面质量管理的改进总是能降低成本，对于质量成本较高的企业，全面质量管理将是一个重要的成本动因

员工对企业的向心力

企业的行动是众多具体个人行动的总和。企业各部门的每一个员工都与成本直接相关，只有依靠全体员工的互相配合、共同努力，企业才能将成本置于真正的控制中，实现成本管理目标

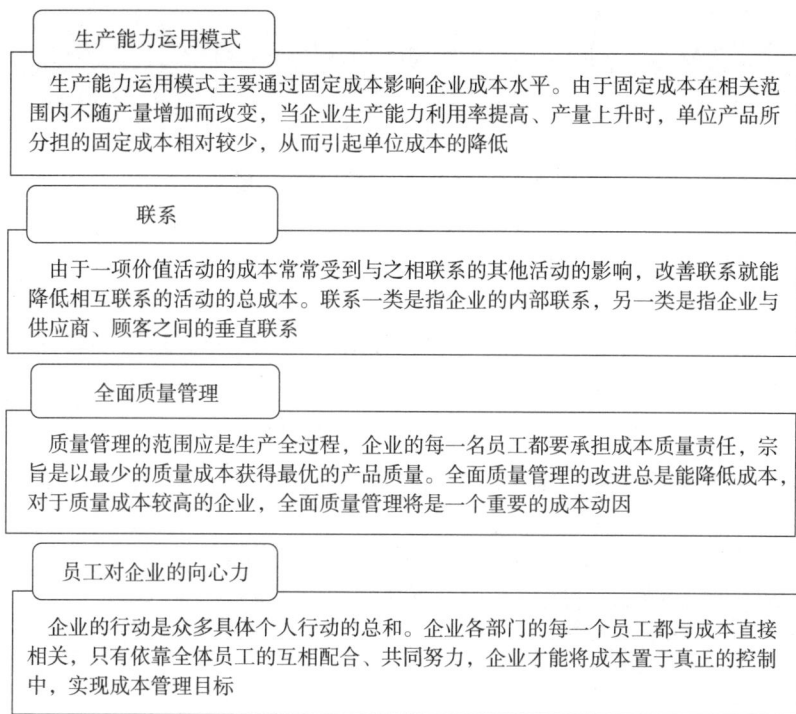

图 9 – 3　主要的执行性成本动因

上述两种战略成本动因最主要的区别是：对于结构性成本而言，并不是程度越高越好，而是存在一个适度的问题；对于执行性成本动因而言，一般认为程度越高越好。总的来说，战略成本动因分析改变成本地位，为增强竞争力提供了契机。企业的成本总是由一组独特的成本动因来控制，而每一个成本动因都可能成为企业独特的竞争优势来源，选择有利的成本动因作为成本竞争的突破口是企业竞争的一项策略，应引起企业领导的高度重视。

|第二节　目标成本管理|

目标成本是企业在生产经营活动开始之前，预先为产品或服务制订的成本，它是根据产品或服务的性能、质量、价格和目标利润确定的企业在未来一定期间必须达到的成本水平。目标成本制订基本原理如图 9 – 4 所示。

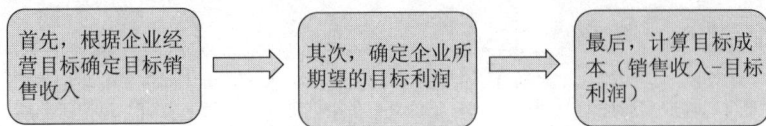

图9-4　目标成本制订基本原理

一、目标成本的制订

目标成本的制订是目标成本控制的起点，目标成本制订的科学性和合理性直接影响到目标成本控制的有效性。确定目标成本的方法较多，主要包括加算法、公式法、倒算法、回归分析法和对比法。

目标成本制订步骤如图9-5所示。

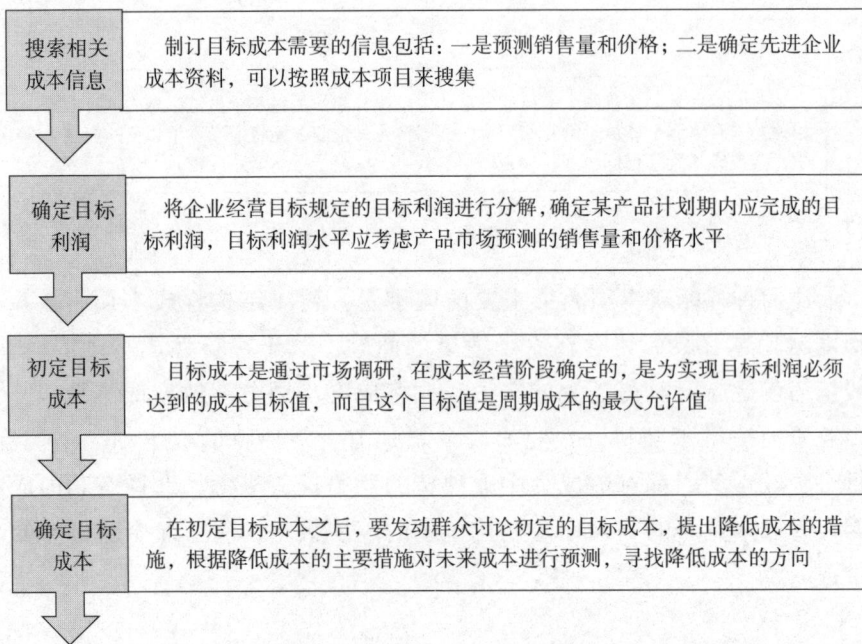

图9-5　目标成本制订步骤

加算法是以基准成本为出发点，加上为追加新功能所需的成本，减去可除去功能即可消除作业涉及的成本，从而得到新产品可能达到的成本。所谓基准成本，指企业根据其拥有的技术水平和作业能力估算得到的成本。在应用计算时，有什么因素将导致成本上升，上升数额有多少等都要进行合理估算；有哪几种降低成本的方法，采用某种方法所能预计的成本降低额必须明确。

加算法是以产品销售收入减去产品销售税金及附加和目标利润确定目标成本的方法，其公式为：

$$目标成本 = 产品销售收入 - 目标利润$$

$$单位产品目标成本 = 产品单价 \times (1 - 产品税率) - 目标利润 \div 销售数量$$

对比法是通过比较本企业的成本水平与先进企业的成本水平来确定目标成本，主要用于老产品。对比的标准可以是国内外同种产品的先进成本水平或历史最好水平，或按照评价先进水平制定的标准成本、定额成本。

【例9-1】 某企业产品单位成本如下：直接材料36.54元，直接人工10.27元，制造费用21.20元。同类先进企业直接材料34.14元，直接人工8.16元，制造费用17.42元，要求按照对比法制定企业的目标成本。

该企业的目标成本 = 34.14 + 8.16 + 17.42 = 59.72（元）

这样制定的目标成本实际上可低于先进企业的成本。

回归分析法适用于系列产品目标成本的确定，系列成本中规格产品的成本与某种功能特性或技术参数有一定的线性关系，根据线性关系，可以预测出新产品的成本，之后根据功能设计予以修正，就可以确定其目标成本。

公式法是根据目标成本的计算公式确定目标成本，它一般用于新产品目标成本的制订。由于消费者可以接受的价格及销售数量不可能预测得十分准确，所以用公式法制订目标成本，应把目标成本与产品的设计成本联系起来，用目标成本校正设计成本，用设计成本调整目标成本。

$$目标成本 = (有竞争能力的市场价格 \div 销售价格) \times 实际成本$$

【例9-2】 某企业生产A产品，实际成本为350元，售价为520元，有竞争力的市场价格为460元，要求按照公式法制定目标成本。

根据公式得：

目标成本 = (460 ÷ 520) × 350 = 309.62（元）

这样，售价降到460元以后，企业仍可以获得相同的成本利润率。

目标成本的各种制订方法仅仅是制订目标成本的手段，要使目标成本真正达到先进合理的水平，成为全体职工奋斗的目标，必须从技术上、经济上进行全面的综合平衡。只有经过综合平衡确定的目标成本，才能成为最后确定的目标成本。

二、目标成本的分解

目标成本的分解是指将企业总体的目标成本值进行分解，将其落实到企业内部各单位、各部门的过程，目的在于明确责任，确定未来各单位、各部门的奋斗目标。分解目标成本时应结合企业的实际情况进行，通常可以先将总体目标成本分解到各种产品，然后再将各产品的目标成本分解到各车间或工序。

如果某企业属于多品种生产企业，在这种情况下，应先将企业总体目标成本分解为各产品的目标成本，分解方法有以下两种。

（1）与基期盈利水平非直接挂钩分解法。

此法在确定每种产品目标销售利润率的基础上，倒推每种产品的目标成本，最终将各产品目标成本的合计值与企业总体目标成本进行比较并综合平衡，进而确定每种产品的目标成本。显然，按照此分解的目标成本并未与基期的盈利水平挂钩，这种方法从每种产品的自身盈利状况出发，直接与企业总体目标成本进行比较，无论是企业的总体目标成本还是各产品的目标成本均可采用"倒扣法"予以确定，计算公式如下：

企业总体目标成本或每种产品的目标成本＝预计销售收入－应交税费－目标利润

其中：

目标利润＝预计销售收入×目标销售利润率

需要指出的是，这里的目标销售利润率在实务中常常按产品销售利润率计算；另外，实务中各产品的目标销售利润率可能高于或低于企业总体的目标销售利润率，但只要以此推算的各产品的目标成本合计值等于或低于按总体推算的目标成本即可。否则，各产品就需要反复综合平衡，直到具有实现总体目标成本的可能为止。还需要注意的是，目标利润的确定方法有很多，既可以以目标销售利润率确定，也可以利用目标资产利润率或目标成本利润率等确定，从实际的应用来看，大多采用目标销售利润率，故本书仅以目标销售利润率为例进行说明。

【例9-3】 假设某企业生产甲、乙两种产品。预计甲产品的销售量为5 000件，单价为600元，预计应交的流转税为360 600元；乙产品的预计销售量为3 000件，单价为400元，应交的流转税为10 200元。该企业以同行业先进的销售利润率为标准确定目标利润，假定同行业先进的销售利润率为20%。要求：预测该企业的总体目标成本，并说明如果该企业结合实际确定的甲产品的目标销售利润率为23%，乙产品的目标销售利润率为18%，在这种情况下，该企业规定的总体目标成本是否合理？

依题意，则：

企业总体的目标成本=（5 000×600-360 600-5 000×600×20%）+（3 000×400-10 200-3 000×400×20%）=2 989 200（元）

甲产品目标成本=5 000×600-360 600-5 000×600×23%=1 949 400（元）

乙产品目标成本=3 000×40-10 200-3 000×400×18%=973 800（元）

总体目标成本=1 949 400+973 800=2 923 200<2 989 200（元）

说明：虽然各产品自身的销售利润率与同行业先进的销售利润率不一致，但以此测算的总体目标成本为2 923 200元，低于企业规定的总体目标成本，因此该企业规定的总体目标成本合理，应将各产品目标成本的预计值纳入计划。

（2）与基期盈利水平直接挂钩分解法。

实践中，企业常常与基期的销售利润率或资金利润率直接挂钩来确定计划期的目标盈利水平，以此确定的目标成本较上一种方法更具有普遍适用性。此法在调整基期盈利水平的基础上，先确定企业计划期总体的目标销售利润率，然后将其分解到各产品，进而利用"倒扣法"确定企业总体的目标成本以及各产品的目标成本。它的理论依据是，目标利润决定目标成本，只要各产品加权平均的销售利润率大于或等于计划期企业总体的目标销售利润率，就可以实现企业的目标成本规划。在实际应用中，根据各产品目标销售利润率是否随企业总体盈利水平同比例变化，具体又可分为以下两种情况。

①各产品目标销售利润率随企业总体盈利水平同比例变化。

如果企业要求各产品的目标销售利润率随企业总体的目标销售利润率

同比例增减变化，在这种情况下的具体计算步骤如下。

a. 按计划期的销售比重调整基期销售利润率，公式为：

按计划比重确定的基期加权平均销售利润率 = ∑某产品基期销售利润率 × 该产品计划期的销售比重

b. 根据总体规划确定企业计划期总体的目标销售利润率以及计划期的利润预计完成百分比，计算公式分别为：

计划期目标销售利润率 = 按计划比重确定的基期加权平均销售利润率 + 计划期销售利润率的预计增长百分比

计划期目标利润预计完成百分比 = 计划期目标销售利润率 ÷ 按计划销售比重确定的基期加权平均销售利润率

c. 确定各种产品的目标销售利润率，计算公式为：

某产品目标销售利润率 = 该产品的基期销售利润率 × 计划期目标利润预计完成百分比

d. 利用"倒扣法"即可确定企业总体的目标成本以及各产品的目标成本。

②各产品目标销售利润率不随企业总体盈利水平同比例变化。实务中各产品的目标销售利润率常常结合自身实际状况变动，而不随企业总体盈利水平同比例变化，在这种情况下，只要各产品的加权平均销售利润率大于或等于计划期总体的目标销售利润率即可。

三、目标成本的考核

目标成本考核是指定期通过成本指标的对比分析，对目标成本的实现情况和成本计划指标的完成结果进行的全面审核与评价，是成本会计职能的重要组成部分，其作用包括以下几点。

（1）评价企业生产成本计划的完成情况。

（2）评价有关财经纪律和管理制度的执行情况。

（3）激励责任中心与全体员工的积极性。

责任中心是指与其经济决策密切相关的，具有责、权、利相结合的部门。根据企业授权的范围不同，责任中心又分为收入中心、成本中心、费用中心、利润中心和投资中心。成本考核的重点是对成本中心中责任成本的考核。

1. 成本考核的范围

企业内部的成本考核，可根据企业下达的分级、分工、分人的成本计划指标进行。

责任成本是指特定的责任中心所发生的耗费。为了正确计算责任成本，必须先将成本按已确定的经济责权分管范围分为可控成本和不可控成本。这一划分是计算责任成本的先决条件。可控成本和不可控成本是相对而言的，指产品在生产过程中所发生的耗费能否为特定的责任中心所控制。可控成本应符合三个条件：能在事前知道将发生什么耗费；能在事中发生偏差时加以调节；能在事后计量其耗费。三者都具备则为可控成本，缺一则为不可控成本。

责任成本与产品成本是企业的两种不同成本核算组织体系，他们有时是一致的，有时则不一致。责任成本是按责任者归类，即按成本的可控性归类；产品成本则按产品的对象来归集成本。

2. 成本考核的主要内容

（1）编制和修订责任成本预算，并根据预定的生产量、生产消耗定额和成本标准，运用弹性预算方法编制各责任中心的预定责任成本，作为控制和考核的重要依据。

（2）确定成本考核指标，如目标成本节约额（即预算成本 – 实际成本），目标成本节约率（即目标成本节约额 ÷ 目标成本）。

（3）根据各责任中心成本考核指标的计算结果，综合各个方面因素的影响，对各责任中心的成本管理工作做出公正合理的评价。

3. 成本考核的指标

（1）实物指标和价值指标。

在成本指标中，实物指标是基础，价值指标是一种综合性指标。

（2）数量指标和质量指标。

（3）单项指标和综合指标。

单项指标是反映成本变化中一个侧面的指标，如单位成本。综合指标是总括反映成本的指标，如总成本等。

4. 成本考核的方法

（1）传统成本考核方法的内容。

传统成本考核指标主要是可比产品成本计划完成情况的指标。

（2）现代成本考核方法的内容。

主要是围绕责任成本设立成本考核指标，其主要内容包括行业内部考核指标和企业内部责任成本考核指标。

|第三节　功能成本管理|

一、功能、成本与产品价值

在保证产品质量的前提下，改进产品设计结构，可大大降低产品成本。根据国外有关资料显示，通过改进产品设计结构所降低的成本数额占事前成本决策取得的成本降低额的70%～80%。可见，大力推广功能成本管理，不仅可以保证产品必要的功能及质量，而且可以确定努力实现的目标成本，从而降低产品成本。

产品的功能成本管理是将产品的功能（产品所担负的职能或所起的作用）与成本（为获得一定的功能成本所必须支出的费用）对比，寻找优化产品成本的管理活动，其目的在于以最低的成本实现产品适当的、必要的功能，提高企业的经济效益。

产品功能与成本之间的关系可表示为：

$$价值 = 功能 \div 成本$$

二、提高产品价值的基本途径

提高产品价值的基本途径具体如图9－6所示。

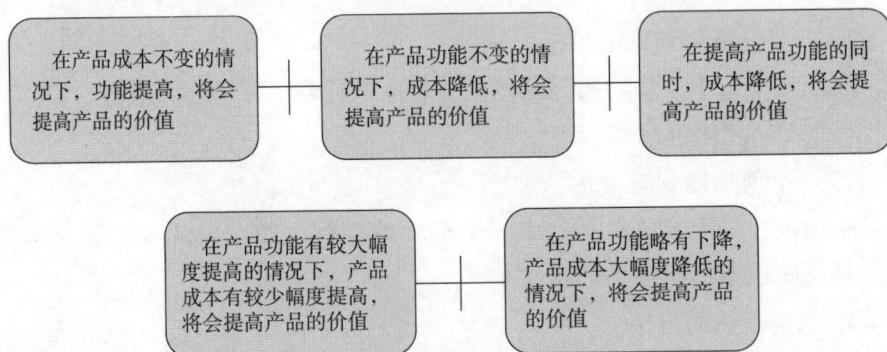

图9－6　提高产品价值的基本途径

三、功能成本管理的步骤

进行功能成本管理大致分为选择分析对象、围绕分析对象搜集各种资料、功能评价这三个步骤。

1. 选择分析对象

由于企业的产品（或零件、部件）有很多，实际工作中不可能全都进行功能成本分析，应有所选择，选择的一般原则如图 9 - 7 所示。

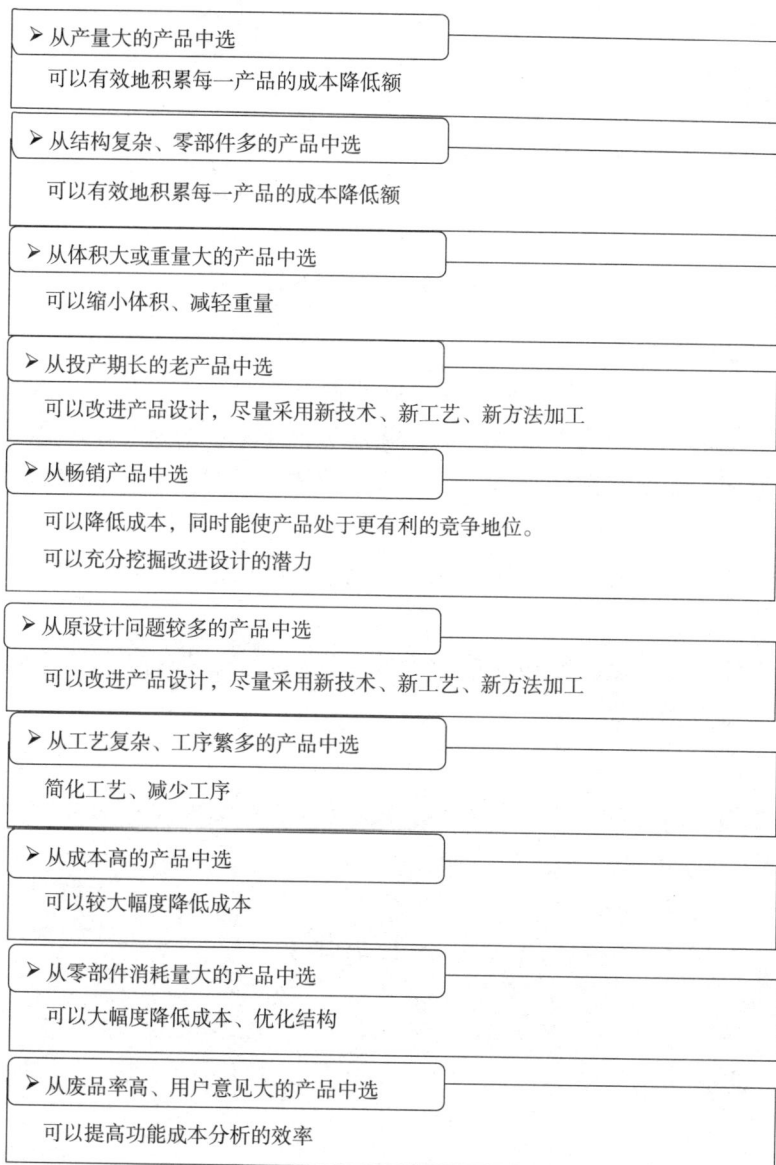

> 从产量大的产品中选

可以有效地积累每一产品的成本降低额

> 从结构复杂、零部件多的产品中选

可以有效地积累每一产品的成本降低额

> 从体积大或重量大的产品中选

可以缩小体积、减轻重量

> 从投产期长的老产品中选

可以改进产品设计，尽量采用新技术、新工艺、新方法加工

> 从畅销产品中选

可以降低成本，同时能使产品处于更有利的竞争地位。
可以充分挖掘改进设计的潜力

> 从原设计问题较多的产品中选

可以改进产品设计，尽量采用新技术、新工艺、新方法加工

> 从工艺复杂、工序繁多的产品中选

简化工艺、减少工序

> 从成本高的产品中选

可以较大幅度降低成本

> 从零部件消耗量大的产品中选

可以大幅度降低成本、优化结构

> 从废品率高、用户意见大的产品中选

可以提高功能成本分析的效率

图 9 - 7 功能成本管理选择分析对象的原则

2. 围绕分析对象搜集各种资料

分析对象确定后，应深入进行市场调查，搜集各种资料作为分析研究的依据，所需要的材料大致如图9-8所示。

产品的需求状况：如用户对产品性能及成本的要求、销售数量及结构的预期值、价格水平等。	产品的竞争状况：竞争对手的数量、分布、能力以及竞争对手在产品设计上的特点及推销渠道等。	产品设计、工艺加工状况：结合市场需求及竞争对手的优势，如在产品设计、工艺加工技术等方面存在的不足。	国内外同类型产品的其他有关资料：对于搜集到的各种资料，应进行详细分析去粗取精，去伪存真，增加分析资料的可靠性。	经济分析资料：如产品成本结构、成本水平、消耗定额、产品指标等。

图9-8 功能成本管理所需资料

3. 功能评价

功能评价的基本步骤包括：以功能评价系数为基准，将功能评价系数与按目前成本计算的成本系数相比，确定价值系数；将目标成本按价值系数进行分配，并确定目标成本分配额与目前成本的差异值；选择价值系数低、降低成本潜力大的作为重点分析对象。

功能评价的方法很多，主要的方法有评分法和强制确定法。

（1）评分法。

该方法按照产品或零部件功能的重要程度打分，通过确定不同方案的价值系数来选择最优方案。

【例9-4】 某产品各零部件功能重要程度采用0~4评分法评分的结果如表9-1所示。

表9-1 评分结果表

零部件	I	II	III	IV	V
I	×				
II		×			
III		3	×		
IV	0	1	2	×	
V	4	3	0	1	×

在不修正各功能累计得分的前提下，零部件 IV 的功能重要性系数为
（　　）

　　A. 0.15　　　　　B. 0.20　　　　　C. 0.23　　　　　D. 0.28

[答案] A

解析：先利用对角线规则将表中对应数据填上。

零部件	I	II	III	IV	V
I	×			4	0
II		×	1	3	1
III		3	×	2	4
IV	0	1	2	×	3
V	4	3	0	1	×

零部件 IV 的得分 = 0 + 1 + 2 + 3 = 6，用 0~4 法得分，五个零部件，不修正的情况下，总得分应该是 40 分，因此，零部件 IV 的功能重要性系数 = 6 ÷ 40 = 0.15。

（2）强制确定法。

这种方法也称为一对一比较法或"0、1"评分法，就是把组成产品的零件排列起来，一对一地比较，凡功能相对重要的零件得 1 分，功能相对不重要的零件得 0 分，然后将单个零件得分总计数被全部零件得分总数除，即可求出零件的功能评价系数。

【例 9-5】某产品各零部件功能重要程度采用 0~1 评分法评分的结果如表 9-2 所示。

表 9-2　评分结果表

零部件	I	II	III	IV	V
I	×				
II	0	×			
III	1	0	×		
IV	0	1	0	×	
V	0	1	1	0	×

则在不修正各功能累计得分的前提下，零部件Ⅱ的功能重要性系数为（　　）

A. 0.13 　　　　B. 0.20 　　　　C. 0.25 　　　　D. 0.33

【答案】B

【思路】采用0~1评分法确定功能重要性系数，根据该题的条件填充表格：

零部件	Ⅰ	Ⅱ	Ⅲ	Ⅳ	Ⅴ	功能总分	修正得分	功能重要性系数
Ⅰ	×	1	0	1	1	3	4	0.27
Ⅱ	0	×	1	0	0	1	2	0.13
Ⅲ	1	0	×	1	0	2	3	0.20
Ⅳ	0	1	0	×	1	2	3	0.20
Ⅴ	0	1	1	0	×	2	3	0.20
合计						10	15	1.00

零部件Ⅱ的功能重要性系数 = 2 ÷ 15 ≈ 0.13。

价值系数表示功能与成本之比，如果价值系数等于1或接近于1，说明功能与成本基本相当，因而也就不是降低成本的主要目标；如果价值系数大于1，说明零件的功能过剩或成本偏低，在该零件功能得到满足的情况下，已无必要进一步降低成本或减少功能过剩；如果价值系数小于1说明与功能相比成本偏高了，应作为降低成本的主要目标，进一步寻找提高功能、降低成本的潜力。

4. 实验与提案

在功能评价的基础上，可对过剩功能和不必要成本进行调整，从而提出新的、可供试验的方案。然后，按新方案进行试验生产，在征求各方面意见的同时，对新方案的不足予以改进。新方案经进一步调整即可作为正式方案提交有关部门审批，批准后即可组织实施。

|第四节 质量成本管理|

质量成本的概念是由美国质量专家 A. V. 菲根堡姆在 20 世纪 50 年代提出来的，他将企业中质量预防和鉴定成本费用与产品质量不符合企业自身和客户要求所造成的损失一并考虑，形成质量报告，为企业高层管理者了解质量问题对企业经济效益应进行的质量管理决策提供了重要依据。此后人们充分认识到降低质量成本对提高企业经济效益的巨大潜力，从而进一步提高了质量成本管理在企业经营战略中的重要性。

一、质量成本的内涵

质量成本是指企业为了保证和提高产品或服务质量而支出的一切费用，以及因未达到产品质量标准，不能满足用户和消费者需要而产生的一切损失。质量成本一般包括：为确保与要求一致而做的所有工作即一致成本，以及由于不符合要求而引起的全部工作即不一致成本，这些工作引起的成本主要包括：预防成本、鉴定成本、内部损失成本和外部损失成本。其中预防成本和鉴定成本属于一致成本，而内部损失成本和外部损失成本，又统称为故障成本，属于不一致成本。

具体而言，预防成本是为减少质量损失和检验费用而发生的各种费用，是在结果产生之前为了达到质量要求而进行的一些活动的成本，它包括质量管理活动费和行政费、质量改进措施费、质量教育培训费、新产品评审费、质量情报费及工序控制；鉴定成本是按照质量标准对产品质量进行测试、评定和检验所发生的各项费用，是在结果产生之后，为了评估结果是否满足要求进行测试活动而产生的成本，包括部门行政费、材料工序成品检验费、检测设备维修费和折旧等。故障成本是在结果产生之后，通过质量测试活动发现项目结果不满足质量要求，为了纠正其错误使其满足质量要求发生的成本，分为内部损失和外部损失两部分：内部损失是指产品出厂前的废品次品损失、返修费用、停工损失和复检费等；外部损失是在产品出售后由于质量问题而造成的各种损失，如索赔损失、违约损失和"三包"损失等。上述概念也可用公式表示如下：

质量成本 = 预防成本 + 鉴定成本 + 内部损失成本 + 外部损失成本

质量成本（Cost of Poor Quality，COPQ）弥补了百万次品率的不足，其概念是造价不同的产品，质量问题带来的损失不同；同一次品，出现在供应链的不同位置，造成更换、维修、保修、停产、丧失信誉、失去以后生意等损失也不一样，如坏在客户处，影响最大，假设权重为100%；坏在公司生产线，影响相当大，假设权重为10%；坏在供应商的生产车间，影响最小，假设权重为1%。该产品价格为1 000元，在上述三个环节各出现次品一个，总的质量成本就是111 000元（100×1 000＋10×1 000＋1×1 000）。

这个指标有助于促使在供应链初端解决质量问题，在一些附加值高、技术含量高、供应链复杂的行业比较流行，例如，在美国飞机制造业，附加值高、技术含量高、供应链复杂行业等设备原厂（OEM）采用得比较多。

二、质量成本的分类

质量成本按照不同的标准可以分成不同的类别表现形式，具体如图9－9所示。

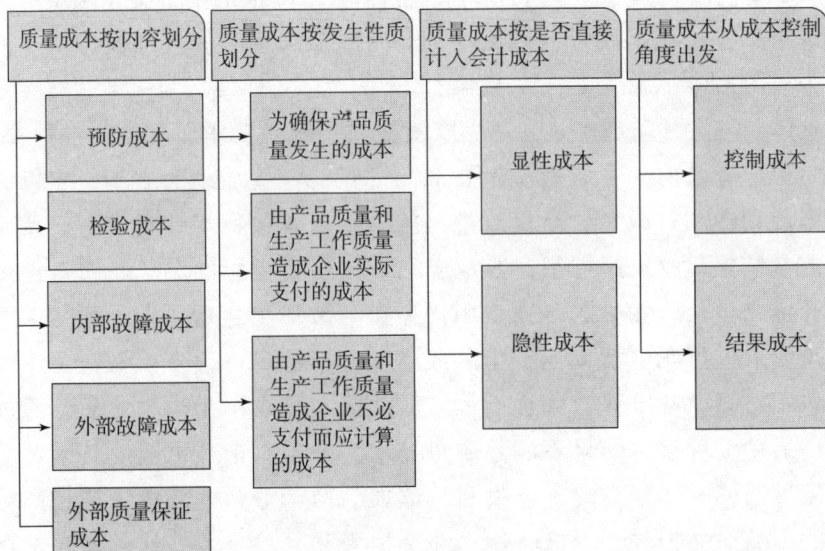

图9－9 质量成本的分类

预防成本是用于保证和提高产品质量、防止产品低于质量标准而发生的各种措施费用，包括新产品评审费用、质量计划工作费用、工序控制费用、全员质量培训费用、质量改革措施费用、质量审核费以及其他费用。

检验成本是用于试验和检验，以评定产品是否符合所规定的质量标准所支付的费用，包括原材料、在制品、半成品的检验费用、工序检验费、设备检查费、产品检验费、检测手段维护校验费等。

内部故障成本是指企业生产的半成品和产成品在出厂前因质量缺陷发生的损失和修复费用，包括返工费用、复检费用、废品损失以及产品等级降低造成的损失等。

外部故障成本是指交货后因产品不能满足质量要求所造成的损失，包括保修费用、退货损失、折价损失、责任赔偿费、诉讼费等。

从质量成本的构成上看，第一、第二类成本是可控制成本；第三、第四类成本是结果成本，这四部分构成了企业的质量总成本。一个企业质量总成本的高低，取决于各构成要素之间的相互关系。当企业产品质量差时，说明用于预防和鉴定上的开支较少，从而导致内、外部故障成本升高，质量总成本随之升高；当企业产品质量大幅度提高时，说明用于预防费用上的开支大幅增加，虽导致内外部故障成本下降，但总质量成本仍比较高；当企业产品质量有一定提高，用于预防上的成本虽有上升，但内部故障成本则相对下降，使质量总成本处于一个比较适当的水平。因此，科学地选择一个既能满足市场需要的质量产品，又能使企业总质量成本处于相对合理（较低）的范围之内，是质量成本控制的最终目的。

三、质量成本管理

质量成本管理是对产品从市场调研、产品设计、试制、生产制造到售后服务的整个过程进行的质量管理，是全员参加的对生产全过程的全面质量管理，具体过程如图 9 - 10 所示。

四、质量成本模型

通过以上分析可以看到，如果企业的管理者对质量管理不够重视，企业的质量成本将会很高。一般认为把质量成本控制在销售额的 2%~4%，但研究发现，美国企业的实际质量成本平均占到销售额的 10%~20%。二者差距意味着改善质量可使企业盈利能力显著增强。因此，对质量成本进行计量和控制有很大意义。

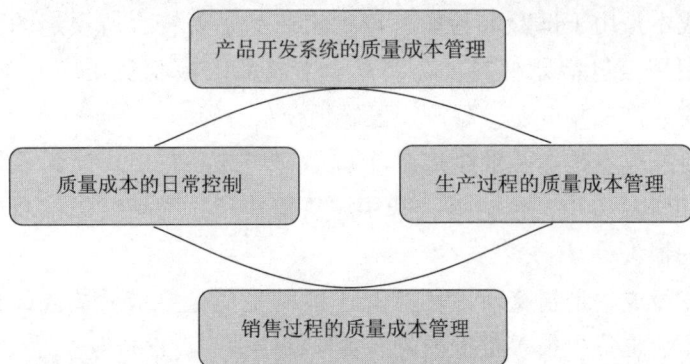

图 9 – 10　质量成本管理的过程

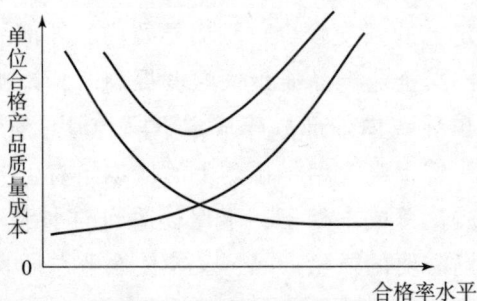

图 9 – 11　质量成本曲线

从图 9 – 11 可以看出，质量成本有一个最佳值，即适宜的质量成本水平。由于企业的生产类型、产品结构等条件千差万别，其质量成本最佳值是有差异的。

质量成本各项目间存在着相互影响、相互作用的关系。质量成本特性曲线显示了质量成本最佳值的概念及其对应的适宜质量水平的概念，将上图中表示质量成本曲线上的最低点附近的区域加以放大，将此区域划分为三个小区域，可以通过质量成本项目构成的比例来说明各活动区域的特点及在质量管理方面应采取的对策建议。

质量改进区由内、外部损失成本占主导地位，说明生产工艺过程很不稳定，预防性措施不利，在这种情况下，应加强质量管理，采取突破性措施予以改进，以降低质量总成本。

质量适宜区生产过程比较稳定，不易找到更大的潜力，应将质量管理活动的重点转向控制，如图9－12所示。

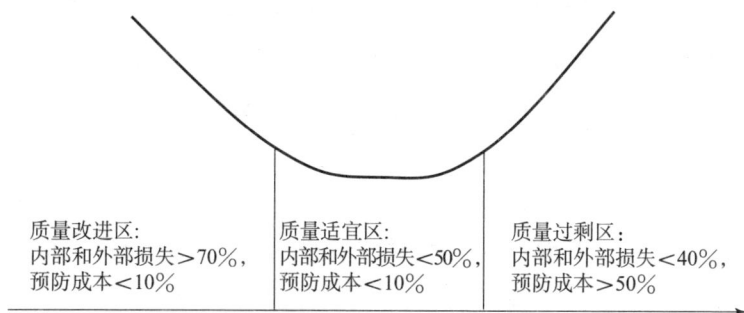

质量改进区：
内部和外部损失＞70%，
预防成本＜10%

质量适宜区：
内部和外部损失＜50%，
预防成本＜10%

质量过剩区：
内部和外部损失＜40%，
预防成本＞50%

图9－12　质量成本最佳区域图

质量过剩区检验成本大于损失成本，检验成本占主导地位，说明有许多检验措施失去了经济意义，应该重新审查各项检验活动的有效性，降低质量标准中过多的成分，使检验成本有所下降。

随着时间的推移、新技术的不断出现和采用，不同企业、不同产品、不同时期的最佳值也会发生变化。因此，企业应该通过自己的实践，不断积累数据，建立自己的定量模型，不断探索并向最佳区域探求预防成本、检验成本、内部损失成本、外部损失成本之间适合的比例关系。

五、质量成本的核算

质量成本的核算是开展质量成本分析、撰写质量成本报告、制订质量成本计划、实施质量成本控制以及反映企业质量管理工作绩效的依据，是企业质量成本管理中的一个重要环节。

1. 质量成本的计量

由于质量成本的计量和确认是属于管理会计范畴，与企业日常财务核算的口径并不一致，因而不能完全纳入企业一般的财务会计核算体系中，以避免影响企业原来的会计体系的正常运转；另外，个别质量成本的数据在原会计科目中是无法提取的，也不能还原到会计科目中。因此，需要对质量成本的计量和确认根据其表现形式重新加以界定。

显性质量成本虽然是能够从企业的亏损记录中获取数据的成本，由预防成本、检验成本和内部故障成本构成，但是显性质量成本往往被掩盖于传统财务账簿中的各个科目里。因此，根据日常财务会计的记录追溯显性质量成本时，往往需要对与显性质量成本相关的财务会计科目当期发生额进行分析，找出其中可归属于显性质量成本的金额，再予以汇总，最后得出一定期间内显性质量成本的发生额及其明细资料。

对于隐性质量成本，它是由于提供的产品或服务低劣而导致的机会成本，几乎都是外部故障成本，通常不在会计记录中反映。

2. 质量成本核算账户的设置

在进行质量成本核算时，应设置"质量成本"一级科目，然后按质量成本的内容分设"预防成本""检验成本""外部故障成本""内部故障成本"二级科目，同时，再按照质量成本每一项内容的具体项目设置质量成本汇总表和有关明细表，以反映每项质量成本的发生和变化。

3. 质量成本的核算方法

质量成本核算是质量成本管理的重要环节。为了便于核算和明确责任，应当根据质量成本管理的具体内容、费用开支范围和发生的区域，将质量成本核算的责任落实到各有关部门，建立核算网点，明确传递程序，实行归口管理。

质量成本的核算方法可以归纳为三种基本方法：统计核算方法、会计核算方法和会计与统计相结合方法，三种核算方法的特点如图 9 - 13 所示。

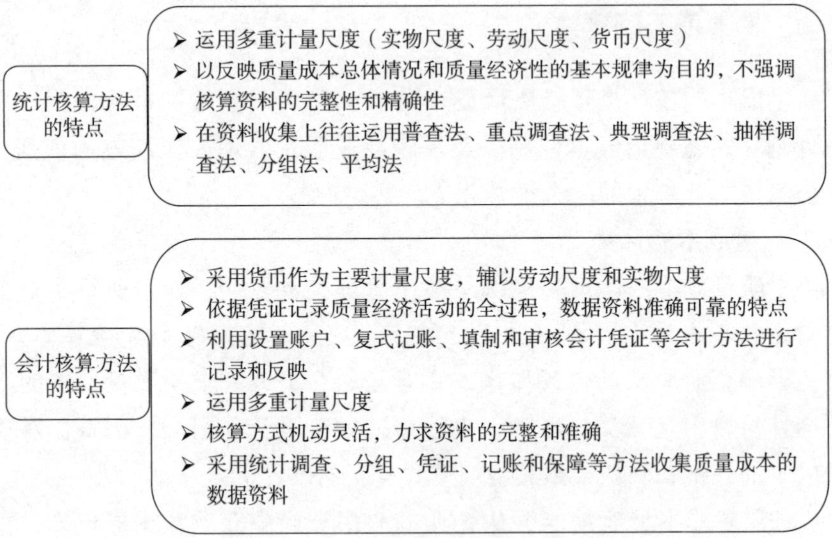

统计核算方法的特点
➢ 运用多重计量尺度（实物尺度、劳动尺度、货币尺度）
➢ 以反映质量成本总体情况和质量经济性的基本规律为目的，不强调核算资料的完整性和精确性
➢ 在资料收集上往往运用普查法、重点调查法、典型调查法、抽样调查法、分组法、平均法

会计核算方法的特点
➢ 采用货币作为主要计量尺度，辅以劳动尺度和实物尺度
➢ 依据凭证记录质量经济活动的全过程，数据资料准确可靠的特点
➢ 利用设置账户、复式记账、填制和审核会计凭证等会计方法进行记录和反映
➢ 运用多重计量尺度
➢ 核算方式机动灵活，力求资料的完整和准确
➢ 采用统计调查、分组、凭证、记账和保障等方法收集质量成本的数据资料

图 9 - 13 三种核算方法的特点

以上三种方法各有不同的特点，其理论基础、优缺点和适用范围也各有不同，但三种方法也有共同之处：核算的目的和要求、原始数据及数据收集渠道、质量成本项目均相同。对于我国企业而言，由于企业的管理水平参差不齐，所面对的竞争者也各不相同，因而企业应结合实际情况，采用适合本单位的核算方法。

六、质量成本分析与报告

1. 质量成本分析

质量成本分析是综合运用质量成本核算资料，结合有关质量信息，对质量成本形成的原因进行分析。通过分析，寻求最佳质量成本水平下降低质量成本的途径，挖掘潜力，采取措施，实现质量成本管理目标，提高企业的经济效益和社会效益，质量成本分析的具体内容如下所示。

（1）质量成本总额分析。

质量成本与企业经济指标水平的比较分析，是计算各项质量成本与企业的整体或具体经济指标的比值。

（2）质量成本构成分析。

通过比较计划期的质量成本总额与上期质量成本总额或者计划期目标值分析其变化情况，从而找出其变化原因和变化趋势，此项分析可以掌握企业产品质量的整体情况。

（3）质量成本与企业经济指标水平比较分析。

质量成本在不同项目之间是相关联的，通过核算预防成本、检验成本、内部故障成本和外部故障成本分别占质量成本总额的比率，来分析企业质量成本的项目构成是否合理，以寻求比较合理的质量成本水平。

（4）故障成本分析。

由于预防成本和检验成本的计划性较强，而故障成本发生的偶然因素较多，所以故障成本分析往往是查找企业产品质量缺陷和质量管理工作中的薄弱环节的主要途径。

2. 质量成本报告

质量成本报告是根据日常质量会计核算资料归集、加工、汇总而成的，用以反映质量成本管理活动过程和结果的一种非总结性文件。质量成本报告可按照报送时间、对象和形式不同分成不同的种类，具体如图 9 - 14

所示。

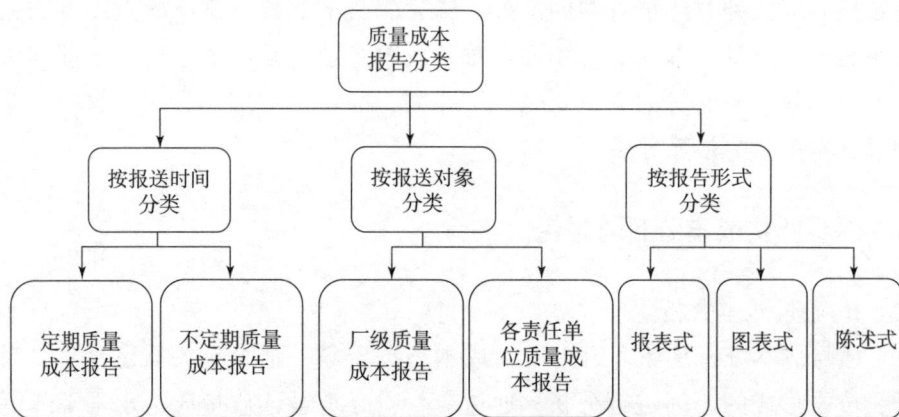

图 9 –14 质量成本报告的分类

就其所要披露的内容以及为了满足质量成本控制的要求，企业的质量成本报告一般有：质量成本表、质量损失表、质量收入表、质量损益表、质量成本及损益表、质量财务情况说明书等。

质量成本报告可依据重要性原则，按年、季、月编制，这样可以对管理人员和员工朝着实现"零缺陷"的理想目标不断施加压力。

质量成本报告披露的内容一般有：各成本项目的实际金额与比较标准、各成本项目的比例关系、以往各期质量成本的数据资料、质量成本与销售额、销售成本（制造成本）、直接人工工时或固定资产等的比例关系、质量收入、质量损益、与同行业或竞争对手的比较资料、特殊或重大项目的分析说明等。

第十章　多管齐下
——成本控制措施的综合应用

　　以企业整体经营目标为基础的预算，已经成为不可或缺的管理手段，它在企业的经营管理中起着目标激励、过程控制及有效奖惩的重要作用。由于全球金融市场的大动荡，基础原材料和能源价格的大幅上涨，导致企业成本压力陡升，企业目标利润的实现面临前所未有的挑战。因此，将成本控制理论付诸实践，掌握基本的成本控制实务，使企业在经济动荡中稳健发展已成为当务之急。

|第一节　材料要减肥|

一、材料成本的构成

　　材料成本主要由五大要素构成，而材料成本的控制也可以从这五大要素着手展开，如图 10 - 1 所示。

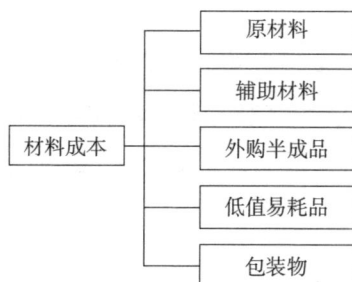

图 10 - 1　材料成本的要素构成

（一）原材料

原材料是指企业为生产产品而耗用的从外部购入的原料及辅助材料，其消耗与产品的产量成正比。原材料的耗费是产品成本的主体，需要从以下几个方面进行控制。

（1）在产品的开发阶段做好技术与工艺流程的设计工作，有效利用原材料。

（2）做好原材料需求计划，避免在采购时多采或少采，造成挤占资金或增加采购费用。

（3）控制原材料的采购价格，购买原材料时要货比三家，尽量降低原材料的采购费用。

（4）制定原材料的消耗定额，并指定专人进行管理。

（5）制定原材料的相关存储规定，避免原材料在仓储期间的损耗。

（二）辅助材料

辅助材料是指在产品的制造加工过程中起辅助作用，但不构成产品主要实体的消耗性材料，包括焊接类、油漆类、油脂类、溶剂类、胶水类、防护类材料等。在生产作业管理过程中，对辅助材料进行控制的方面如下。

（1）根据产品特点与影响确定辅助材料的因素，选取不同的方法合理确定辅助材料的需求量与消耗定额。

（2）控制辅助材料及特殊辅助材料的采购价格。

（3）指定专人负责辅助材料的保管、发放及统计等工作。

（4）制定辅助材料的消耗定额，避免浪费。

（5）根据生产消耗作好辅助材料需求计划，避免因缺料或紧急采购造成成本的增加。

（三）外购半成品

半成品是指经过一定生产过程并已经检验合格，但尚未制造完工成为产成品，仍需进一步加工的中间产品。外购半成品是指企业为生产产品而耗用的从外部购入的各种半成品，需要从以下几个方面加强控制。

（1）根据公司的产能、产品等因素，制定科学的外购半成品需求计划，控制外购半成品的采购数量，降低外购半成品的采购成本。

（2）加强对外购半成品的检验，确保外购半成品的质量合格，减少外购半成品的重购或调换费用。

（3）加强对外购半成品的库存管理，防止库存中外购半成品的损耗或报废，降低外购半成品的仓储成本。

（4）规范外购半成品的领用、发放程序，禁止随意领用、发放外购半成品。

（5）定期对外购半成品的费用支出进行核算，对超出外购半成品平均费用的支出项目进行审核，查找原因后制定改善措施。

（四）低值易耗品

低值易耗品是指价值在 500 元以下、使用期限在一年以内且不能作为固定资产的生产工具与生产用具，需要从以下几个方面加强控制。

（1）制定低值易耗品的消耗定额，根据生产计划及消耗定额确定低值易耗品的需求计划，控制需求数量。

（2）加强对低值易耗品的采购审批、采购价格的管理。

（3）指定专人负责低值易耗品的仓管、发放、使用统计等工作，控制低值易耗品的消耗定额。

（4）加强对使用中的低值易耗品的保养维护，延长其使用寿命，减少重购费。

（5）规范低值易耗品的报废管理程序，防止低值易耗品随意报废。

（五）包装物

包装物是指用于包装本企业产品的各种包装容器，如桶、罐、瓶、坛、筐、篓、袋等，需要从以下几个方面加强控制。

（1）技术部在设计产品包装物料时应采用质优价廉、新颖别致的包装材料，采购包装物料时进行询价对比，减少包装物料的支出成本。

（2）加强对包装物料的检验，防止劣质包装物料流入企业和投入产成品的包装作业中。

（3）加强对包装物料的库存管理，防止包装物料在存储过程中的损耗、贬值。

（4）制定包装物料损耗定额，做好包装物料的使用管理工作，防止因操作不规范造成包装物料的损伤。

（5）做好包装记录的填写、保存工作，定期进行核算。

二、原材料的成本控制

（一）控制措施

1. 确定原材料的消耗定额

（1）生产部根据生产任务单中的内容确定需要消耗的原材料并随生产指令一同下达给车间。

（2）技术部应根据以下资料文件确定原材料的消耗定额，并编制工艺技术文件。

①生产人员的工作技能。

②原材料消耗的历史记录等。

③产品的工艺流程与特性。

④设备的性能。

（3）生产车间根据确定的原材料消耗定额领料、控制成本。

2. 控制原材料的消耗

（1）生产领料单中需要注明所需的原材料数量，仓储人员根据原材料消耗定额核对原材料数量后，按照规定的程序进行定额发放。

（2）生产部组织相关人员规范生产人员的操作，避免因操作不规范造成原材料的浪费。

（3）生产人员在生产过程中根据原材料消耗定额的规定，合理利用原材料，提高其使用率，避免因出现边角料带来原材料的浪费。

（4）生产车间需要做好原材料的使用消耗记录，留做控制原材料消耗的依据之一。

（5）生产车间指定专人对现场的原材料进行管理，限额领用、限额发放。

3. 原材料中边角料的回收利用

（1）生产人员在使用原材料进行生产时，所出现的边角料不允许随便抛弃。

（2）对于不能拼接的边角料，须在适当的时候对其进行整理再加工，留作他用，努力做到"材"尽其用。

（3）生产车间负责统一回收在生产过程中出现的边角料。

（4）对于能拼接的边角料，在确保产品质量的前提下，尽量与原材料拼接使用。

4. 控制原材料的仓储

仓储部对原材料的仓储位置进行合理规划，根据各种原材料的特性安排储存，避免因原材料在仓储过程中发生锈蚀、变质等现象，而造成原材料的重购或维修，加大成本。

5. 控制原材料的采购

（1）采购部应选择、确定合格的原材料供应商以确保所购的原材料质量上乘、价格低廉，并将确定的原材料供应商报总经理审批。

（2）采购部根据原材料的需求计划及生产计划制定科学的原材料采购计划，确定合理的原材料采购品种、采购数量及采购批次，禁止无计划地采购与超量采购，增加原材料采购费用支出。

6. 原材料消耗的总结、分析

（1）生产部汇总各生产车间的原材料消耗报表，经过计算，与原材料消耗定额进行比较。

①当原材料实际消耗大于消耗定额时，应会同生产车间分析原因，制定改善措施。

②当原材料实际消耗小于消耗定额时，应会同生产车间分析原因，确认产品质量无误后，编制成相关文件进行推广。

（2）生产车间每日填制"原材料消耗日报表"，在下班之前上报生产部。

（二）考核和奖励

1. 奖励办法

（1）生产过程中因制造失误造成原材料无谓损失的行为和责任人，可参考公司人力资源部制定的《生产车间质量绩效考核办法》，实施相应惩罚。

（2）根据"××月份原材料消耗报表"反映出的原材料利用率数据，公司将核定出原材料利用率的基准线。

①若原材料利用率高于公司核定的基准线，公司进行数据核实后，将视利用率差额的大小，以相应的权重比例给予车间及班组负责人以及相关人员物质奖励。

②若原材料利用率低于公司核定的基准线，公司将要求车间及班组责

任人说明原因，情节严重者，公司将处以重罚。

③该方案试行后，生产部经理应收集实施情况，提出建设性意见，为该方案的决策提供参考。

④产品生产加工流程中各环节所产生的无谓损失由生产主管直接领导承担相应的责任。

2. 考核办法

以工艺文件中原材料计划用量为标准，按月通过对实际消耗用量的统计，与原材料计划用量进行比对，测算出当月的原材料利用率。

三、辅助材料的成本控制

（一）辅助材料的定义

辅助材料是指在生产过程中起辅助作用，不构成产品主要实体的消耗性材料，包括焊接类、油漆类、油脂类、溶剂类、胶水类、防护类材料等，可简称为"辅料"。

（二）辅助材料使用控制措施

1. 推行辅助材料定额使用制度

（1）制订辅助材料需求数量计划。

生产部根据生产计划，事先确定相应的辅助材料需求数量，报采购人员进行采购。

（2）确定辅助材料的消耗数量。

①辅助材料管理人员定期（如每星期、每月）到生产现场收集每件产品实际耗用每种辅助材料的数量，并进行统计，然后将统计结果报告生产部经理。

②生产部经理将结果转呈技术部，技术部根据辅助材料的理论消耗定额与实际消耗量确定辅助材料的标准消耗定额。

（3）安全库存预警。

为了避免辅助物料短缺对生产作业造成影响，辅助材料管理人员可设定辅助材料安全库存警戒线、提醒牌或报警装置等库存警示方法。

（4）实施辅助材料采购。

采购人员应根据需求数量、库存数量及其他实际情况，进行材料采购。

（5）按定额标准使用辅助材料。

生产现场操作人员应按颁发的定额标准使用辅助材料，现场管理人员予以监督、指导。

2. 推行辅助材料专人管理的制度

（1）辅助材料的派发控制。

辅助材料管理人员应按照公司相关规定，根据生产任务单中原材料的使用限额确定辅助材料的使用限额，并按照限额进行发放。

（2）指定专管辅助材料的人员。

指定专职人员负责辅助材料的保管、派发、统计等工作。

（3）辅助材料的统计。

辅助材料管理人员应在每日定时走访各生产岗位，查验辅助材料的使用情况，在下班前将其登记在"辅助材料使用日报表"中。

（4）当日车间剩余材料及时上报。

辅助材料管理员若在下班前的走访中发现限额领用的辅助材料有剩余，应立即上报车间主任，由车间主任调查情况、分析原因，制定改善措施。

3. 辅助材料应分门别类进行保管

辅助材料的存储保管，需按用途或温（湿）度、通风与密闭、防火防爆等要求的不同，分门别类管理，如危险品需要隔离管理，胶水需要在阴暗处存放，易燃易爆品要在无烟火处存放，以有效地防止辅助材料发霉、变质，预防产生呆滞料或减少呆废料数量。

4. 辅助材料报废的控制

（1）部门辅助材料更换规定。

用完的残渣、壳体，不能随便扔进垃圾堆里，要凭剩下的残物（如残渣、壳体、包装盒、包装袋等）进行更换，这项规定的作用主要体现在以下 5 个方面。

①可按同一标准确认损坏程度，防止误判。

②可防止再次冒领。

③有的残物可变卖，化废为宝。

④可核对辅助材料进出数量有无差异。

⑤有些残物要特殊对待，不能当作一般生产垃圾处理，要交由专业公司处理。

（2）基本要求。

报废辅助材料时，手续要齐全。

（3）辅助材料报废审批程序。

在按上述第③、⑤项处理时，辅助材料管理人员要认真填写"辅助材料废弃申请表"，填写辅助材料的名称、型号、数量、废弃理由、日期、经办人、批准人等栏目，报主管人员审批后方可实施。

5. 设置辅助材料管理台账，每次入库、派发都要有记录

每种辅助材料都要设置台账进行管理，每次辅助材料的入库、派发都要详加登记，既可以随时掌握辅助材料的进出情况，又方便了每周或每个月的辅助材料统计分析工作，便于从中发现一些规律。

在辅助材料管理台账上区分新领和更换（以旧换新）两种方式，新领要由班组长批准，更换则需要退还用后剩余的残壳，如外包装盒、袋、套等物，无须班组长批准即予更换。

四、外购半成品的成本控制

（一）控制措施

1. 外购半成品的质量控制

公司需要控制外购半成品的质量，防止因采购质量或库存质量的不合格造成外购半成品无法使用，进而重新采购、增加外购半成品的使用成本。控制外购半成品的具体措施如下。

（1）采购部应选择合格的供应商（如与公司有长期业务往来且信誉良好）采购外购半成品，以确保其质量，具体选择办法如下。

①从公司合格供应商名单中直接选取。

②若公司合格供应商名单中没有合适的供应商，则采购部应重新选取新的供应商，具体选取的办法可参考公司《供应商管理办法》中相关条款的规定。

（2）质量管理部根据产品的特性和外购半成品的技术要求编制相应的质量检验标准与检验规范。

（3）外购半成品入库后，仓库管理人员应根据外购半成品的特性将其置于合适储位，防止磕碰、锈蚀、变质等现象的发生，必要时应对外购半成品进行维护保养，确定外购半成品的库存质量。

（4）采购的外购半成品在入库前必须由质量管理部的检验人员按照相

关的检验标准与检验规范进行验收，验收合格后盖章签字确认，方可办理入库手续。

2. 外购半成品的数量控制

公司需要控制外购半成品的数量，将其根据生产需要控制在一个合理的水平，减少因多采导致仓储保管费用、管理费用等的上升，或因少采导致紧急采购、特采所带来的额外成本，控制外购半成品数量的具体措施如下。

（1）生产部根据公司的生产计划和生产能力，确定需要外购的半成品的数量并报运营总监批准。

（2）仓储部做好外购半成品的账簿记录，根据外购半成品的收支状况随时更新外购半成品的库存数量并定期上报。

（3）仓储部根据生产计划和公司生产能力及采购周期等因素，确定外购半成品的安全库存量，当外购半成品的数量接近或达到安全库存量时，应及时上报。

（4）采购部根据外购半成品所需的数量、仓储报表等资料，确定外购半成品的合理采购数量和采购批次，并报运营总监进行审批。

3. 控制外购半成品的采购价格

外购半成品的采购价格直接关系到产品的成本，采购部在外购半成品时，在保证其质量的前提下应尽量降低其采购价格，确定的采购价格必须经运营总监与总经理审核后方可进行采购。

4. 控制外购半成品的使用

公司需要控制外购半成品的使用，防止因使用不规范，造成外购半成品的报废或修理增加使用成本。外购半成品使用控制的具体措施如下。

（1）生产部组织各生产车间对生产人员的操作规范进行培训，纠正其不正确的操作方式。

（2）生产车间应指定专人对外购半成品的使用状况进行记录，并定期向生产部汇报；发现记录异常应立即查找原因，制定改善措施。

（3）生产车间的管理人员在生产中应不停地巡视、监督、指导，防止使用外购半成品时出现不规范操作。

（4）技术部确定使用外购半成品的操作规范，并将其编制成文件下发至相关部门。

5. 控制外购半成品的领用与发放

公司应控制外购半成品的领用发放，防止因出现生产人员随意领用或仓库人员随意发放的情形，造成外购半成品的现场存量过多，导致损伤或外购半成品的数量管理混乱，从而增加外购半成品的成本。

（1）外购半成品发放的控制措施如下。

①仓储部应制定外购半成品的发放制度与程序，进行严格控制。

②仓库管理人员发放外购半成品时必须审核领料单中的内容、数量、领料人及相关审核人，各项内容都符合规定的要求后，方可准许领料；否则，仓库管理人员有权拒绝。

③外购半成品根据生产任务采取限额发放的方式。

（2）外购半成品领用的控制措施如下。

①生产车间应对外购半成品的领用进行记录，内容包括领用时间、数量、领用人、生产工序等，在每日下班前，由外购半成品的管理人员进行检查，将生产现场剩余的外购半成品记录后统一回收、保管，防止其丢失、损坏。

②生产车间应指定专人负责外购半成品的领用事宜，非指定人员禁止领取外购半成品。

③车间领料员从仓库领料时，除携带填制好并经过审批的领料单之外，还应该携带生产指令单。

④生产车间根据各生产人员的工序与技能及生产任务的需要，限制生产人员领用外购半成品的数量，防止因生产现场的外购半成品数量过多发生碰伤、砸伤、拉毛等现象。

（二）相关职责

1. 质量部

（1）组织质检人员对外购半成品进行检验，确保外购半成品的质量。

（2）编制外购半成品的检验标准及检验规范。

2. 技术部

（1）确定外购半成品的使用规范，编制相关的技术文件。

（2）确定外购半成品的技术参数与性能要求。

（3）出具外购半成品的技术图纸，确定外购半成品的外观尺寸。

3. 采购部

（1）控制外购半成品的采购价格与采购数量。

（2）编制外购半成品的采购计划。

4．仓储部门

（1）保管外购半成品。

（2）确保外购半成品账物相符。

（3）按规定程序发放外购半成品。

5．生产部

（1）规范外购半成品的操作要领，防止在操作过程中损坏外购半成品。

（2）根据生产计划与公司产能，确定外购半成品的数量。

五、低值易耗品的成本控制

（一）低值易耗品的定义

低值易耗品主要是指在生产中单项价值不超过 500 元人民币、使用年限在一年以内，无法计入固定资产的劳动用具，如生产工具、生产用具等。

（二）控制措施

1．确定低值易耗品的使用期限及数量

公司应确定低值易耗品的使用期限和使用数量，控制低值易耗品的使用，防止无限制地领用和发放，降低其采购成本。

技术部应收集相关资料确定低值易耗品的使用期限和数量，具体资料包括以下 3 个方面。

（1）低值易耗品消耗的历史记录。

（2）产品的工艺流程。

（3）产品的质量、生产等方面的操作规范与工作标准。

2．推行负责人制

公司在管理低值易耗品时可推行负责人制，即将每一件低值易耗品承包给相应的责任人，由其使用、维护与管理，防止出现因无人负责而造成低值易耗品有人用、没人管，老化加速，成本支出增加，具体措施如下。

（1）低值易耗品相关责任人的具体指派方法如下。

①生产人员所使用的低值易耗品的责任人为该项低值易耗品的使用人。

②生产班组使用的低值易耗品的责任人为班组长。

③各个车间之间共用低值易耗品的责任人由生产部指派。

④生产车间共用的低值易耗品的责任人为车间主任或由车间主任指定专人负责。

（2）指定低值易耗品的负责人时，本着"谁使用、谁负责"的原则进行指派。

（3）各相关指定负责人负责低值易耗品的使用、管理、保养等相关事项，若出现损坏，由责任人承担主要责任。

3. 建立低值易耗品的相关记录

公司应建立低值易耗品的相关记录，在低值易耗品成本过高时可依据详尽的记录分析原因，制定改善的措施，具体内容如下。

（1）生产部根据车间、班组、个人的归属关系将其各自保管的低值易耗品归属造册，其内容应详细记录每件低值易耗品的名称、规格、数量、单价、领用时间、保管负责人等内容。

（2）仓库管理人员应详细记录低值易耗品的到货、发放情况，并定期进行盘点，确保低值易耗品账物相符。

（3）各低值易耗品的负责人在领取新的低值易耗品时，生产部的低值易耗品记录应及时添加、更新。

（4）车间建立低值易耗品的消耗报表，定期进行统计，记录低值易耗品消耗的详细状况，上报生产部。

4. 控制低值易耗品的使用

公司需要控制低值易耗品的使用，防止因使用不当造成低值易耗品的损坏，增加其费用支出，具体措施如下。

（1）生产车间的管理人员应定期检查各相关负责人对低值易耗品的管理，发现损坏后要求负责人及时进行申领，必要时可要求质量管理部协助鉴定低值易耗品的损耗程度。

（2）低值易耗品的使用注意事项应制作成管理看板，置于相关责任人的附近。

（3）生产车间的管理人员应经常巡视、监督、指导相关低值易耗品的使用，及时纠正不正确的低值易耗品的使用行为。

5. 控制低值易耗品的领取、发放

生产车间应严格控制低值易耗品的领取、发放，禁止低值易耗品的随意领取与滥发，以免造成低值易耗品的成本上升，具体措施如下。

（1）低值易耗品的非正常领取。

①确因实际情况需要领取低值易耗品时，其责任人需要填制申领单，详细说明申领缘由，经车间主任签字后，交指定的领料人员去领取。

②相关人员应核定低值易耗品的使用寿命，在其核定的使用期限内，低值易耗品的责任人不得领取这些低值易耗品。

③在使用期限到达前领取低值易耗品时，其责任人应根据申领缘由支付相当于低值易耗品价值30%～100%的费用，款项从低值易耗品负责人的月工资中扣除。

（2）生产车间应有专人负责低值易耗品的统一、管理等工作。

①除指定的专人外，其他人员禁止到仓库领取，同时仓库也不得向指定专人以外的人员发放低值易耗品。

②各生产车间需要指定专人负责低值易耗品的领取、发放，并将指定人员的名字上报生产部，由生产部备案后转交仓库。

③指定的低值易耗品专人应登记所负责车间的所有低值易耗品的领用时间、换取时间及各低值易耗品的责任人。

（3）低值易耗品的领取执行"以旧换新"规定。

相关人员在领取低值易耗品时，必须拿旧的低值易耗品换取新的低值易耗品，若无旧低值易耗品，需要详细说明理由，并由所在车间的车间主任签字证明，否则一律不予发放新的低值易耗品。

六、包装物的成本控制

（一）相关职责

1. 技术部

（1）合理设计产品的包装，并确定外包装所用的材料。

（2）确定产品的包装规范及标准，并编制相关的技术文件，如《包装作业指导手册》。

（3）确定产品包装的工艺流程。

2. 质量部

（1）检验包装的质量。

（2）严格检验采购的包装材料。

（3）根据包装的工艺及产品要求制订包装检验的标准和规范。

3. 采购部

（1）控制包装物料的采购质量和采购价格。

（2）编制包装物料的采购计划。

4. 生产部

（1）指导包装人员按包装规范进行操作。

（2）定期统计包装材料的消耗额度，会同生产车间分析偏差原因，指导生产车间制订改善措施。

（3）根据生产计划及相关报表编制包装材料的需求计划。

（二）包装物料控制措施

1. 确定产品包装的操作规范并实施

公司需要确定产品包装的标准与规范，使得负责产品包装的人员按照标准规范去操作，以免因使用过多的包装物料，造成包装物料成本的增加，具体措施如下。

（1）生产部应组织人员学习包装作业指导手册的内容，并反复练习，在包装作业中必须依据包装作业指导手册进行操作，否则一旦造成包装物料的浪费，由相关责任人承担应负的责任。

（2）技术部应根据产品的要求及包装物料确定产品包装的规范化操作方式，力求在确保产品质量的前提下所使用的包装物料最少，并将相关的操作说明编制成作业指导手册，下发给生产部、质量管理部等相关部门。

2. 确定包装物料的使用定额

公司需要确定产品包装的规范，并由此确定各类包装物料的使用定额，防止造成包装物料的浪费，增加包装物料的使用成本，包装物料使用定额的确定步骤如下。

（1）技术部应根据产品的定位及质量要求设计产品的包装，统一每一种类产品的包装并标准化。

（2）技术部应根据设定的包装工艺流程及包装类别标准，确定不同包装的包装物料使用定额，并编制成文件下发给相关部门。

（3）技术部在设计产品的包装物料时应着重考虑其成本及性价比，应采用高性价比的包装物料，以降低产品的成本。

3. 控制包装物料的采购价格、采购数量与采购种类

公司需要将包装物料的采购价格、采购数量与采购种类控制在适当水

平，防止因采购价格过高造成包装物料的成本升高或因采购数量与采购种类的失控造成包装物呆料滞料的产生且需要重新采购进行弥补，从而增加包装物料的总成本，具体措施如下。

（1）相关部门应定期（以月或季度为单位）编制包装物料的市场信息表，包括供货厂商的基本信息、供货价格、优惠幅度等相关内容。

（2）生产部应根据生产计划和相关报表（如仓储报表）及包装物料的需求定额，编制合理的包装物料需求计划，交采购部进行采购。

（3）公司应建立随时收集所需包装物料价格信息的机制，以便随时了解、掌握包装物料的市场价格变化，此项活动以采购部为主导，其他对外部门予以辅助。

4. 控制包装物料的使用

公司需要控制包装物料的使用，防止在使用包装物料的过程中由于操作的不规范造成包装物料的损耗，导致其成本增加，具体措施如下。

（1）生产车间指定专门人员根据生产任务及使用定额领取当日所需的包装物料，并按照生产人员的工序要求限额发放。

（2）在每日下班前，生产车间应指定专人负责统计包装物料的损耗，并定期编制报表上报生产部。

5. 控制包装物料的质量

公司需要控制包装物料的质量，防止因包装物料的质量不符造成无法使用而增加包装物料的使用数量，加大其成本，具体措施如下。

（1）质量管理部根据产品的定位要求、质量标准、工艺流程确定包装物料检验的标准及规范。

（2）包装物料的库管人员应保管好库中的包装物料，防止发霉、受潮、变质等，以免造成包装物料的无谓损耗。

6. 举行包装物料节约竞赛

生产部应组织生产车间的包装人员开展节约包装物料的竞赛，对在保证产品质量的前提下，使用的包装物料比定额少的人员进行物质奖励，并颁给竞赛中的前三名"公司生产技术能手"称号。通过此种措施鼓励生产人员节约包装物料的成本，具体措施如下。

（1）生产部编制详细的方案报请主管、副总经理及总经理批准。

（2）生产部确定相应的时间、地点并联系相关部门，如技术部、质量管理部等。

（3）在竞赛中应确保经节约包装物料活动后，产品质量符合要求，包装作业符合规范，无过度透支包装设备或工具的情况发生。

（4）竞赛的奖金按照所节约成本的50%发放。

（5）包装物料节约竞赛应本着"公开、公正、公平"的原则举行，由生产部、质量管理部、技术部及总经理办公室派出人员与职工中的技术代表一同担当评委。

（6）在竞赛中涌现出的新操作手法或操作技术，经评判无误后，技术部应及时据此修改包装作业规范，生产部负责进行推广。

|第二节　人工应塑身|

一、人工成本的构成

（一）人工成本的定义

人工成本是指企业在一定时期内，在生产、经营和提供劳务活动中因使用劳动力而支付的所有直接和间接费用的总和，是企业人工投入的成本反映，是企业使用劳动力的货币量化表现。

（二）人工成本与工资的区别

提起人工成本，一些人常常会把它和工资混为一谈。那么，人工成本等于工资吗？让我们先看下面的案例。

【例10-1】　人力资源部陈经理刚一上班，开发部赵经理就打电话过来，要人力资源部帮忙招一个助理。陈经理考虑了一下问道："你们部门的人工预算有剩余吗？"赵经理说："有剩余，每月大概有4 500元左右。"陈经理回答说："如果工作需要，招人可以，但要在编制内。只是按照你们部门的人工预算，工资只能在3 800元以下。"赵经理听后问道："不是剩余4 500元吗？为什么工资只能在3 800元以下？"……

案例中的赵经理之所以产生疑问，原因在于他没有搞清楚人工成本和工资之间的关系，错误地把人工成本和工资等同起来。

我们知道，企业新录入一名员工，除支付工资外，还需为员工办理养老、医疗、失业、工伤、生育等各种保险以及住房公积金，并为员工提供员工餐、过节费、免费体检等各种福利，很显然，人工成本≠工资，它的范围要比工资大得多。

那么人工成本的构成要素都包括哪些呢，如图 10-2 所示。

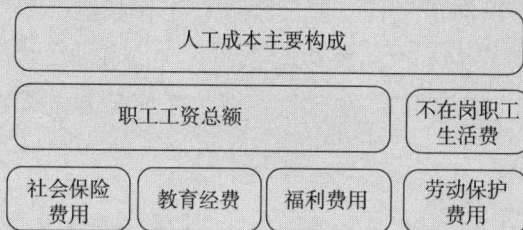

图 10-2　人工成本的主要构成

人工成本的主要构成要素包括从业人员的劳动报酬、不在岗职工生活费、福利费用、职工工资总额、社会保险费用、教育经费、劳动保护费用、住房费用、其他人工成本等。

在人工成本结构中，工资总额是最有激励作用的因素，也是构成人工成本的主要部分。因此，工资总额水平的控制以及各类人员工资水平合理拉开档次，充分体现按劳分配、效率优先的原则，是当前人工成本控制的关键性环节。

二、固定人工工资成本控制

（一）固定工资控制关键

固定工资是指企业为了保证员工生活必需的支出，根据员工的岗位、学历、技能等因素确定的、相对固定的工作报酬。固定工资一般包括岗位工资、补助、津贴等，企业生产人员的固定工资控制方法有以下几种。

（1）定期进行工作分析，为岗位定级和制订岗位工资标准提供依据。

（2）建立严格的岗位晋升机制。

（3）建立并执行岗位工资标准。

（4）根据国家和企业的规定计发津贴和补助。

（二）津贴控制

津贴是指补偿员工在特殊条件下的劳动消耗及生活费额外支出的工资补充形式。公司对津贴的相关控制，可参照《津贴控制方案》的相关规定执行。

（三）岗位工资控制

岗位工资是指以岗位责任、劳动强度、工作技能、工作环境等评价要素，确定的岗位系数为支付工资报酬依据的工资形式。为控制岗位工资，公司须明确规定各岗位工资标准，并根据实际情况制定合理的生产人员晋升、转岗机制。

1. 岗位工资分类标准

定期进行工作分析（包括责任、劳动强度、技能、工作环境等的分析），编制并更新岗位说明书，为岗位定级和制定不同的岗位工资标准提供依据。

2. 生产人员岗位晋升流程控制

（1）车间一线生产人员的晋升申请须由车间主任提报生产部经理审批签字后交人力资源部备案。

（2）车间生产管理人员的晋升申请须由生产部经理提报人力资源部备案。

（3）人力资源部协同生产部进行内部晋升培训。

（4）人力资源部对晋升人员进行考核。

（5）生产部经理、人力资源部经理对考核结果进行审核，并填写晋升意见。

（6）人力资源部负责人报公司总经理审批签字后发布"人事调动通知单"并张贴公告。

3. 生产人员岗位晋升相关规定

生产人员岗位晋升相关具体规定可参照公司制定的《生产人员岗位调动管理办法》。

（四）补助控制

公司对员工的工资补助包括午餐补助和交通补助两种形式，补助按月度随员工的工资发放。

1. 交通补助

公司车间主任每月享有固定交通补助 50 元，随工资发放。

2. 午餐补助

公司除车间主任以外的其他生产人员的餐补是每个工作日 8 元，车间主任餐补为每个工作日 10 元。公司人力资源部按考勤周期计算工作日数，从而得出每月各生产人员的总餐补补助。

三、加班工资成本控制

（一）加班与加班工资

1. 加班加点

加班加点是指在公司执行的工作时间制度的基础上延长工作时间。凡在法定节假日和公休假日进行工作的叫作加班，凡在正常工作日延长工作时间的叫作加点。

2. 加班工资

加班工资是指因在规定工作时间以外超时工作而支付的工资，包括加班工资与加点工资。

3. 加班加点适用范围控制

为控制生产人员的加班工资，做到必要加班，避免因无须加班而加班所造成的损失，公司须明确发生以下情况之一者，相关生产人员才能准许加班。

（1）在正常工作时间完不成任务但又必须在规定的时间内完成。

（2）临时布置的紧急生产任务。

（3）必须于下班后或休息日完成的任务。

4. 加班申请审批控制

为有效控制生产人员的加班费，公司须合理控制加班申请和加班时间的审批，确保必要加班、有效加班。

（1）车间主任根据车间生产计划，在加班申请表上签字后，交由生产部经理审批签字。

（2）经生产部经理审批通过后，车间班组长报人力资源部备案，并落实加班工作。

（3）特殊情况下（如紧急生产任务、生产事故等），生产车间可直接报生产部经理同意后实施加班加点作业，事后及时补填"加班申请表"报人力资源部备案，并注明原因。

（4）人力资源部审核加班申请手续是否完备，根据"加班申请表"计算生产人员加班工资。

5. 加班工资计算控制

（1）加班工资计算规定。

员工在国家规定节日（元旦、春节、劳动节、国庆节等）内加班，每小时加班工资按正常工作时间内每小时岗位工资的300%支付。

①员工周六、周日加班，每小时加班工资按正常工作时间内每小时岗位工资的200%支付。

②试用期人员工作日及休息日加班一律予以补休，并补贴误餐费，餐补为每人每餐8元。

③在生产任务紧急等特殊情况下，且员工加班超过4小时的，可经生产部经理、主管副总经理审批同意后，人力资源部按生产人员正常工作时间内每小时岗位工资的150%支付。

④因工作需要，生产人员需在工作日加班的，从公司规定的下班时间之后开始计算实际加班时间。加班时间超过1小时才能申报，加班4小时按半个工作日计算，以此类推。生产人员工作日加班，一般予以补休，不付加班工资，但补贴误餐费，餐补为每人每餐8元。

（2）补休规定。

考勤员根据员工工作日的加班情况，按公司规定登记员工补休时间和有效期限。生产人员须在有效期限内按请假规定事先填写"请假单"申请补休，未按规定事先办理补休手续的作旷工处理。补休有效期为半年，逾期作废，不能折抵薪资。

（3）计算依据。

加班时间应以考勤数据为依据，人力资源部考勤员核实"加班申请表"和考勤表，以便据实计算加班工资及办理补休。

6. 加班工资控制关键

生产人员的加班工资是指在企业执行的工作时间制度的基础上，因延长工作时间而支付的工资，包括加班工资和加点工资。凡按企业规定在法定节假日和公休假日进行工作的称为加班，凡按企业规定在正常工作日延长工作时间的称为加点。

企业生产人员（包括直接生产人员、辅助生产人员和生产车间管理人员）的加班工资控制方法有以下几种。

（1）明确执行加班申请范围，做到必要加班、有效加班。

（2）正确、规范填写"加班申请表"，及时交人力资源部备案。

（3）根据工作日加班情况，及时登记员工补休时间和有效期限，按规定办理补休手续。

（4）试用期员工按照人力资源部相关规定，享受加班补休待遇。

（5）严格依照国家相关法律法规计发加班工资，以免引起不必要的劳动纠纷。

（6）严格执行加班申请审批程序，未经任何审批而加班的，不支付加班工资。

四、计时工资成本控制

（一）计时工资控制关键

计时工资是指企业按照员工的工作时间来计算工资报酬的一种方式，企业生产人员计时工资一般由岗位工资、出勤工资、加班工资、奖金和工龄工资构成，其控制关键点主要包括6个方面。

（1）明确岗位等级及对应的工资标准，严格控制各岗位、等级生产人员的岗位工资。

（2）明确计时工资的构成，对其设立工资标准，做到有效控制。

（3）严格执行加班申请审批程序，按照国家相关法律法规计发加班工资。

（4）规范对生产人员的考勤管理，执行企业规定，根据员工的出勤状况，核算出勤工资。

（5）根据员工在企业服务的年限和所作出的贡献计发月工龄工资。

（6）贯彻每月生产任务，超额完成任务的，按企业规定的奖金核算办法计发月度奖金。

（二）加班工资控制

1. 加班申请审批权限

（1）紧急情况下，班组长可先获得生产部经理的许可后直接执行加班作业，事后填具"加班申请表"报人力资源部备案。

（2）生产人员加班须由班组长提出申请，经车间主任同意后填写"加班申请表"，经生产部经理审批签字后，报人力资源部备案，同时执行加班。

2. 加班申请控制

发生以下情况之一的，公司准许生产人员申请加班。

（1）必须于下班后或休息日完成的任务。

（2）在正常工作时间完不成任务又必须在规定的时间内完成。

（3）临时布置的紧急生产任务。

3. 加班工资的计算

加班工资的计算根据国家相关法律法规规定的标准予以执行。

（三）工龄工资控制

按照为公司服务年限的不同，员工所享受的工龄待遇也有所不同，工龄工资通常是按年递增。

1. 计算方法

（1）连续计算法，也叫工龄连续计算。例如，某职工从甲单位调到乙单位工作，其在甲、乙两个单位的工作时间应不间断地计算为连续工龄。如果职工被错误处理，后经复查、平反，其受错误处理的时间可与错误处理前连续计算工龄的时间和平反后的工作时间，连续计算为连续工龄。

（2）合并计算法，也叫合并计算连续工龄。指职工的工作经历中，一般非本人主观原因间断了一段时间，把这段间断的时间扣除，间断前后两段工作时间合并计算。如精简退职的工人和职员，退职前和重新参加工作后的连续工作时间可合并计算。

（3）工龄折算法。从事特殊工种和特殊工作环境工作的工人，连续工龄可进行折算。如井下矿工或固定在华氏32度以下的低温工作场所或在华氏100度以上的高温工作场所工作的职工，计算其连续工龄时，每在此种场所工作一年，可作一年零三个月计算。在提炼或制造铅、汞、砒、磷、酸以及化学、兵工等工业中，直接从事有害身体健康工作的职工，在计算其连续工龄时，每从事此种工作一年，作一年零六个月计算。

在计算一般工龄时，应包括本企业工龄在内，但计算连续工龄时不应包括一般工龄（一般来说，因个人原因间断工作的，其间断前的工作时间只能计算为一般工龄）。现在确定职工保险福利待遇和是否具备退休条件时，一般只用连续工龄，所以一般工龄现在已经失去意义。实行基本养老保险个人缴费制度以后，以实际缴费年限作为退休和计发养老保险待遇的依据，之前的连续工龄视同缴费年限。工作年限或连续工龄计算应按国家的相关规定计算，即"满"一个周年才能算一年。

2. 适用范围

公司规定，在公司工作满一年以上的正式员工享有月工龄工资。

（四）试用期员工计时工资控制

公司规定，执行计时制的试用期员工享有岗位工资、出勤工资，加班享受同等时间的加班补休，但不享受公司的奖金和工龄工资待遇。

五、定额工资成本控制

（一）定额工资控制关键

生产人员的定额工资是指企业在生产人员进行定额作业的基础上，按照生产人员完成定额的比例支付相应的工资报酬。生产人员定额工资的高低取决于其完成定额的多少，完成定额多，其工资就高；完成定额少，其工资就低。企业生产人员的定额工资控制方面如下。

（1）严格按照工时定额的制定流程，制定新产品的工时定额并严格执行。

（2）明确定额工时制定与执行的职责分工，制定科学合理的工时定额。

（3）严格按照工时定额的修改程序更新产品的工时定额并贯彻执行。

（4）按照企业相关规定，定期检查并更新产品生产工时定额。

（5）按照完成的定额计发相应的工资，贯彻多劳多得的方针。

（二）明确职责分工

1. 技术工艺部工时定额专员职责

（1）负责工时定额的统计分析工作，平衡各车间工时定额水平。

（2）依据公司工时定额标准及有关规定，负责公司内产品工时定额的组织制定和日常管理，并组织各车间贯彻执行。

2. 各车间核算员职责

（1）负责公司要求的各种报表的提报工作。

（2）负责工时定额在本车间内的贯彻执行和管理工作。

3. 公司工时定额审查小组职责

审查小组由主管副总经理指定技术工艺部和生产部相关人员组成，一般为 3 名主管及以上职位人员，其职责主要有以下三点。

（1）监督各车间对工时定额的执行情况。

（2）负责审查技术工艺部和生产部制定或修改的工时定额。

（3）每半年定期检查工时定额并组织修改定额。

（三）生产工时定额修改控制

1. 修改审批程序控制

（1）工时审核小组审查通过后，由主管副总经理审批签字。

（2）技术工艺部工时定额专员根据生产部工时定额调查和公司生产状况，提出修订工时定额申请，并拟订新额度工时定额。

（3）生产车间对产品工时定额有异议时，须及时向技术工艺部和工时审核小组提出，并填写"产品工时修改表"，技术工艺部和工时审核小组对其进行审核评价，交由主管副总经理签字后执行新的工时定额。

（4）技术工艺部发布新的产品工时定额，生产部、生产车间执行新的定额标准。

2. 工时定额临时修改控制

如遇下列情况之一，对定额有重要影响时，相关部门可申请临时修改定额。

（1）生产设备、工具发生改变。

（2）引进先进的技术和工艺，大大提高了生产效率。

（3）原材料规格发生改变。

（4）产品规格发生改变。

3. 工时定额检查

技术工艺部和工时审核小组每半年对工时定额复核一次，报主管副总经理批准生效后，生产车间执行新的工时定额。

（四）定额工资计发控制

公司按照生产人员完成的定额计发相应的标准工资，超过或低于定额即根据规定按相应比例增、减其工资，公司的定额工资计算公式如下：

$$定额工资 = 生产完成的工时定额 \times 标准工资率$$

在上述公式中，标准工资率是指每小时支付的工资额。若公司主要采用月工资制，可按照标准工资和用工总量计算出标准工资率。

（五）生产工时定额制订控制

1. 工时定额制订依据

（1）分析公司技术工艺水平和设备先进程度。

（2）根据生产工作经验对工时进行估算。

（3）对类似产品或工序间的对比分析。

（4）统计分析生产数据，根据多人生产同一种产品测出数据进行统计计算。

2. 工时定额制订原则

（1）考虑各车间、各工序、各班组之间的平衡。

（2）各尽所能，按劳分配。

（3）同一工序，同一产品，定额唯一。

3. 新产品工时定额制订流程

（1）技术工艺部确定新产品图纸。

（2）生产部、车间执行《新产品车间工时定额标准》。

（3）经技术工艺部经理和生产部经理审批签字后，报主管副总经理审批。

（4）技术工艺部工时定额专员协同生产部制订工时定额，编制《新产品车间工时定额标准》。

六、计件工资

（一）计件工资控制关键

计件工资是指企业按照生产人员生产合格产品的数量（或作业量）和预先规定的计件单价来计算工资报酬的一种工资形式，企业生产人员的计件工资需要从以下几个方面进行控制。

（1）根据已制订的工时定额计算计件单价，报相关部门或人员审批后执行。

（2）依照科学的方法制订产品或工序的工时定额，并严格执行审批程序。

（3）按照企业规定，每日系统录入统计各生产人员的日作业量，掌握生产进度。

（4）根据生产作业量、作业质量及日常工作表现，企业按月计发奖金。

（5）严格按照公司的计件工资核算方式进行工资核算。

（6）根据企业的实际情况，定期检查更新工时定额和计件单价。

（7）每天打印员工的作业量表，计算每位员工每日工资，便于月底计算、核对工资。

（二）计件工资的定义

计件工资是按照员工生产合格产品的数量（或作业量）和预先规定的计件单价来计算工资报酬的一种工资形式。

（三）统计生产人员日作业量

为确保正确计发计件工资，公司对单位产品或工序制订科学合理的计件单价的同时，须正确、及时统计生产人员每日作业量。公司应为生产车间的各生产人员建立一整套完整的基本作业档案，其操作方式如下。

（1）公司按照生产统计数据和技术工艺水平确定各产品工序的单价。

（2）根据输入的信息，每天打印出每个员工的工作情况，计算各个员工每日工资，便于月底计算、核对工资。

（3）车间统计员每日录入生产人员的作业情况，并及时上报车间主任。

（4）统计各产品或工序的生产情况，便于与库存进行核对。

（四）生产人员计件工资的计发控制

为控制生产人员的计件工资，首先须对公司各产品工序制订公平、合理的计件单价，为计件工资的计算与发放提供依据。

1. 计件工资的核算控制

公司计件工资的计算公式如下：

$$月计件工资 = 计件单价 \times 月作业合格量 + 奖金$$

$$计件单价 = 单位时间工资标准 \times 单位产品或工序的工时定额$$

在上述公式中，单位时间工资标准是指生产人员所在岗位每小时所得的工资报酬，具体数额根据公司具体情况确定。

2. 计件单价的制订审批程序

（1）单位产品或某工序工时定额由技术工艺部和生产车间根据公司生产统计数据和技术工艺水平来确定。

（2）计件单价经生产部经理、主管副总经理签字通过后，报财务部审核及总经理核准后生效。

（3）经主管副总经理审核通过后，车间根据工时定额计算计件单价。

（4）工时定额报生产部经理审批通过后，报主管副总经理核准。

3. 单位产品或某工序工时定额的修改控制

公司单位产品或某工序工时定额原则上每半年更新一次，但在实际工作中，执行计件工资的车间如遇下列情况之一，对定额有重要影响时，可临时修改定额。

（1）生产设备、工具发生改变。

（2）产品规格发生改变。

（3）原材料规格发生改变。

（4）引进先进的技术和工艺，大大提高了生产效率。

4. 计件工资发放控制

（1）计件工资以内部管理文件的格式制订，列入文控中心受控文件，废旧文件予以回收处理。

（2）计件工资由统计员根据计件单价按实核算，由车间主任审核，人力资源部核准。

（3）若计件工资核算有误，应由车间主任、统计员、员工个人三方共同商讨、勘误更正并签名认可方为有效，不可由车间单方面更正，否则更改结果不能生效。

（五）奖励

针对公司执行计件工资的正式员工的生产作业量、作业质量及日常工作表现，公司按月计发奖金。公司须对奖金的发放进行严格的控制和核准，相关部门核准奖金后报财务部核准，并经审核通过后，报人力资源部备案。

七、奖金工资成本控制

（一）资金控制关键

奖金是企业支付给员工的超额劳动报酬和对于增收节支的奖励，企业生产人员的奖金控制有如下几个关键点。

（1）做好出勤记录，据实核发全勤奖。

（2）建立完善的奖金制度，检查奖金制度的执行情况和奖金的发放情况。

（3）根据企业的经济效益和生产任务的完成情况，结合员工个人的工作表现，发放年终奖。

（4）按规定审批奖金，防止出现乱发、滥发奖金等问题。

（5）考核生产人员工作绩效，结合公司的经济效益，按季度发放优秀员工奖。

（6）执行绩效考核，根据生产计划的完成情况发放绩效奖。

（二）全勤奖控制

公司为鼓励员工出勤，保证在工作时间内完成生产任务，减少员工请假次数，特设立此奖金项目。

1. 发放依据

（1）人力资源部经理审批签字。

（2）财务部审核备案。

（3）人力资源部登记的生产人员出勤记录。

2. 发放标准

公司生产人员在公司的考核周期内出勤为全勤的，计发全勤奖。

3. 奖金计发

公司规定全勤奖为100元，按月随工资发放。

（三）绩效奖金控制

为提高生产人员的工作积极性和工作效率，保证完成生产任务，公司特设立绩效奖金，每月随工资一起发放。

1. 适用范围

适用于公司全体生产人员，但试用期人员及考核期内给予记过处分的人员除外。

2. 计发依据

（1）人力资源部核定的生产人员执行岗位职责情况。

（2）财务部审核备案。

（3）生产部每月核定的生产人员的生产绩效。

（4）公司主管副总经理审批签字。

（四）年终奖控制

公司年终奖是指根据公司年度经营状况和员工实际的工作表现于年底发放给员工的奖金。

1. 发放依据

（1）人力资源部依据汇总资料，考核得出的生产人员定量或定性的工作绩效。

（2）财务部向人力资源部提供的公司完成利润的经济指标数据。

（3）财务部审核备案。

（4）公司总经理审批签字。

2. 发放标准

（1）年度内每记功 1 次，计发相当于员工半个月的工资。

（2）一般情况下，生产人员的年终奖为员工当年月平均工资。

（3）年度内每受到公司表彰 1 次，计发相当于员工 2 天的工资。

3. 适用范围

适用于公司正式员工，但下列人员不包括在内。

（1）停薪留职者。

（2）工作中有重大过失者。

（3）在本公司工作未满一年者。

（4）中途离职者。

（五）优秀员工奖控制

车间主任根据生产人员的实际工作表现，组织车间内全体员工选出 1~2 名在本季度内工作表现优异的正式员工，报送人力资源部审核后，颁发优秀员工奖。

1. 发放依据

（1）生产部及各生产车间选举。

（2）财务部审核备案。

（3）人力资源部依据汇总资料，考核得出的生产人员定量或定性的工作绩效。

（4）公司总经理审批签字。

2. 适用范围

适用于在公司工作的正式生产人员。

3. 发放标准

优秀员工奖将按季度发放，奖金金额在 500 元~2 000 元不等，具体奖励标准与其具体工作业绩和公司的效益挂钩。

（六）管理检查工作

生产人员奖金的日常管理与检查工作主要是由人力资源部负责，生产部协助配合，其主要工作内容包括以下三个方面。

（1）人力资源部经常检查奖金制度的执行情况，按公司有关规定审批奖金总额，防止出现乱发、滥发奖金等问题。

（2）人力资源部须对员工有关奖金实施过程中提出的问题进行细致的解释和说明。

（3）生产部、人力资源部及时收集、了解奖金制度执行中出现的有关问题，分析其原因，采取相应的解决措施。

（七）补充说明

有下列情况之一者，公司可根据实际情况酌情减少或停发奖金。

（1）公司遇到不可抗力而影响到奖金的执行。

（2）公司经营状况不佳。

八、津贴工资

（一）津贴控制关键

津贴是指对员工在特殊条件下的额外劳动消耗或额外费用支出给予补偿的一种补充性工资形式，也可以是一种生活福利，企业生产人员的津贴控制有如下几个关键点。

（1）严格执行夜班津贴申请程序，按规定发放夜班津贴。

（2）人力资源部负责津贴的计算和发放管理。

（3）制定并严格执行住房津贴发放标准。

（4）财务部应定期审查津贴的发放情况是否符合规定。

（5）企业对高温作业的生产人员提供高温津贴，严格按照发放标准进行发放。

（二）津贴构成

津贴是指对员工在特殊条件下的额外劳动消耗或额外费用支出给予补偿的一种补充性工资形式，主要具备以下两个特点。

（1）津贴分配的唯一依据是员工工作所处的环境和条件的优劣。

（2）津贴分配相对均等。

根据实际情况，公司规定生产人员津贴主要有住房津贴、夜班津贴、高温津贴等。

（三）夜班津贴控制

适用于公司夜勤值班的正式生产人员。

（1）经生产部经理审批通过后，由车间核算员报人力资源部备案。

（2）"夜班值勤表"和"夜班津贴申请单"核对有误时，人力资源部须及时确认，找出原因并加以解决。

（3）人力资源部核对"夜班值勤表"和"夜班津贴申请单"无误后，按月同员工工资一起发放夜班津贴。

（四）住房津贴控制

适用于在公司住宅、宿舍及公司提供的设施以外居住的公司正式员工。

（五）高温津贴控制

针对公司高温作业的生产人员，公司须提供高温津贴。

（1）适用范围。

适用于高温作业的生产人员。

（2）发放标准。

高温作业的时间越长，其津贴就越多。

（3）发放形式。

高温津贴随员工工资按月发放。

九、浮动工资

1. 浮动工资控制关键

（1）制定并执行浮动工资的计算方法。

（2）根据企业的生产经营状况，由企业高层集体讨论调整定额。

（3）根据质检结果，考核生产人员品质系数。

（4）查看工时月报表，检查工时完成情况。

（5）制定各岗位定额浮动工资标准，并严格执行。

2. 浮动工资的定义

浮动工资是指生产人员的工资报酬中非固定不变的部分，制定浮动工资数额的直接依据是生产人员的工作绩效、工作表现和公司的经济效益状况。

3. 生产人员浮动工资核算控制

（1）定额浮动工资。

定额浮动工资是由人力资源部按工种、岗位等因素而确定的一个常数，相同岗位、工种、技能的人员，其定额浮动工资是相同的，具体数额可参照"生产人员定额浮动工资标准表"。定额浮动工资的限额根据公司的经营状况进行调整，调整幅度由公司高层决策人员集体讨论决定。

（2）工时完成率。

工时完成率以各生产部门"生产工时月报表"上记载的数据为基准，工时完成率的计算公式如下：

$$工时完成率 = 实际完成工时 \div 制度规定工时 \times 100\%$$

（3）调整系数。

①间接生产人员的调整系数为本部门的工时完成率。

②一般情况下，直接生产人员的调整系数为1，但当生产量或销售量发生特别变动，或出现其他特殊情况时，由生产部经理确定一个适当系数，并报送公司总经理批准。

（4）浮动工资

浮动工资的计算公式如下：

$$浮动工资 = 定额浮动工资 \times 工时完成率 \times 品质系数 \times 调整系数$$

4. 检查与考核

（1）人力资源部定期对车间及生产人员进行绩效考核，考核结果分别报送生产总监一份、人力资源部一份、车间主任一份和员工个人一份。

（2）根据考核结果，人力资源部按规定实施奖罚，督促车间及车间生产人员改进日后工作。

（3）车间核算员每天公布生产车间前一日每位生产人员的工时数，由车间主任签批后于当天公示张贴。

|第三节　制造宜划算|

一、制造费用的构成

制造费用是指企业的生产厂或生产车间为了组织和管理产品生产或劳务供应而发生的，应当计入生产成本费用的各项间接费用，以及管理上未作要求或不便于核算而没有专设成本项目的各种直接费用。

在发生制造费用时，一般都难以直接归属到某个特定的产品成本中去，属于间接生产费用的范畴。在一般的制造企业，制造费用的构成如图 10 - 3 所示。

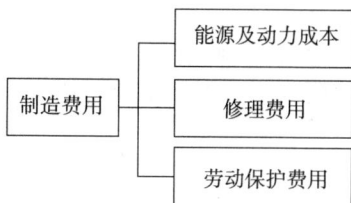

图 10 - 3　制造费用的构成

二、能源及动力的成本控制

(一) 能源消耗定额

1. 能源消耗定额的制订、审查与审批

(1) 本公司的能源消耗定额由动力设备部组织,并会同生产管理部、工艺技术部等共同制订。

(2) 制订能源消耗定额时,必须从实际出发,深入生产第一线进行调查研究,掌握一手资料,通过实际测算、适当的科学分析和精确的核算,力求达到"快、准、全、好"的标准。

①"快",即制订定额迅速及时,走在生产之前,对生产起到指导和促进的作用。

②"准",即通过长期的定额资料积累和经常了解分析生产情况,准确制订能源消耗定额。

③"全",即完整齐全,对各生产环节、各生产车间、各生产工序、各类产品均应制订完整的能源消耗定额。

④"好",即定额指标既积极又可靠,既具有先进性又切实可行,对能源消耗尚未达到行业平均水平的部门,定额要从严核定,以利于调动一切积极因素。

(3) 能源消耗定额的主要内容及其制订方法。

公司生产区消耗的能源主要包括煤、油、水、电、气 (汽) 等燃料及动力性能源。

①制订动力消耗定额。

动力消耗定额,通常按其用途分别制订。

对于用在生产工艺过程的动力,如冶炼所消耗的电力、蒸汽等动力,可直接按单位产品来确定。

对于带动机器设备运转的动力，一般先按实际性能、开动马力计算动力消耗量，再乘以加工每种产品所耗用的机器台时数，将得到生产单位产品该机器所耗的动力。

②制定燃料消耗定额。

燃料消耗定额即根据煤、油的使用情况，分两类制定。

动力用燃料消耗定额，一般以发1度电或生产1吨蒸汽、1立方米压缩空气等会耗多少水、煤为标准来制定，常以标准燃料使用量来计算。在每千克标准燃料发热量为7 000大卡的情况下，则可将燃料使用量折合成标准燃料使用量，具体的计算公式如下：

标准燃料使用量＝燃料使用量(千克)×燃料发热量(大卡/千克)÷7 000

工艺用燃料消耗定额，一般按产品（或零部件、毛坯）的重量来计算燃料的消耗定额，如以生产1吨的钢材、铸件会耗多少油、煤为标准来制定。

（4）"能源消耗定额草案"制订完毕，经员工讨论和有关部门审核，主管领导审查批准后方可执行。

（5）动力设备部制订的能源消耗定额，经公司相关部门及领导审查、审批后，应报有关行业主管部门和政府有关主管部门审批，之后在公司范围内执行。

2. 能源消耗定额的贯彻执行

（1）动力设备部严格按照核定的能源消耗定额和生产任务供应，各生产车间均要建立能源消耗定额的管理档案。

（2）动力设备部应与生产部密切配合，建立健全能源定额供应制度、消耗定额分级管理和奖惩制度，做到以能源定额管理生产、指导生产、监督生产，以便实现最小的能源消耗。

（3）企业各部门都要贯彻执行经上述程序审查、批准颁发的能源消耗定额，能源供应、成本核算等事项都应按能源消耗定额办理。

（4）生产部及各生产车间应配合动力设备部做好能源消耗的原始记录和统计分析工作，从能源进厂、转换、分配到最终消耗，各个环节都应有完备的原始记录，记载各种能源在不同阶段、不同环节中的使用情况和消耗情况。

3. 能源消耗定额的修订

（1）从长期来看，影响能源消耗定额的各种因素在不断变化，因此，能源消耗定额必须定期修订或临时修改。

遇到下列三种情况时，能源消耗定额可进行必要的临时性修改。

①产品结构、用能设备和生产工艺有重大改变时。

②能源品种、规格和质量等发生重大变动时。

③在能源消耗定额执行过程中，发现定额脱离实际或计算有误时。

（2）在一定时期内，影响产品消耗能源的主要因素一般均具有相对稳定性，因此能源消耗定额也具有一定的稳定性，所以能源消耗定额一经审查批准生效后，不宜经常改动，只可做定期（如一年）修订，以便于贯彻执行。

4. 能源消耗定额的考核

（1）能源消耗定额考核是能源消耗定额管理的重要环节之一。

定额考核一般采用对比分析的方法进行，即将制定的能源消耗定额与执行消耗定额的实际结果进行比较，从而找出差额，并分析研究产生差额的原因，以便及时采取必要的措施。

（2）通过能源消耗定额考核，要实现以下三个目的。

①通过考核，与公司历史最高水平、行业内先进水平相比较，找出差距。

②通过考核，进一步加强能源消耗定额管理工作。

③通过考核，积累完整的历史资料，为指导生产和有效进行能源管理提供科学的依据。

5. 能源消耗定额的分析

（1）在检查定额执行情况的基础上进行分析，以便找出能源浪费的原因，从而采取有效措施，推动设计或工艺方面的改进，积极采用节能新技术、新材料，不断提高生产水平，降低能源消耗。

（2）能源消耗定额在贯彻执行进程中，必须经常检查分析，目的如下。

①及时发现能源消耗定额在执行过程中的缺点和不足，找出问题，及时采取措施，改进能源消耗定额，使其更加符合生产环节的实际情况。

②了解能源消耗定额在实际生产过程中的执行情况及取得的效果。

6. 能源消耗定额的奖惩

（1）为进一步调动生产部及生产车间各级人员节能降耗的积极性，达到节能降耗，提高经济效益，促进生产发展的目的，能源消耗定额考核必须与严格的奖惩制度相结合，方可起到相应的作用。

（2）节能奖惩可以节能承包经济责任制的形式进行，具体包括以下三种形式。

①按能耗定额承包，实行分等计奖。

②按节能技术改造项目工程工期、资金和工程质量承包计奖。

③按用能总量承包计奖。

（二）燃料及动力的使用控制

1. 燃料及动力使用控制的要点

燃料及动力消耗定额的执行工作重点在于贯彻执行公司节能降耗工作方针和相关制度，将各种节能措施落实到生产过程的各个细节中。

（1）规划好节能降耗工作。

①做好能耗统计的准备工作。

制定"生产区能耗统计作业指导书"，以规范能耗统计作业，提高能耗统计的准确性。

节能降耗工作小组应根据生产需要，绘制生产区的"能源计量网络图"，安装具备远程传送功能的计量仪表，以便准确地对能源消耗情况进行计量，为建立生产用燃料及动力的消耗账目提供准确的数字。

②对于生产区水、电、气（汽）、油、煤等能源的管理，必须按照生活、生产分开计量的原则，合理布局。

③能源设备部负责根据生产部、各分厂的实际情况，编制"节能降耗目标计划"。

④行政部负责建立节能降耗目标和评价考核制度，将节能降耗的目标任务分解到班、组、个人以及重点能耗岗位，签订"经济责任书"并严格考核。

（2）建立健全节能降耗管理制度。

根据公司的生产经营现状，进一步完善生产节能降耗管理办法，使各项节能降耗措施更符合公司的生产实际，将节能降耗工作真正落到实处。

（3）抓好工艺技术选择及设备选型工作。

①逐步替代耗能较大的工艺及设备。

②各生产车间及班组应优化工艺线路，尽量减少本车间、本班组所辖

设备的低负荷运转时间。

（4）做好能源及能量的均衡，持续不间断供应的工作。

①在每次停止操作，进行设备检修时，动力设备部都要组织维修工人按照工作程序，加班加点进行抢修，以保证燃烧容器的温度不被降到太低，起到节省柴油的目的。

②为节省柴油，每次点燃前应用成本较低的木材预热，促使燃烧容器快速升温，节省柴油的消耗量。

（5）培养操作人员的节约意识。

在各生产区搞好节能降耗的宣传和教育工作，培养操作人员的节约意识，具体措施如下。

①推广节能技术，制作节能降耗宣传标语或横幅，并在生产区域张贴并悬挂，带动生产人员加入到节能降耗活动中来，努力营造节能降耗的浓厚氛围。

②积极发掘平时在节能降耗方面有突出贡献的员工、项目以及突出事迹，在公司内部进行宣传。

③班组长应组织本班组经常学习节能降耗知识，鼓励操作工人利用自己的聪明才智，结合本岗位的特点，对节能降耗工作提出合理化建议。

2. 加强燃料及动力节约使用的考核与奖惩

（1）对燃料及动力节约使用情况的考核。

节能降耗工作小组每半年统计、分析一次各级能耗单位消耗燃料、动力的情况，并将燃料、动力的消耗定额与实际消耗量进行比较，当发现实际消耗量高于或低于考核指标时，判定为"能源使用异常"，这时应组织调查原因，对异常情况进行分析，并采取相应的预防与纠正措施。

（2）对燃料及动力节约使用情况的奖惩。

行政部要根据考核结果和"经济责任书"中明确的奖惩措施，对各级能耗单位实施奖惩。

①对严格贯彻节能降耗措施并取得一定经济成果的单位和个人，给予表彰奖励。

②根据本车间、本班组、本操作岗位的实际情况，提出节能降耗合理化提案的单位和个人，经推行后确实起到作用的，将在"先进车间""先进班组""先进员工"的评选中给予加分奖励。

③对现场管理不善、不按节能降耗规范操作的人员，给予惩罚。

三、修理费用的成本控制

（一）大修理费用的核算及控制

1. 执行"大修理费用计划"，控制大修理费用

在"大修理费用计划"中，企业确定了整个年度的大修理计划费用，为大修理费用规定了一个目标值。

（1）采取目标责任制。

人力资源部应把降低设备修理费用与设备管理部及设备维护保养人员的经济利益挂钩，建立健全设备大修理质量、进度、费用目标的考核与奖励办法。

例如，对设备管理部经理，在年初即与其签订"设备管理目标责任书"，明确规定其在设备大修理费用控制方面的责任与工作目标。

（2）设备大修理的监督、控制。

设备管理部应在各生产车间、班组的配合下，加强生产过程中设备运行的监督、控制，并做好以下6个方面的工作。

①修理费用应严格执行修理工程定额，费用总额原则上不准超出年计划。

②严格按"备件、材料明细表"限额领料，计划外用料须经主修技术人员签字同意后方可发放。

③合理组织设备检修或修理作业，减少待工、窝工损失。

④加强质量管理，避免返工及废品损失。

⑤修理工程竣工后，剩余的备品、备件或拆下来的尚有价值的零部件，应作价退库，冲减大修理费用，不得形成账外物资。

⑥修理工程竣工后，对于拆下来的无使用价值的机电产品，应回收残值，冲减大修理费用的支出。

2. 核算大修理费用

设备大修理工程竣工后，必须按实际发生的费用，核算单台设备大修理费用，核算依据主要包括以下5个方面的资料文件。

（1）"设备修理施工命令单"及"完工通知单"。

（2）"备件、材料领用单"。

（3）"设备大修理工时统计表"。

（4）"劳务转账单"。

（5）"材料计划价格与实际价格差异账单"。

3. 大修理费用控制情况的考核

（1）考核原则。

①设备管理部在全年完成的大修理项目中，单台设备的实际大修理费用允许"以盈补缺"，但必须控制实际总成本不得超过年度大修理费用计划。

②原则上，单台设备实际发生的大修理费用不得超过单台设备的大修理计划费用。

（2）考核对象。

主要是设备管理主管及以上级别的管理人员。

（二）车间维修费用的管理及控制

1. 车间维修费用及其构成

（1）车间维修费用。

车间维修费用是指除设备大修理费用外，生产车间用于设备维护、小修、项修以及故障修理等有关的一切费用。

（2）车间维修费用的构成。

车间维修费用主要由备件材料费和协作劳务费两部分构成。

①协作劳务费，包括委托修理车间或其他部门协作的劳务费，按劳务费结算单价结算。

②备件材料费，包括领用的各种材料、备件、润滑油脂成本费及自制备件工时费等，按"领料单"上填写的价格或本公司的计划价格计算。

2. 车间维修费用的分级管理

本公司对车间维修费用实行生产部（各分厂）、生产车间、维修班组分级管理。

3. 车间维修费用的控制措施

（1）利用限额控制车间维修费用。

车间维修费用应实行限额控制和节约奖励的办法，公司可运用"费用限额卡"进行控制。

月末，会计人员按"领料单"和"劳务结算单"审核，并计算出超支或节约数额，按规定予以奖惩。

月初，车间设备安全员会同有关会计人员向车间维修小组签发"费用限额卡"，当发生材料备件费和劳务费时，逐项登记，随时结算出余额。

（2）确定车间维修费用限额。

①生产车间设备安全员负责做好上述维修任务的维修记录和维修费用的统计核算工作。

②生产车间所负责的维修任务，主要包括日常维护、定期维护和检查、定期精度调整、小修和故障修理等维修工作。

③根据上述各项定额和公司规定的定期维护、检查、精度调整及预防性试验的周期，再加上故障修理的统计资料，核算出车间维修费用限额。

④在这些统计数字的基础上，结合车间设备技术状况，经过科学的分析，设备管理部负责确定设备维修工作的工时、停机时间及费用定额。

4. 车间维修费用的考核与奖惩

根据考核期内车间维修费用的实际发生额是否超出费用限额及超支或节约的额度，按公司规定的考核制度和经济奖惩办法，由人力资源部执行考核与奖惩。

四、劳动保护费用的成本控制

（一）劳动保护用品采购、发放、使用控制

1. 劳保用品的申购与采购控制

（1）劳保用品的申购及审批，必须严格遵照"劳保用品领用控制流程"执行。

（2）劳保用品由公司总务后勤部采购科负责购置，争取做到"零库存"管理。

（3）劳保用品的采购，必须遵循下列要求。

①劳保用品的选购，尤其是特殊工种的劳保用品，如电焊工的绝缘鞋、电焊手套等，必须按规定到指定的劳保用品厂商处购买，以保证安全、可靠。

②劳保服装用品、安全防护用品等须按有关规定购买，其材质、式样、颜色应符合 GMP 规定要求和生产要求。

（4）临时性生产用劳保用品的申购，必须填写"临时采购通知单"，经

生产部经理、总务后勤部经理会签后方可采购。

（5）购进的劳保用品要办理入库手续，采购人员凭"入库单"及发票到财务部办理报销手续。

2. 劳保用品的发放控制

（1）因特殊原因需要领用标准外劳保用品的，由生产部经理书面提出申请，说明用途，经总务后勤部批准后，仓库方可发放。

（2）生产部新员工的工作服、工作帽、口罩、手套等需要经常替换洗涤的用品，按本岗位标准发放两套（件），按两套（件）使用时间计算，以便替换。

（3）对从事多样工种操作的员工，按其岗位所需发放适合的劳保用品。

（4）仓库管理员根据生产人员劳保用品发放标准进行审核，确认符合标准后再发放。

（5）换发、领用劳保用品，须缴旧换新。劳保用品使用期满后，能使用的继续使用，不能使用的凭生产部经理核准签名的"劳保用品领用申请单"及旧劳保用品一起交给仓库管理员办理领用手续。

（6）对于特殊工种的劳保用品，其发放情况应由总务后勤部仓库管理员据实登记造册。

（7）生产员工可根据岗位变化享受相应的劳动保护权利，工种改变以后，生产员工可按新的工种标准领取劳保用品。

（8）下列人员，不予发放劳保用品。

①对于高温天气里未上班的人员，不予发放防暑降温用品。如有多领或未上班而发放的，一经查实，将追究生产部劳保用品领用人、生产部经理的责任。

②长期休病假、产假等未上班的人员不予发放。如有多领或未上班而发放的，一经查实，将追究生产部劳保用品领用人、生产部经理的责任。

3. 劳保用品的使用控制

（1）员工在离开生产场地时，必须脱去工作服和换鞋，不得穿着工作服装走出生产区。

（2）劳保用品的清洁必须按照安全生产卫生管理规定的清洗周期和清洗方法进行，由总务后勤部指定专人对劳保用品的卫生情况进行检查，保证符合安全、卫生规定。

（3）生产部经理、车间主任、质量监督员和工艺员应随时按安全卫生规定检查所辖范围人员的劳保用品穿戴是否符合规定、穿着的工作服是否符合卫生要求和标准，督促所辖人员严格执行，并有权按规定开立处罚单。

（4）员工必须爱护劳保用品，劳保用品的使用应在工作范围、时间内，不得做其他用途。

（5）各区域的生产、工作人员须按规定穿戴符合GMP要求的工作服。

（6）因违反劳保用品使用规定造成工伤事故的，不予报销医药费，误工期间做事假处理。

4. 劳保用品的回收管理

（1）仓库管理员对回收的旧劳保用品，能继续使用的，应妥善保管好，继续发放使用；不能继续使用的，应定期进行销毁处理。

（2）员工在本公司范围内调动或在本部门内变换工作岗位的，其劳保用品如适用，可继续使用不做更换；如不适用，需退回仓库，并按调整后的岗位标准另领所需劳保用品。

（3）对于未达到使用期限，因人为原因造成破损、污迹的劳保用品，仓库不予回收，按折后价格计算。

（二）劳动保护费使用范围、归口管理、定额管理

1. 劳动保护费的使用范围

劳动保护费主要用于因生产经营需要，按规定向生产车间的员工发放劳动保护服装及用品、安全防护用品、防暑降温用品、值班用床、被褥以及不划为固定资产的安全设备等。

2. 劳动保护费的归口管理

（1）劳动保护费支出控制。

①劳动保护费支出申请需经财务部或主管的成本会计审核，确保其符合劳动保护费的支出范围和支出标准。

②劳动保护费支出申请在经公司主管领导审批后方可支付或发放。

③安全环保部门根据生产车间的实际需求情况，在购买劳动保护用品、安全防护用品和防暑降温用品的时候，提出申请。

（2）确立归口管理部门。

劳动保护费的定额确定后，具体使用由安全环保部门统一管理，其使用情况由财务部和行政部根据国家规定及公司的实际情况进行监督。

3. 劳动保护费的定额管理

对于劳动保护费的开支，公司财务部应按国家规定的开支标准执行，实行定额控制，其重点是确定合理的劳动保护费的定额，其步骤如下。

（1）行政部确定劳动保护费的定额。

行政部根据安全环保部门呈报的往年开支项目及金额，结合国家规定的标准和公司本年度的实际情况确定本年度劳动保护费的定额。

在确定定额时，需要注意以下事项。例如，劳动保护用品的发放要视具体的工种确定，医疗保健费要按从事有害健康作业的人数确定，防暑降温费则应按本地区夏季实际的高温天数确定等。

（2）安全环保部门呈报往年劳动保护费开支项目。

安全环保部门须于每年1月5日前将上一年度劳动保护费开支项目及金额，列表呈报行政部。

（3）财务部审核劳动保护费定额。

确定后的劳动保护费定额须报财务部审核，经财务部经理确认符合国家规定和公司的实际情况后，方可在公司范围内实施。

|第四节　管理忌铺张|

一、管理费用的构成

管理费用是指企业行政管理部门为组织和管理生产经营活动而发生的各种费用，包括的具体项目有：企业董事会和行政管理部门在企业经营管理中发生的，或者应当由企业统一负担的企业经费、工会经费、待业保险费、劳动保险费、董事会费、聘请中介机构费、咨询费、诉讼费、业务招待费、办公费、差旅费、邮电费、绿化费、管理人员工资及福利费等。管理费用属于期间费用，在发生的当期即可计入当期的损失或是利得。

二、办公费用的成本控制

1. 办公费预算控制

为有效控制办公费的支出，公司须制定科学合理的预算，并严格执行。如某公司办公费预算工作流程如下。

（1）公司于每年 12 月 15 日前向行政部经理和各部门经理发放下一年度的预算表，年度预算制作人须在每年的 12 月 23 日之前完成下一年度预算。

（2）公司于每月 15 日前向行政部经理和各部门经理发放下月预算表，各月度预算制作人须在每月 23 日之前完成下月度预算。若预算表的形式和内容在不同月份没有变化，则可以持续沿用，无须每月下发。

（3）临时办公费预算自财务部预算表下发之日 3 天内由相应预算制定人完成。

（4）所有预算均需要以书面和电子两种形式交财务部经理审核，书面预算表需要预算制作人亲自签字。

（5）财务部经理应对汇总的预算分别进行审核和测算，确保各项预算开支的合理性，一旦发现问题应立即将预算表退回相关预算制定人，要求其在一天内重新制定或做出合理的书面解释。

（6）财务部经理应在每月 25 日前完成预算审核，临时办公费预算自财务部收到预算表后一天内完成审核，财务部经理签字后，将书面预算交总经理审核批准。

（7）经总经理审核没有通过的预算由财务部转回预算制作人，并在一天内重新制定或做出合理的书面解释，再由财务部重新汇总交总经理审核。

（8）总经理应在每月 28 日前完成对各项预算的审核，并在收到财务部所交的临时办公预算表两天内完成审核。

（9）经总经理审核通过并签字批准的预算由行政部复印一份保存后，再交财务部公布生效，预算原件由财务部保存，复印件由行政部保存。

（10）行政部及各部门严格执行已审批发布的年度预算和月度预算，严格控制办公费的合理支出。

2. 办公费报销控制

为控制办公费的支出，公司须对办公费的报销进行严格控制和审批，公司的费用报销控制有如下 7 种情况。

（1）部门人员费用报销控制。

各部门相关人员在办公费发生后须如实填写"费用报销单"，核对报销凭证和金额无误后交本部门经理审核签字，由部门经理签字后交财务部经理，审核无误后由财务部出纳处报销，报销费用金额冲抵本部门预算。

（2）部门经理费用报销控制。

部门经理本人用于部门工作的费用报销由本人在经办人栏下签字后，直接交财务部经理审核报销。

（3）公共费用开支报销控制。

公共费用开支的报销由经办人在"费用报销单"上签字，行政部经理审核签字后交财务部经理审核报销，相应费用冲抵公共费用预算。

（4）总经理办公开支报销控制。

总经理本人办公开支要直接在"费用报销单"上签字，交财务部经理审核无误后报销。

（5）非预算项目开支报销控制。

部门经理本人或其他员工受到总经理的指派用于部门外工作的非预算项目开支的报销，应经部门经理签字，由总经理审批后交财务部经理审核报销，相应费用冲抵总经理预算。

（6）超出预算费用报销控制。

财务部审核过程中如发现某项开支已经超出预算，须要求相关报销人和审核人做出书面解释，经总经理批准后进行报销。

（7）特殊情况费用报销控制。

因特殊情况发生的大额预算外支出，必须经总经理审批签字后，再由财务部经理审核报销。

3. 检查与奖惩

（1）公司每月对办公费进行核算，发现月度预算超支5%的，相关预算编制人须以书面形式向总经理做出合理解释，总经理如果审批同意将通知财务部和人力资源部，否则财务部将依据不能合理解释的预算超支金额给予罚款，通知人力资源部从预算编制人员的次月工资中扣除。

（2）经检查发现违反办公费使用规定的部门和个人，财务部和人力资源部将根据具体情况给予相关责任人相应的处罚。

三、通信费用的成本控制

1. 通信费管控职责分工

（1）行政部。

①负责公司各通信费的统一交纳管理。

②负责超支通信费的统计、核算工作。

③负责通信费的公开工作。

（2）财务部。

①负责通信费的支付管理工作。

②负责通信费超支部分的扣除等成本核算工作。

2. 固定电话通信费管理

（1）固定电话配置说明。

公司为各部门配置固定电话，固定电话的所有权归公司，各使用部门只有使用权，不得私自迁移或过户转让。

（2）公司职能部门的电话配置。

按办公房间数量与工作岗位相结合的原则进行配备。

（3）各办公室原则上除经理级（含）以上办公室及公司传真和服务热线可开通长途电话外，其余办公室不予开通。各办公室确因工作需要可以申请开通长途，也可到行政部拨打长途电话，但需在"长途电话使用记录本"上登记。

（4）职能部门各办公室可开通市话，生产部以车间为单位各开通一部市话。

（5）各办公室负责人为所辖固定电话的第一负责人，同时设立电话管理员专门负责固定电话的管理工作。

（6）凡开通多部固定电话的部门可调剂余缺，相互拨打提倡使用分机号。

（7）公司主管（含）以上级办公室固定电话及服务热线电话实报实销，行政部凭登记与话费详单据实报销。

（8）公司职能部门的通信费报销标准（不包括主管以上级）为____元/月。

（9）月度电话费用先由财务部统一支付，然后根据报销标准列支费用，超额（或节余）部分列入办公室负责人专项往来费用，按月公布。固定电话通信费每半年清算一次，超额部分由第一责任人承担50%（第一责任人再追究到电话管理者），节余部分的50%由各办公室调剂，可补充移动电话费用的不足。

3. 移动电话通信费管理

（1）公费配备移动电话的人员调动到新岗位后，若仍符合公司公费配备条件的，可继续使用原移动电话，新部门不得再为其重新配备；因工作职务变化不符合公司公费配备条件的，原部门必须将移动电话进行收缴，新部门不得以其他理由给予配备。

（2）公司为副总经理（含）以上级领导配备移动电话，移动电话的所有权归公司，使用人员只享有使用权。

（3）公司在通信运营公司（如移动、联通或电信）开通集团用户业务，集团内部固定包干话费由公司统一支付。

（4）移动电话通信费原则上凭票在标准内按月据实报销，特殊岗位（指业务量不均衡的岗位）一年内可统筹结算，超过自负，节约归公。

4. 其他相关规定

（1）凡报销通信费的电话或手机在工作时间（黄金周等特殊时期 24 小时）内一律不得关机，必须保证联系畅通。

（2）工作时间内，各车间不得使用调度电话办私事。

（3）无特殊原因不得拒接公司内部电话（含内部手机）。

（4）凡违反以上规定者，首次罚款 50 元，第二次罚款 200 元，第三次取消当季通信费报销资格。

四、交通费与差旅费的成本控制

（一）交通费差旅费控制

1. 市内交通费用的使用控制

（1）市内交通费实报实销，原则上以公交车、地铁为主，无特殊情况不得乘坐出租车；若有特殊情况的，事先应向主管经理提出申请，批准后方可乘坐。

（2）因工作需要而加班或外出办事的，时间在 8 时前或 22 时后，可乘坐出租车。

（3）乘坐出租车的，在报销车费时，须在出租车票空白处写明乘坐原因及起止地点，不写明以上两项内容的，将给予退回处理。

（4）公司自备车在本市出差的，不予报销市内交通费。

2. 租车费

（1）租车费的控制。

①明确报销审批权限。

● 超过 3 000 元以上的租车费，由行政总监审批，签批流程如下。

经办人→部门主管→行政部经理→财务部经理→财政总监→财务部报销

● 在 3 000 元以下的租车费，由行政部经理负责审批，签批流程如下。

经办人→部门主管→行政部经理→财务部经理→财务部报销

②选择租赁公司。

行政部要选择具有良好信誉和价格低廉的租赁公司，并形成长期合作关系，力求降低租车费，尽量减少交通费用的支出。

③规范报销凭证。

● 无论何种情况，都必须与租赁公司签订租赁合同或协议，以此作为报销租车费的附件之一。

● 对于 1 000 元以上的租车费以支票形式支付。

（2）费用界定。

租车费是指员工在本市外出办事，因工作需要租车的费用。

3. 员工上下班交通费

（1）乘坐公司班车上下班的，无交通补助。

（2）员工家庭住址距离工作地点____公里以上，乘坐公共汽车、地铁上下班的，公司给予____元补贴。

（3）员工个人骑自行车上下班的，每月发给自行车修理费。

（二）差旅费报销控制

1. 差旅费法定报销标准

（1）公司应该结合公司的实际情况制定"差旅费报销标准"，发生差旅费时要严格按规定报销。

（2）差旅费的证明材料包括出差人员姓名、地点、时间、任务和支付凭证等。

2. 差旅费报销流程

（1）申请人出差前需要填写"出差申请单"，获得直接上级签署意见后，方可出差。

（2）申请人凭核准的"出差申请单"向财务部申请合理金额的借款，返回后一周内填具"差旅费报销单"，结清暂支款项。

（3）未于一周内报销者，财务部应通知人力资源部从其薪资中先行扣回，待报销时再行核付。

（4）特殊情况者应报总部财务总监审定。

（5）员工不能使用以下方式结算费用。

①差旅费用账单直接开给公司，并要求公司直接支付。

②费用先由总部下属的一家公司代付，再通过总部间往来结算。

3. 差旅费的报销和审批程序

（1）员工出差结束后，应该向直接上级出具"出差报告"，汇报出差情况及客户拜访中遇到的主要问题、心得与成果。

（2）报销人员应先从财务处领取"差旅费报销单"，由各主管部门经理和公司财务部审核后，送交总经理审批。

（3）员工出具的票据需要按时间顺序及财务规定粘贴在"差旅费报销单"背面。

（4）严格要求报销票据的正规性与合法性。

（5）所有国际出差的差旅费须得到公司总经理批准。

（6）票据交由出纳人员核对后，方予以报销。

4. 差旅费超支费用报销规定

（1）员工出差途中因病或遇意外灾害事故等特殊原因经请示核准人同意即可延长差期，给予报销。

（2）员工申请差旅费报销时，必须提供有效的住宿发票，有条件的要提供住宿费用明细单，没有条件提供明细单的要求在住宿发票上写明费用明细。

（3）严禁将与住宿无关的费用，如餐费、娱乐费等开具成住宿费报销，违者除罚款外予以全公司通报批评，累犯者予以开除处理。

（4）员工在国内出差时，公司可以承担以下住宿开支以外的费用。

①出差超过 3 夜（含）时，承担衬衫和内衣洗衣费。

②出差超过 15 天（含）时，承担套装洗衣费（包括干洗）。

③承担公务电话和传真费用。

五、咨询与审计费用的成本控制

（一）咨询费控制

1. 咨询费的归口管理部门

咨询费的归口管理部门是人力资源部，负责预算控制、对外谈判确定费用并签订合同、聘请法律顾问等日常工作。

2. 咨询费的控制规划

（1）咨询费的预算控制。

在一个预算年度内，全年的咨询费应控制在年度预算额度之内。具体操作步骤为：外聘专家、顾问、评估机构申请由有关部门提出后报人力资源部汇总，经公司总经理办公会集体决定，费用支付标准按国家规定标准执行或经总经理办公会研究决定。

（2）咨询费用的议价控制。

①参考本公司或其他公司同类项目的咨询费用。

公司在做咨询项目之前通常都会参考本公司或其他公司同类咨询项目的咨询费用，这也是咨询公司定价的依据之一。

②考察咨询方的报价是否存在降价空间。

目前市场上的咨询方报价普遍存在虚高现象，一般都会有降价的空间。

③考察同类项目不同咨询方的报价。

通常同类项目不同咨询方的报价会有很大差别，横向比较时应注意以下内容。

- 价格并不是决策的唯一依据。
- 应重点考虑做类似项目多、做同行业项目多的咨询方。

（3）咨询项目的必要性分析控制。

比照近5年本公司接受过的咨询项目，从以下几个方面考察公司或某部门接受咨询的必要性。

①项目成功后预期给企业带来多少利益。

②项目推迟或者取消会对企业有何影响。

③其他公司是否做过类似的咨询项目，结果如何。

④本公司已做过的同类咨询项目是否有必要重复做。

⑤全面的咨询是否可以改为有针对性的咨询。

（4）咨询费的报销审批控制。

①咨询费单笔金额在2 000元（含2 000元）至10 000元之间的，由主管副总（或财务副总）审批，其签批报销流程如下。

经办人→部门经理→财务部经理→主管副总（或财务副总）→财务部

报销

②咨询费单笔金额超过 10 000 元（含 10 000 元）的，由总经理审批，其签批报销流程如下。

经办人→部门经理→财务部经理→主管副总（或财务副总）→总经理→财务部报销

（5）咨询费的付款方式选择。

付款方式通常规定首付时间和比例、二期付款时间和比例、三期付款时间和比例、尾款付款时间和比例。公司应尽量争取较少的首付款比例和较长的二期、三期付款时间，同时要求付款与项目验收相结合，只有达到合格要求后才能付款。

3. 咨询项目附加费控制

公司在接受咨询方的咨询时，咨询项目附加费主要包括以下 5 个方面的费用，相关人员应重点关注其支出情况。

（1）咨询人员在咨询过程中发生的通信费及交通费。

（2）公司为咨询人员举办的欢迎会、告别会、项目启动会、项目汇报会等会议或活动发生的费用。

（3）咨询方咨询人员的住宿、餐饮费用。

（4）咨询人员在咨询过程中参加商务会议、外出旅游等活动时发生的费用。

（5）咨询人员在咨询过程中使用的办公场所、电脑、电话、传真机、打印机、复印机、网络、复印纸、签字笔和笔记本等发生的费用。

（二）审计费控制

1. 审计费控制规划

①实行定额预算。

根据审计工作经验，分别对项目的性质、类型和规模等实行定额管理，减少预算编制中的人为因素，这样在保证计划科学性的同时，也可实现经费使用的计划性和科学性。

②建立节约奖励制度。

审计项目的多样性和不可预测性会给定额的确定带来很大困难，对于一些较为复杂或有较强变化性的审计项目，可以采取经费包干、节约奖励的方式。

2. 优化审计组织，整合审计资源的利用状况

①加强对统一组织审计项目的管理，全面深入把握被审计对象或事项的情况。

②在不影响独立性的前提下，项目安排要尽可能就地、就近。

③灵活采用就地审计与送达审计的方式。

④计划安排要明确目标，突出重点。

3. 严格控制审计程序，尽量减少中间环节

①要从审计工作整体发展要求出发去分析和设计审计程序，避免重复交叉。

②要保证审计程序的计划性，促进程序的有效运行。

③要评估程序运行所需的费用，简化审计程序。

4. 开发利用审计成果，合理转嫁成本

①建立审计结果跟踪落实制度，确保审计工作不仅要查出问题，还要促进问题的解决与落实。

②注重审计成果的综合利用。

5. 加强审计费的报销审批控制

①审计费单笔金额在 2 000 元以下的由部门经理审批，其签批流程如下。

经办人→部门经理→财务部经理→财务部报销

②审计费单笔金额超过 2 000 元（含 2 000 元）的由总会计师审批，其签批流程如下。

经办人→部门经理→财务部经理→总会计师→财务部报销

|第五节　销售重成本|

一、销售费用的构成

销售费用的构成如图 10 - 4 所示。

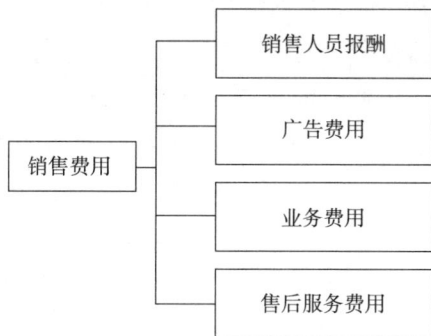

图 10 - 4 销售费用的构成

二、销售人员报酬的成本控制

(一) 人员薪资控制办法

1. 销售费用控制

(1) 对销售合同签订过程中产生的销售费用采取包干办法，超出部分与薪资挂钩。

(2) 设定销售费用占合同利润额的最高比例，并与薪资挂钩。

2. 应收账款控制

设定最低回款率及回款周期警戒线，并与销售人员的薪资挂钩。

浮动薪资（提成＋奖金）＝回款完成率×绩效工资基数×60％＋销售完成率×绩效工资基数30％＋销售考核分数×绩效工资基数10％

回款完成率＝当月实际回款÷回款任务

销售完成率＝当月实际销售额÷销售任务

3. 薪资结构控制

(1) 销售人员薪资由固定薪资（基本工资）及浮动薪资（提成、奖金）两部分组成。

(2) 固定薪资比重与销售人员的职级成正比。

销售总监固定薪资比重为70％，销售经理为50％，销售主管为40％，销售专员为30％。

(二) 电话费用控制办法

1. 手机费用控制

(1) 使用要求。

①享受手机费用补贴的人员必须确保 24 小时开机，以利于保证通信联络畅通，满足业务的需要。

②所有享受手机费用补贴的人员在接到电话后必须按要求迅速作出反应，对于不接电话或虽接听电话但拒绝执行工作指令者，根据情节轻重，给予相应处理。

（2）手机费采用包干制，节余归己，超支自付。

例：根据销售人员的岗位级别，手机费可按如下标准执行。

①销售部经理：400 元/月。

②销售主管：200 元/月。

③销售专员：150 元/月。

（3）报销办法。

①销售部经理负责拟订部门手机费包干人员名单，包括姓名、手机号码及包干金额，拟好后交财务部。

②财务部根据名单，每月向指定人员的手机号码内按包干标准充值。

2．固定电话费用控制

（1）固定电话控制措施。

①原则上，不主张直接采用长途电话的沟通方式，除了以下三种必须使用长途电话的情况。

a．一些必须即问即答、即答即决的业务联系。

b．一些其他方式难以保密的业务联系。

c．一些其他通信方式难以确保的业务联系等。

②如项目需要，由销售部经理规定长途电话的业务范围、地域范围后，销售人员可按规定拨打。

③销售部经理需对一线销售人员进行专项培训，内容包括以下 3 项。

a．通话礼仪。

b．快速通话技巧，即在最短的时间内达到准确交流。

c．电话拨出响六声后，如无人接听应立即挂断，重新拨打或择时再打。

（2）固定电话使用监督。

①每月财务人员核对电话账单，出现以下情况时应问询当事人，若无合理解释，该笔费用从其当月薪资中扣除。

a．信息费。

b. 私人电话，即电话号码不在客户号码库内。

②通话时间如超过 30 分钟，由销售部经理调查"业务通话记录单"，销售人员需给出合理的解释。

（三）销售业务招待费控制办法

1. 业务招待费支出办法

（1）销售部必须的招待费支出实行"预算控制、逐笔报批"的管理方式。

①根据销售业务的难易程度，销售部经理事先拟订"年度业务招待费预算建议方案"，经销售副总汇总审核后，拟订出销售部门的"年度业务招待费支出计划"及分解计划，根据审批权限经财务部经理复审后，报送总经理审批。

②业务招待费计入销售部费用包干指标。

（2）一线销售人员的招待费申请程序。

①一线销售人员的业务接待，经相关领导批准后，向财务部会计借支（额度不得超过当月基本薪资），并于 24 小时内凭借有效票据报销该笔支出。

②若遇到临时性招待，需通过电话向上级领导申请批准后自行垫支，并于招待事宜结束后 24 小时内，补填"业务招待申请审批单"，凭借有效票据报销。

2. 费用报销审批手续

（1）经办人员必须在每笔招待支出发生后的 24 小时内，将"业务招待申请审批单"连同有效票据报送财务部经办会计初审。

（2）财务部经办会计初审无误后报送财务部经理复审，再报总经理审批。

3. 招待开支标准

（1）按照级别不同，业务招待开支标准设定如下。

a. 一线销售人员（包括销售主管及销售专员），招待标准为 50 元/位。

b. 经理级人员（包括销售部经理及副经理），招待标准为 75 元/位。

（2）业务经办人根据需要尽量在公司定点饭店安排招待业务。

（3）业务招待时，可由业务经办人的上一级主管领导陪同参与，费用计入业务经办人借支款。

（4）本公司人员数量不可超过对方。

4. 坏账产生的损失

（1）直接损失。

应收账款若未能及时收回，会给公司造成直接的经济利益损失，增加公司的经营难度。

（2）间接损失。

①引起公司内部的财务困难，导致没有足够的资金用于生产与投资。

②金融机构会采取严格的融资措施，使得公司的财务状况急剧变化。

③导致公司股价下跌，使公司的形象受损。

④产生坏账损失机会成本。

坏账资金可以用于新的投资项目，这些项目的潜在收益就是形成坏账的机会成本。

（四）坏账损失控制工具——客户信用管理

1. 客户信用调查

（1）向有往来关系的企业或人员调查，通过这些公司与客户发生的业务往来情况判断客户的信用状况。

（2）向客户的往来银行调查，客户的开户银行对客户的业务往来最了解，对其资信状况最有发言权。

（3）向信用评价机构调查，信用评价机构定期对客户的信用状况进行评审，其对客户的信用评价有很重要的参考价值。

2. 客户信用预警

如果客户发生以下6种情况中的任一种，情况又非常严重，销售部就应果断与客户断绝来往，防止发生坏账情况，给公司带来损失。

（1）客户资金的流动性较差。

（2）客户销售降幅较大。

（3）客户进行超额采购。

（4）客户公司的管理水平较低，主管人员存在假公济私的现象。

（5）客户突然变更往来银行。

（6）客户存在拖欠税金、延迟发薪或拖欠银行本息的现象。

（五）应收账款回收控制

1. 保障收回应收账款的管理措施

销售部在赊销之后、应收账款收回之前，应采用各种措施保障其安全性，尽可能地避免应收账款发生坏账损失，应收账款的保障办法主要有以下6种。

（1）提前支付。

（2）抵押权。

（3）质押保证。

（4）所有权保留条款。

（5）银行保函。

（6）代位权和撤销权等。

2. 回收应收账款

要提高应收账款的回收率，应根据事先的账龄分析结果对应收账款进行分类管理，并针对不同期限的应收账款采取以下回收方式，最大限度地提高赊销的经济效益，降低坏账损失成本。

（1）自行回收。

（2）委托专业机构回收。

（3）应收账款转让。

（4）仲裁回收。

（5）诉讼回收等。

3. 设立信用管理部进行客户信用管理

信用管理部负责收集客户资信状况信息，根据对客户的信用评价授予相应的信用额度，负责对应收账款进行全程跟踪管理，以及应收账款的回收和呆账的催收。

三、广告费用的成本控制

（一）管理职责

1. 广告企划部

（1）负责对各项广告费用的计划、申报、分配和下达。

（2）负责对广告费用执行情况的审核、跟踪、监控和指导。

（3）负责对广告费用计划的统筹、汇总和台账管理。

（4）负责对各阶段广告费用的已付和未付款情况进行跟踪统计。

（5）负责定期编制费用使用情况的分析报告。

（6）负责组织对相关部门广告费用的使用情况进行不定期检查。

（7）根据不同时期的要求，及时向营销中心上报专项广告费用计划和物料需求计划。

2. 各区域销售分支机构

（1）严格按审核好的费用指标执行，定期上报各阶段各项费用的使用情况，建立详细的费用台账并定期上报。

（2）严格按有关规定收集、整理和汇总已发生广告费用的结算资料，及时将资料寄回费用对口部门进行审核及报销。

3. 财务部

（1）负责对广告费用所发生的结算单据进行审核把关。

（2）负责对广告费用进行控制和核销。

（3）负责组织对相关部门广告费用的使用情况进行不定期检查。

4. 采购部

（1）严格按营销中心企划部已审批下来的项目费用指标采购物料、赠品和礼品。

（2）定期上报各阶段各项目的使用情况，建立费用台账并上报营销中心企划部。

（二）费用控制措施

1. 费用申报和使用流程

（1）费用申报。

①企划部费用，由广告企划部提出申请，销售总监审核，总经理批准。

②营销中心各区域的广告费用，先向营销中心企划部提出申请，销售总监审核，总经理批准。

（2）费用使用流程。

广告企划部起草及申报合同，销售总监审批，财务部备案，总经理签字并盖合同章后安排制作。

2. 费用报销规定

（1）费用报销应严格按公司的相关规定执行，报销时"合同审批表"上必须附有综合管理部统一编制的合同编号，同时准备好正式的发票、合同、送货单、验收单等单据和照片。

（2）各区域销售分支机构在各项广告业务执行完毕后应立即收齐相关

手续，务必于 15 天内将资料寄回总部核销。如未在规定的期限内执行，总部有权视其为作废，费用由区域人员自行承担。

（3）费用报销的周期原则为发票入账后一个月内付款，对于一些特殊费用可按合同相关协议付款。

3. 费用计划的制订与下达

（1）广告企划部每月 25 日前将次月整体广告费用计划向销售总监、总经理提出申报，销售总监、总经理于 30 日前批示费用计划并下发至广告企划部。

（2）根据各区域每月销售回款额的实际完成情况，企划部分别计核各区域的固定广告费用，并确认上月各区域的变动广告费用，于每月 5 日前下发至各区域销售分支机构的销售部经理、主管处。

4. 广告费用使用范围

（1）各区域销售分支机构日常广告费的使用范围包括媒体费用、场外促销活动、户外广告、终端广告制作和改善、物料制作及其他费用等。

（2）广告企划部费用的使用范围包括各终端建设费用（如形象端架、店招制作或改造等）、各类物料、市场支持专项促销费用等，以及公司品牌形象宣传费用、在地方或中央级媒体的发布费用、公司各产品统一活动推广费用等。

（三）双管齐下

（1）对一年内出现 3 次违规行为的，应提报人力资源部等相关部门进行处理。

（2）对于不实申报或虚报费用等情况，一经发现，视其影响程度，给予行政处分，直至开除。

（3）每季度对广告费用的使用情况考核一次，费用虚报部分与各区域相关人员薪酬挂钩。区域经理是广告费用控制的主要责任人，将视情况对区域经理、主任进行经济处罚。

（4）对已交回的结算资料因把关不力、不符合结算要求，总部需要退回的，如核销金额达 2 000 元以上，每次扣罚各区域销售分支机构经理及相关责任人 50 元。

（5）对未经审核上报的台账和不符合规定或随意提出修改的，将对各区域经理和相关责任人进行通报，且对修改意见不予确认，发生额均以第一次上报的为准，由此产生的后果，一律由各区域销售分支机构经理和销售人员全部承担。

（6）对于不能按时上报费用使用情况的责任部门，广告企划部有权拒绝下月的场外促销活动、终端广告费用等的呈报。

（四）产品广告费用投入比例测算

（1）设置产品价格界面，将产品根据价位进行归类，如到岸价 16 元/瓶以上的为终端产品，广告费用的投入主要以这类产品为核算参数。

（2）设置产品价格界面的销售最低线，计算出能投入目标比例的产品群的规模销售数量的底数，如不低于 500 万元。

（3）流通产品复合核算法。

广告费用投入财务承受比例很低的产品，可以定位为游击产品，作为终端产品的跟进和补充，可单独算出规模广告比，作为对终端产品广告费用投入的补充。

（五）媒体广告投放原则

1. 全局性原则

要站在全局的至高点上，评估品牌渗透广告、新产品推广广告、阵地维护广告、品牌提升广告等带来的边际效应。

2. 战略性原则

广告应有可持续效应，作好现在投放的广告与未来投放的广告的界面对接，避免断档，以打造长久优秀的品牌。

3. 关键性原则

广告费用的投入比例有限，要选择适合企业营销目标的媒体实施重点投放，从而达到重点突破的目的，以便形成对其他媒体的边际效应。

4. 权变性原则

在保证关键媒体重点突破的同时，对其他媒体要灵活选用，依据不同市场所处的不同阶段、不同产品或不同分销目标进行个性化分配，配合关键媒体，进而达到广告全面覆盖和纵深发展的整合效应。

（六）网点广告费用投入比例测算

1. 既有网点

（1）类型：导入期市场、成长期市场、成熟期市场、衰退期市场。

（2）不同网点类型需要不同的广告费用投入，绩效重点市场（如成熟和衰退市场）并不是当年广告费用投入的重点增长点市场，应该集中广告资源，推动导入期和成长期市场，进而完成年度最佳增长空间的业绩目标。

2. 新建网点

（1）新建网点可分为品牌市场和游击市场两类。

①所谓品牌市场，指通过对市场容量、竞争环境、产品结构的综合分析，广告费用投入比例到达后，能够完成利润的目标销售量。

②所谓游击市场，指虽有客户经销本公司的产品，但时机、竞争环境、容量及相关条件都不成熟，纵使投入一定的广告费仍不能达到公司的相关营销目标。

（2）广告费用的投入只能对定性为品牌市场的市场进行个案研究和投放，如果将广告费用投向了游击市场，则会造成一定程度的资金浪费。

3. 网点费用平衡

通过对既有四类网点的广告投入定向平衡和对新建网点品牌市场的广告推广，由公司依网点投入的实效进行比例拆借和平衡，最终仍控制在公司总的绩效广告投入比例内，以达到费用网点平衡。

四、业务费用的成本控制

（一）相关定义

（1）长期出差者，指到公司所在城市以外地区开展业务时，在同一地区出差一个月以上者。

（2）同一地区，通常是以"市、区"为行政单位，但是如果在同一地区到两个以上地方出差时，尽管住宿地点不变却不能正常出勤的情况发生时，可以视为不同地区的出差。

（3）近郊出差，指可以用通勤车或市内交通出行的出差地。

（二）差旅费的计算

1. 差旅费包括车船费、住宿费和日补贴

（1）差旅费按正常路程计算，但因业务上的情况或者不得已改变路程的时候，则按实际路程计算。

（2）车船费、住宿费按标准报销。

（3）日补贴按出差天数计算。

①出发时间为中午 12 点之前（含 12 点）的，出差当日按全天计日

补贴。

②出发时间为中午 12 点之后的，出差当日按半天计日补贴。

③返回出发地时间为中午 12 点之前（含 12 点）的，返回日当天按半天计日补贴。

④返回出发地时间为中午 12 点之后的，返回日当天按全天计日补贴。

2. 公司交通设施的使用及差旅费的减额支付

（1）到交通方便的地方出差时，应尽量使用公司拥有的或者借用的设施以及公交车辆。

（2）从公司外收到全部或部分差旅费时，公司不再支付全部或部分差旅费。

3. 特殊差旅费

由于陪同上级人员、公司内外宾出差或因其他原因，实际发生的费用超过本人的定额（车船费、住宿费、日补贴）时，经公司总经理批准，其差旅费可以支付实际费用或所得定额以上的费用。

4. 出差期间的缺勤处理

出差期间因私事而缺勤时，公司则不支付其住宿费及日补贴，如有生病或其他不得已的情况缺勤时，可参照实际情况支付日补贴及住宿费。

5. 差旅费报销应取得合法的票据

（1）员工报销时按财务部门规定填制报销单据，附原始票据，包括出差申请、机票（明折明扣票）、火车票、汽车票、船票、住宿发票、会议通知、过路费、过桥费等，无本人姓名的原始发票须在背面签名。

（2）乘坐飞机的，订票费、改签费、退票费、往返机场的车费不予报销。

（3）出差补助天数＝出差返程日期－出差出发日期。

（4）须按财务规定取得并填写真实合法的凭证，对项目填写不完整或字迹模糊不清的不予报销；对涂改、伪造或变造原始票据、虚报出差天数的，不予报销。

（5）原始票据丢失、毁损的，当事人须做出详细书面说明及须报销单据明细项目、金额，经直属上级与所在部门第一负责人签批后，报总经理签批报销。

（6）超标乘坐交通工具的，其交通费的报销，按其应乘坐的交通工具类别计算报销金额，超额部分自行承担。

（7）住宿费项目包括住宿起讫日期、住宿人数等，所有信息必须填写齐全、准确，否则视为非合理票据，不予报销。

（三）出差定额包干标准

（1）车船费、住宿费按发票在标准内报销。

（2）乘坐飞机出差时，要得到分管副总的批准，同时满足以下条件。

①确属事情突然，乘坐火车等交通工具来不及。

②乘坐火车时间超过 12 小时。

③陪同重要客人。

（3）住宿费标准为住宿房间标准，一线销售人员若两人（同性别）同时出差时，则为两人标准。

（4）特殊情况下住宿费超过标准的，要得到总经理批准后才可报销。

（5）出差地区分类。

①一类地区：经济特区（深圳、珠海、汕头、厦门等）及直辖市（京、津、沪、渝）。

②二类地区：省会城市及副省级城市、计划单列市（青岛、大连等）。

③三类地区：一般城市。

④四类地区：县级地区以下。

（6）没有住宿费发票的，每天按 50 元的标准予以报销。

（7）出差当天如果宾馆没有标准间，住比标准间高一档的房间费用可以报销。

（8）出差人员日补助额度按级别设置，例如：

①销售副总：400 元。

②销售部经理、副经理：300 元。

③一线销售人员：150 元。

（四）其他要求

（1）员工出差时应本着厉行节约、提高工作效率、为公司开源节流的原则，不大手大脚，不铺张浪费。

（2）若未经公司相关领导同意，私自在非出差地区逗留或超时逗留所发生的一切费用由当事人自己承担，所发生的时间按事假或旷工处理，扣发工资。

（3）出差人员应将工作进展情况及时向主管领导汇报，提高工作效率，力争在最短的时间内完成工作。

五、售后服务费用的成本控制

（一）客户损失赔偿金额责任分摊

1. 投诉罚扣基准

（1）投诉罚扣责任归属。

①制造部门以各班组为最小单位，如未能明确归属班组单位时，则归属至全车间。

②业务部门、服务部门以归属至个人为原则，未能明确归属个人时，则归属至业务部门或服务部门。

（2）投诉罚扣案件分别罚扣。

①投诉案件的罚扣依据"投诉罚扣判定基准"，判定有关部门或个人的责任，予以罚扣个人绩效奖金，其罚扣金额须上交公司。

②根据"投诉损失金额核算基准"，在罚扣责任归属部门的从业人员时，以损失金额除以该责任部门的总基点数，再乘以个人的总基点数，即得出罚扣金额。

③投诉罚扣最高金额以全月绩效奖金50%为准，该月份超过50%以上者逐月分摊罚扣。

（3）投诉行政处分规定。

①凡发生投诉案件，判定责任归属后，予以行政处分，给予一个月的转售时间，如售出，则以A级售价损失金额，依责任归属分摊至个人或班组；如未能售出，以实际损失金额依责任归属进行分摊。

②投诉实际损失金额的责任分摊。

③行政处分的绩效罚扣折算办法。

a. 训诫一次，以每基数罚扣400元以上类推。

b. 记小过一次，以每基数罚扣800元以上类推。

c. 记大过以上者，当月绩效奖金全额罚扣。

（4）服务部门罚扣方式。

①归属至个人时，比照生产制造部各车间发生部门的罚扣方式。

②归属至发生部门时，比照生产制造全车间的罚扣方式。

（5）处分文件的公布执行。

以上各款处分原则，在执行时由总经理办公室依适当处分标准及情节的轻重，签呈各个责任部门，并呈总经理核批后，由人力资源部公布并监督执行。

2. 分摊程序

由总经理办公室每月 10 日前汇总并与生产制造部依据发生异常原因判定责任归属，若系个人过失则全数分摊至该员工，若为两人以上的共同过失（同一部门或跨越部门）则根据责任轻重分别判定责任比例，以分摊损失金额。

（二）维修备件成本控制办法

1. 维修备件成本进入产品销售成本

在总成本不增加的情况下使成本提前变现，这时需要采取各种弥补措施，改善经营工作质量，如科学策划产品、降低采购成本、提高产品质量、合理定价、控制损耗、把部分维修成本的压力转移给供应商等，从而把显性成本的影响压缩到最小。

这种做法主要有以下 4 个方面的优势。

（1）时效性强，员工的成本意识提高，维修备件成本按比例实时摊入产品销售成本，并在定价的过程中加以考虑，及时消化，最终实现合理利润。

（2）账面库存资产规模得到有效控制，改善各项财务指标。

（3）减少总库存资产中跌价损失成分，提高资产质量。

（4）备件库存资产的财务处理简单化，减少利润水分。

2. 业绩考核

（1）在保证资产质量的前提下制定合理的利润指标，业绩利润考核应剔除坏账和库存跌价损失。

（2）财务制度用平均应收款周转天数、年存货周转次数来衡量。

（3）根据前三年总销售成本的百分比，核定备件库账面规模的最高限额。对于超过的部分，年终考核利润时应强制做跌价处理，冲减当年利润。

3. 备件库账面规模总量控制

在完成以上变革前，由于历史原因，备件库资产未能如期执行跌价处理，账面规模已相当可观，可能造成严重的资产结构性问题，必须采取总量控制措施，抑制账面规模继续膨胀。

4. 强化备件残值回收工作

要求客户服务人员有高度的主观能动性，因此，必须推行有效的考核激励措施。售后服务部门应成立修旧利废工作小组，专门从事此类工作。

|第六节　财务亦谨慎|

一、财务费用的构成

财务费用是指企业为筹集生产经营所需资金等而发生的费用，包括企业生产经营期间发生的利息支出（减利息收入）、汇兑损益（有的企业如商品流通企业、保险企业进行单独核算，不包括在财务费用）、金融机构手续费、企业发生的现金折扣或收到的现金折扣等，但在企业筹建期间发生的利息支出，应计入开办费，为购建或生产满足资本化条件的资产发生的应予以资本化的借款费用，在"在建工程""制造费用"等账户核算。

二、贴现利息的成本控制

（一）定义

贴现利息是公司为筹集生产经营所需的资金，以未到期的承兑汇票向银行申请贴现时，银行根据贴现率和承兑汇票的剩余天数从汇票总金额中扣收的一部分款项。

（二）主要措施

为了达到上述目的，公司在做出票据贴现决策或开展票据贴现业务时，需要做好以下三个方面的工作。

1. 控制贴现利率

贴现利率是市场定价制，由贴现公司和银行之间协商确定，但最高不会超过商业银行同档次流动资金贷款利率。所以，公司在进行票据贴现时应尽可能寻找信誉好、贴现利率低、贴现业务办理效率高且有着良好合作关系的银行进行贴现。

2. 严格控制票据贴现业务规模

（1）合理控制公司的资金结构，尽量避免公司出现资金流动性不足的情况。

根据本公司在未来短期内（不超过现有票据的到期日）的资金需求情况和可能的资金来源（主要指现金、短期应收款等），确定是否运用票据贴现这种短期内可变现的融资方式。

（2）考虑以其他借款方式替代票据贴现业务。

通过均衡考虑各种融资方式的成本，选择最优的融资组合，在满足资金需求的情况下，达到融资成本最低的目的。

3. 积极开展赎回式票据贴现业务

赎回式票据贴现业务是指公司在将票据以贴现的形式出售给银行的同时，双方约定在一定的条件下，公司可以赎回用于贴现的商业汇票。在赎回日，银行会在足额收妥票款后将票据返还给公司。

所以，当公司资金周转良好且在确定未来有足额的现金流入时，可以采用赎回式票据贴现业务。在票据到期前将贴现的票据赎回，可以减少贴现时间，从而在一定程度上降低了贴现利息支出。

三、利息支出的成本控制

（一）定义

这里所说的利息支出主要是指用来核算公司在生产经营期间，为筹集生产经营所需资金而发生的利息净支出（减存款利息收入）。

（二）控制利息支出的工具——债务、投资所产生的利息支出及收益明细表

为了达到上述目的，总会计师有必要建立一个"债务、投资所产生的利息支出及收益明细表"，列示每项债务和投资的利息成本、收益及其税后利率。这一表格能让总会计师一目了然地确定公司最大的利息支出，从而及时通过额外的投资或低成本负债融资获得的资金来偿还那些高利息支出的债务。

使用"债务、投资所产生的利息支出及收益明细表"时，重点需要检查的是"税后利率"这一列。因为税后利率反映的是扣减税收因素后，债务的真实利益支出或投资的真实收益。

公司通过额外的投资或低成本负债来还清成本较高的债务，逐渐改变

公司的资金组合，从而使利息支出所导致的现金流出能够降到最低水平，实现公司股东价值的增加。

（三）利息支出的责任人及其职责

在利息支出控制或提高利息收益方面，总会计师是主要责任人，其主要职责是向总经理或董事会按时报告每个项目的利息支出或收益，并提出合理化建议，以增加利息收益或减少利息支出。

（四）控制利息支出的措施

1. 尽可能利用低成本的资金

根据"债务、投资所产生的利息支出及收益明细表"显示的高成本债务，选择低成本资金（如低利息负债、低回报率的投资等）进行偿还，具体措施包括但不限于以下三个方面。

①与金融机构协商，争取获得低利息负债，如短期信用借款、票据贴现等。

②加强应收账款的回收工作。

a. 与公司产品的购买方协商，争取用最低成本的现金折扣提前收回货款，从而用这笔应收账款支付高成本债务。

b. 设置信用部门，做好应收账款客户资信评估和动态评价工作，加强应收账款的管理，强化应收账款的回收制度，从而有利于减少不合理的资金占用，有效缓解资金紧张的局面，保证资金的正常周转。

③活用票据贴现、公司债券等各种融资方式，获取使用成本相对比较低的资金，以支付高成本债务，从而在总体上减少利息支出。

2. 加强资金的计划管理与调度，尽量减少高成本负债

①总会计师应根据本公司生产经营的需要，作好资金需求计划，并使用合理的融资渠道及方式，作好本公司的投资和资金使用。

②通过产销平衡、加大促销力度等管理手段降低公司库存，提高存货周转率，减少大量库存占用的现金，缩减资金需求，尽可能减少负债。

③根据公司的资金情况，合理选择投资项目、投资领域，同时注意做好投资的可行性研究分析工作，避免盲目投资导致公司资金和利益受损。

四、其他财务费用的成本控制

（一）现金折扣

1. 现金折扣决策控制

（1）现金折扣决策的基本原则。

公司销售部及应收款项催收工作负责人在决定是否向购货方提供现金折扣时，在不会产生呆坏账的情况下，必须衡量加速收款所获得的收益是否足以弥补提供现金折扣的成本。必要时，可寻求公司财务部经理的协助。

①如果公司因缺乏资金而须加速回款时，则须比较其他低成本融资方式所产生的成本与现金折扣成本之间的高低。

在不会产生呆坏账的前提下，若存在一种比现金折扣成本低的融资方式，则应放弃提供现金折扣。

②如加速收回的款项用于短期投资，则须衡量该项投资的保守预期收益是否高于现金折扣成本。

若投资的保守预期收益高于现金折扣成本，则应选择提供现金折扣。

（2）现金折扣的决策分析。

控制现金折扣损失的重点在于通过差量分析，合理设置折扣期限及相应的现金折扣率。

所谓差量分析法，即计算方案改变所引起的差量收入与差量成本，以计算差量收益，如果差量收益为正，则方案改变是有益的。

（3）对设定后现金折扣进行审查。

现金折扣设定后，应提交销售部经理、财务部经理共同审核，以确保公司以最小的现金折扣获得最大的收益。

2. 加强对现金折扣使用的审查与监督

（1）经销售主管审核后，现金折扣提供方案需提交给销售部经理共同审批确定。

（2）未经公司高层审批确认，销售人员不得私自向购货方提供现金折扣，由此给公司造成的损失，销售人员自己负责。

（3）销售人员如若向购货方提供现金折扣，须向销售主管提出申请。须使用现金折扣的购货方，必须是公司的授信客户。

（4）经销售部经理审批确定后，销售人员方可向购货方提供销售合同。

（二）汇兑损失

1. 汇兑损失的定义

这里所说的汇兑损失主要是指公司在发生外币交易、兑换、期末账户调整及外币报表换算等业务时因汇率波动而出现的损失，这种损失是由于在不同的时间点上公司持有的外币资产、外币负债与人民币之间的兑换比率不同而造成的。

2. 汇兑损失的控制措施

为了达到上述目的，公司在开展外币业务时，可以采取下列 5 种措施。

（1）根据汇率走势及时调整进出口业务结构。

撇开国内外价格的差异、进出口关税税率等诸多因素的影响，公司可根据汇率的预期走势，及时调整进出口业务的结构。

①当预期人民币汇率会降低时，应减少原材料进口，增加国内采购量，同时增加产品出口。

②当预期人民币汇率会走高时，应多进口原材料，增加国内销量，减少出口量。

（2）合理运用外汇理财产品（如外汇结构性存款）。

外汇结构性存款是指公司根据自身对某种货币汇率波动的把握，通过期权组合，在承担一定利息损失风险的前提下，与银行签订的一份"存款协议"，以争取获得比定期存款利率更高的收益率。

对某些外币结算量较大的公司，如赶上其中某种货币贬值，即会带来无法控制的巨大损失。公司与银行办理外汇结构性存款后，既可通过存款利息收入来冲减汇率下跌所造成的损失，来分散国际金融市场上外币价值不稳定的风险。

同时，外汇结构性存款的期限可长可短，这样就有利于公司在获得资金收益性的同时，还收获了资金的流动性。

（3）提前或推迟结算。

公司若有以外币计价的应付账款，如果该外币属于强势货币，即该外币预期会升值，则公司可采取提前付款策略，以减少或避免汇兑损失；如果该外币是弱势货币，即该外币预期会贬值，则公司可采取延迟付款的策略，以减少汇兑损失。

公司若有以外币计价的应收账款，若该外币为弱势货币，则应尽可能将收汇时间提前，同时确定收汇金额和收汇日期，并在出口合同中加入汇率风险条款。

（4）合理选择进出口业务结算使用的货币。

①出口业务尽量使用强势货币，在信用证结算的方式下可以通过银行押汇的方式提前收回资金。

②进口业务尽量使用可兑换货币中的弱势货币，也可采用即期外汇买入的办法。

（5）运用外汇品种组合策略。

外汇品种组合策略即按一定比例持有欧元、英镑、美元、加元、澳大利亚元和其他货币，以及不同币种的各国政府短期票据或外汇衍生产品，通过币种的权重配置，实现本公司外汇组合的币种配置在最大限度内贴近人民币参考的外汇篮子，以便分散不同货币的汇率风险和降低汇兑损失。

读 者 意 见 反 馈 表

亲爱的读者：

感谢您对中国铁道出版社的支持，您的建议是我们不断改进工作的信息来源，您的需求是我们不断开拓创新的基础。为了更好地服务读者，出版更多的精品图书，希望您能在百忙之中抽出时间填写这份意见反馈表发给我们。随书纸制表格请在填好后剪下寄到：北京市西城区右安门西街8号中国铁道出版社有限公司 大众出版中心 王佩 收（邮编：100054）。此外，读者也可以直接通过电子邮件把意见反馈给我们，E-mail地址是：1958793918@qq.com。我们将选出意见中肯的热心读者，赠送本社的其他图书作为奖励。同时，我们将充分考虑您的意见和建议，并尽可能地给您满意的答复。谢谢！

- -

所购书名：_____

个人资料：

姓名：_____ 性别：_____ 年龄：_____ 文化程度：_____

职业：_____ 电话：_____ E-mail：_____

通信地址：_____ 邮编：_____

- -

您是如何得知本书的：

□书店宣传 □网络宣传 □展会促销 □出版社图书目录 □老师指定 □杂志、报纸等的介绍 □别人推荐
□其他（请指明）_____

您从何处得到本书的：

□书店 □邮购 □商场、超市等卖场 □图书销售的网站 □培训学校 □其他

影响您购买本书的因素（可多选）：

□内容实用 □价格合理 □装帧设计精美 □优惠促销 □书评广告 □出版社知名度
□作者名气 □工作、生活和学习的需要 □其他

您对本书封面设计的满意程度：

□很满意 □比较满意 □一般 □不满意 □改进建议

您对本书的总体满意程度：

从文字的角度 □很满意 □比较满意 □一般 □不满意
从技术的角度 □很满意 □比较满意 □一般 □不满意

您希望书中图的比例是多少：

□少量的图片辅以大量的文字 □图文比例相当 □大量的图片辅以少量的文字

您希望本书的定价是多少：

本书最令您满意的是：

1.

2.

您在使用本书时遇到哪些困难：

1.

2.

您希望本书在哪些方面进行改进：

1.

2.

您需要购买哪些方面的图书？对我社现有图书有什么好的建议？

您更喜欢阅读哪些类型和层次的经管类书籍（可多选）？

□入门类 □精通类 □综合类 □问答类 □图解类 □查询手册类

您在学习计算机的过程中有什么困难？

您的其他要求：